整全投资：

以人为本的全价值投资理论

孙得将　著

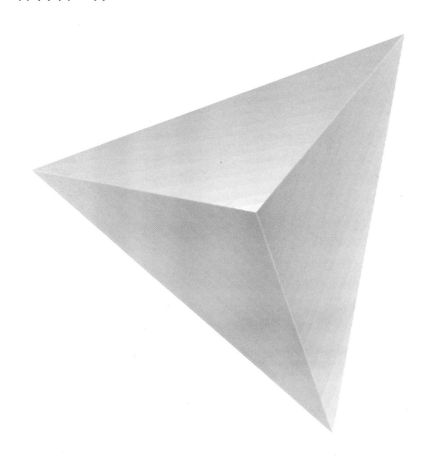

九州出版社
JIUZHOUPRESS

图书在版编目（CIP）数据

整全投资 ： 以人为本的全价值投资理论 / 孙得将著

. -- 北京 ： 九州出版社，2023.9

ISBN 978-7-5225-2112-1

Ⅰ．①整… Ⅱ．①孙… Ⅲ．①投资－基本知识 Ⅳ．
① F830.59

中国国家版本馆 CIP 数据核字（2023）第 163815 号

整全投资 ： 以人为本的全价值投资理论

作　　者	孙得将 著
责任编辑	陈春玲
出版发行	九州出版社
地　　址	北京市西城区阜外大街甲35号　（100037）
发行电话	（010）68992190/3/5/6
网　　址	www.jiuzhoupress.com
印　　刷	武汉市籍缘印刷厂
开　　本	710毫米×1000毫米　16开
印　　张	15
字　　数	221千字
版　　次	2023年9月第1版
印　　次	2023年9月第1次印刷
书　　号	ISBN 978-7-5225-2112-1
定　　价	68.00元

本书出版由佛山科学技术学院科技处综合项目（经费编号 CGZ05005）和孙得将横向课题（项目编号 BKH214032）资助

前言

有人说，投资应该是人生最后一份职业。实际情况是，投资应该是人生第一份职业，并且是一份贯穿终身的职业。其实，早在赚取第一桶金之前，每一个人都开启了漫长的投资生涯：择善而从、历练品格、提高能力是人力资本投资；言而有信、投桃报李、敬业乐群是社会资本投资。投资是资源的跨期配置，从生命历程角度审视，时间和心力无疑是每个人都拥有的最宝贵和最独特的资源。然而，一说到投资，多数人想到的只是金融投资或实业投资，对人力资本、社会资本、生态资本领域的投资浑然不知。

随着中国经济社会进入新发展阶段和新发展格局，投资活动和资本市场日益复杂多变。为识变、应变和求变，投资者需要一个综合框架来归纳在各类投资领域的最新实践经验和如何提高综合素养。同时，中国式现代化需要坚守中华文化立场，提炼中华文明的精神标识和文化精髓。本书把整全投资界定为成己达人、财道辅义的投资范式，以"自天佑之，吉无不利"的中华古训为理念，以易经四德（元亨利贞）的四面体为分析框架，把投资范围拓展为包含金融投资、实业投资、人力资本投资、社会资本投资、生态环境投资在内的广义投资领域。

与易经四德"元亨利贞"对应的是"善之长""嘉之会""义之和"和"事之干"，分别对应于整全投资模型的修身立命、外缘管理、本质价值和风险管理。修身立命，是从投资即修行的角度来审视投资，投资是认知和品德的变现，投资的成败得失最终取决于投资者的修养程度，它侧重于人力资本投资，包括"投资于自己"和"投资于变化"两章内容。外缘管理，包括"择善而从""有容乃大"和"见几而作"三章内容，它是投资适合度的迭代优化过程，侧重于社会资本投资和金融投资。本质价值，是指在人民至上理念指导下的股东价值与利益相关者价值、ESG 价值的有机统一，侧重于实业投资、金融投资和生态环境投资，包括"见利思义"和"本质价值"两章内容。风险管理，包括传统风险管理和风险资源化利用，侧重于从风险（熵增）视角阐述如何正确权衡整全投资中的机会和风险，包括"风险管理"和"风险利用"两章内容。整全投资的四要素相互联系、相互作用和相互支撑，它们之间是乘积关系，而不是简单的并列关系。只有全面管理好这四个要素，投资才可能成功。

有道是"真传一句话，假传万卷书"。如果您只是想直接掌握金融投资的赚钱秘诀（只要帮助金融市场达成其内在功能，投资赚钱本来就是天经地义的事情），那么建议您认真阅读"见几而作"一章。在掌握股票指数的动态安全边际指标的底层逻辑、计算方法和应用技巧之后，只需要您为投资过程提供一些耐心，那么再也不需要依赖任何侥幸或运气，赚钱就是无法避免的自然结果。虽然"一招鲜，吃遍天"，但是全球资本市场的容量就像太平洋一样宽广，因此本书毫无保留地将动态安全边际投资方法公之于众。真诚希望本书能够帮助您分享到资本市场所提供的复利积累财富的丰富机会。

在投资领域，追求真理与追求金钱是直接统一的。如果您希望系统地思考整全投资的道理，那么建议您耐心地读完本书。本书适合企业家、创业者、基金经理、证券从业人员、各类投资者以及负责任的家长阅读，也可以作为金融学专业高年级本科生和投资学专业研究生的参考书。诚然，任何领域的知识都浩如烟海，投资领域也不例外。投资者需要终身学习、博览群书、学以致用，仅阅读几本书是不够的。由于笔者水平有限，疏漏之处在所难免，敬请方家不吝指正。

本书的出版由佛山科学技术学院学术著作出版资助基金资助，特此致谢。

孙得将

2023 年 6 月于佛山

目 录
Contents

1

第三篇　嘉之会

第四篇　义之和

第五篇　事之干

第一篇　导　论

　　本篇包括《为什么整全》《中国式整全》《投资正当时》三章内容，以介绍本书的研究主题、内容、框架和展开投资实践活动的中国式现代化背景。整全投资是成己达人、财道辅义的投资范式，它旨在探索新时代的新投资框架，以便启发投资者积极地响应、顺应和赋能中国式现代化，积极有为地应对百年未有之大变局。中国式现代化新道路坚持以人民为中心、坚持绿色发展理念、积极构建人类命运共同体，本质上是对以资本逻辑为主导的西方现代化模式的超越，是人类文明崭新形态。另外，西方投资理论客观上也存在向理性综合阶段演进的趋势。因此，以整全投资的新范式和新框架来解决实业投资、金融投资、人力资本投资、社会资本投资和生态资本投资等各领域的投资问题，势在必行。

第一章 为什么整全

整全投资是一种成己达人、财道辅义的投资范式，它不仅重视投资的财务绩效，而且更重视投资者和被投资者的人格完善、心灵自由和社会进步。与人的发展类似，一门具体学科的发展通常都要经历四个基本阶段：模糊整体、感性局部、理智局部、理性综合。纵观全球投资实践和投资思想的发展历史，迄今投资学已经历了前三个阶段，正在向理性综合阶段演进。

第一阶段（模糊整体阶段）对应于 1933 年之前，资本市场如赌场，投资者凭借赌徒般的狡诈和雄厚的资金实力，操纵价格，牟取暴利。在此阶段，投资者参与市场所需的技巧最好是靠观察和亲身体验获得，读书并非有效的办法。针对此阶段的乱象，小弗雷德·施韦德（Fred Schwed, Jr, 1940）写道："俗语道：华尔街，一头是摇篮，另一头是坟墓。这句话很精辟，但并不完整。它忽略了中间的幼儿园。"①

第二阶段（感性局部阶段）以 1933 年美国颁布《证券法》和 1934 年颁布《证券交易法》为标志，投资者的主要精力用于研究合同条文、进行财务分析计算和调查对方资信，投资市场变得较为安全，投资活动逐渐大众化，投资学教科书作为普及性工具开始出现。格雷厄姆 1934 年出版的《证券分析》和 1949 年出版的《聪明的投资者》，成为价值投资的经典力作，格雷厄姆也因此被誉为华尔街教父和投资领域的达尔文。

第三个阶段（理智局部阶段）自 1950 年代至今，标志事件是经典投资理论的产生并在全球范围内普及。经典投资理论以资本资产定价模型（CAPM）、套利定价模型（APT）、有效市场假说（EMH）为代表。从整全投资的视角看，经典投资理论存在的主要问题是遗漏了投资主体（及主体的完善）和非金融

---

① [美] 小弗雷德·施韦德. 客户的游艇在哪里 [M]. 孙建，姚洁，粟颖，译. 北京：机械工业出版社，2022:1.

投资领域（人力资本投资和 ESG 投资）。

目前，投资理论和实践有必要发展到第四阶段（理性综合阶段）。张磊（2020）认为："进入 21 世纪，越来越多的人开始反思资本的属性，在人、社会、自然和资本之间，应该做出怎样的平衡？如果通过投资实现的资本配置不能促进人、社会和自然的和谐发展，而是将社会推入一种荒蛮、冷漠、充满浪费的漩涡，人们无法获得伴随经济发展而应得的权利，企业失去了赖以生存的社会环境，那这样的资本有何意义呢？真正的良善资本，应当考虑短期和长期、局部和整体、个别和一般、随机和规律的关系，用更加理性的视角思考整体价值，专注于普惠意义的创新。在所有的价值维度中，不仅仅存在金融资本（股东利益），还存在人力资本（劳动者利益）、社会资本（社会公众利益）和自然资本（自然生态资源）等多种角度的考量。一条可行的新法则，应该致力于整体的繁荣发展，不应该以牺牲一些人而有利于他人作为结果，不能是零和游戏。最好的资本配置，应该是坚持长期主义，为有利于社会普遍利益的创新承担风险，以实现社会福祉的整体进步。回归人文关怀，是我们在价值投资实践中所必须遵循的最高准则。"[1]

第一节　遗漏的部分

经典投资理论遗漏了投资主体，忽略了投资者的行为和意义，仅研究投资客体，聚焦于对金融工具和金融市场的客观分析，目前面临着 AI 投资方法的严峻挑战。以金融市场为中心的经典投资理论也遗漏了人力资本投资和环境、社会和治理（ESG）投资，很难为日益严峻的全球问题提供综合深刻的解决方案。

一、主体和意义

1. 被遗漏的主体

经典投资理论发端于马科维茨（Harry Markowitz）在 1952 年发表的《资

---

[1] 张磊. 价值：我对投资的思考 [M]. 杭州：浙江教育出版社，2020：315—316.

产组合选择》一文，马科维茨提出寻找有效资产组合边界的思想和方法。在此基础上，1963 年马科维茨的学生夏普（William Sharp）提出单一指数模型，打开当代投资理论应用于实践的大门。由于在金融经济学理论上的先驱性工作，马科维茨和夏普同时荣获 1990 年诺贝尔经济学奖。遗憾的是，他们在把数理方法引入投资理论的同时，也开创了经典投资理论见物不见人的标准范式。随后，不管是罗斯（Stephen Ross）的套利定价理论（APT），还是法马（Eugene Fama）的有效市场理论，都沿袭了只注重对金融工具和金融市场的分析而忽略投资主体的传统。目前，在全球商学院流行的由博迪（Zvi Bodie）等人主编的《投资学》，虽然已更新至第 12 版，但是仍沿袭着此传统。本质上，这种见物不见人的传统与经典投资理论对投资主体的理性人假设直接有关。经典投资理论把人看作是理性人，即：人们在从事经济活动时总是理性的，追求收益最大化和成本最小化；人们的估计是无偏的，满足贝叶斯过程。

2. 明显的行为偏差

自 1980 年代以来，随着金融市场的发展和研究的深入，人们发现金融市场中存在很多不能被经典投资理论所解释的异象，比如：股权溢价之谜、波动率之谜、封闭式基金之谜、股利之谜、小公司现象、一月份效应、价格反转、反应过度和羊群行为，等等。人们开始关注人类行为及心理在决策中的作用，运用心理学的研究方法来研究金融问题，行为金融学应运而生。金融学的研究焦点开始从"市场"研究转向"人类行为"研究。伯勒尔（Burrel 1951）认为，对投资者的决策研究仅依赖于量化模型是不够的，还应该考虑投资者的某些相对固定的行为模式对决策的影响。斯洛维奇（Paul Slovic，1972）从行为学角度研究了投资者的投资决策过程。Tversky 和 Kahneman 在 1974 年和 1979 年分别对投资者的决策行为进行了研究，分别讨论了直觉驱动偏差和框架依赖的问题。卡尼曼（Kahneman）把心理学研究的成果与经济学融合到了一起，特别是在有关不确定状态下，在人们如何作出判断和决策方面成果显著，因此荣获 2002 年诺贝尔经济学奖。行为金融学家席勒（Robert J. Shiller）获得 2013 年诺贝尔经济学奖。塞勒（Richard Thaler）也因在行为经济学方面的贡献获得 2017 年诺贝尔经济学奖。

3. 人生意义的寻求

经典投资理论假设投资者是理性人，投资的目标是在平衡收益与风险的前提下实现投资者的财富最大化，遗漏了对生命意义的探讨。实际上，投资者首先是寿命受限的自然人，死亡限定了每个人的生命长度，这种限定使得时间比金钱更宝贵。以生命时间的稀缺性来迎接世界万物的无限性，用有限的生命探索无限的可能，这本身就是很有意义的事情，也是很值得系统探讨的主题。李开复（2018）在人工智能（AI）领域耕耘35年之后，得出一个不寻常的结论："我不应该试图超越人脑，而应该试图理解人类的内心。"[1]

王利杰（2017）认为："人的一生只是一场电化学反应的体验合集。那些体验本身被分为被动式体验和主动式体验。一切能用金钱买来的都是被动式体验；一切必须刻意练习、不断进阶、不断提高的体验就是主动式体验。被动式体验的愉悦感衰减非常快，哪怕是买了私人飞机，兴奋感也会很快衰减到正常值；主动式体验的愉悦感却可以无止境地提升。主动式体验还有个巨大的优势，就是可以受益终身。这是任何被动式体验都无法比拟的。我们要把有限的生命放在主动式体验上，那才是对每个个体最有意义的事。时间是每个人唯一稀缺的资产，要学会关注重要的问题。对得起自己生命的人，才对得起社会、对得起国家、对得起人类。"[2]张磊（2020）说："选择投资方式就是选择自己的生活方式，出发点是你自己的内心，选择的是能够让你有幸福感的东西。"[3]

二、人力资本和 ESG 投资

经典投资理论仅把金融资本和产业资本作为研究对象，遗漏了人力资本、社会资本、环境资本等领域。

---

[1] Lee, Kai-Fu.AI *Superpowers: China, Silicon Valley and the New World Order*.Houghton Mifflin Harcourt, 2018, p.154.

[2] 王利杰 . 投资异类 [M]. 北京：北京联合出版公司，2017：2—3.

[3] 张磊 . 价值：我对投资的思考 [M]. 杭州：浙江教育出版社，2020：164-165.

1. 人力资本

人力资本投资对宏观人力资源的开发和微观家庭成员人力资本积累等均具有重要意义。由于人力资本的重要性，它一直被经济学家所重视。魁奈（Francois Quesnay）认为："人是构成国家强大的根本因素……人本身就是其个人财富的第一创造因素。"[①] 亚当·斯密认为，人通过学习所获得的知识和经验是一种具有生产性的资本。马歇尔认为，"知识是我们最有力的生产力，是形成资本的主要因素"[②]。博格（Harold Boag，1916）在比较人力资本的各种估值方法之后，建议用收益法对人力资本估值[③]。民瑟尔（Jacob Mincer，1958）建立了个人收入分配与所受培训量间关系的数学模型[④]。

舒尔茨（Theodore W.Schultz，1971）认为："人力资源的质量改进是经济增长之谜的重要根源。为此，有必要从人力资源质量改进的角度去探讨这一问题，建立一套将人包括在内的投资理论。"[⑤] 丹尼森（Edward F.Denison，1968）研究发现：每一人工小时产出的增加中有超过 29% 的部分源于教育的提高。[⑥] 阿罗（Kenneth J.Arrow，1962）指出干中学对经济社会知识水平和人力资本积累的重要性，并试图将其连同技术进步一起内生化来解释经济增长的动力。[⑦] 宇泽弘文（Hirofumi Uzawa，1965）通过假定一个生

---

① [法] 魁奈.魁奈经济著作选集 [M].吴斐丹，张草纫，选译.北京：商务印书馆，1997：103.

② [英] 马歇尔.经济学原理 [M].朱志泰，陈良璧，译.北京：商务印书馆，2019：240—243.

③ Boag, Henry.Human Capital and the Cost of the War[J].*Journal of the Royal Statistical Society*, Vol.79, No.1, 1916, pp.7—17.

④ Mincer, Jacob.Investment in Human Capital and Personal Income Distribution[J]. *Journal of Political Economy*, Vol.66, No.4, 1958, pp.281—302.

⑤ [美] 西奥多·W.舒尔次.人力资本：教育和研究的作用 [M].蒋斌，张蘅，译.北京：商务印书馆，1990：4.

⑥ Denison, Edward F.The Contribution of Education to the Quality of Labor: Comment[J]. *American Economic Review*, Vol.59, No.5, 1969, pp.935—943.

⑦ Arrow, Kenneth J.The Economic Implications of Learning by Doing[J]. *Review of Economic Studies*, Vol.29, No.3, 1962, pp.155—173.

产人力资本的教育部门将技术进步内生化，促进了内生增长理论的发展[①]。人力资本投资理论是当下最为重要的经济学理论之一，它使得长期困扰增长理论的"增长之谜"得以破解，使得人们对增长过程和机制有了全新的认识。张磊认（2020）为："教育和人才，可能是最长远的投资主题，永远不需要退出。当教育驱动人才和社会蓬勃发展、不断创造价值的时候，在更宏大的格局观里，投资人能够发现更多有意义的事情，这也是最大化创造价值的超长期主义。"[②] 然而，经典投资理论始终没有明确地把人力资本投资纳入自己的研究范围，这的确令人遗憾。

2. ESG 投资

ESG 投资是一种考量环境（Environmental）、社会（Social）和公司治理（Governance）因素并长期产生有竞争力的财务回报和积极社会效应的投资行为。随着全球经济的快速发展，企业追求利润最大化而降低社会利益的行为日趋明显，各国政府和社会组织纷纷呼吁企业需加强社会责任感，主动兼顾民众利益、社区维护、绿色环保等，从而为社会可持续发展提供良好的市场环境。2015 年，为推动全球可持续发展，联合国可持续峰会提出在 2030 年之前实现 17 项可持续发展目标（Sustainable Development Goals，简称 SDGs），呼吁国际社会致力于消除贫穷，结束饥饿，实现普及保健和教育，解决不平等、环境恶化和全球变暖等问题。与传统投资只关注财务绩效不同，ESG 投资强调企业追求经济效益、社会效益和环境效益的平衡，与国际社会提出的可持续发展概念的初衷保持一致。

隐含在 ESG 投资背后的逻辑是要把生态环境、社会连接和公司治理视为资本。从逻辑上分析，地球上的初始资本只有自然与人类，即世界上的本源资本只有自然资本与人力资本。自然资本通过其自然要素的有机组合来再生价值，人力资本通过其智能与劳动组合来创造价值、进一步实现自然资本的价值增值。威廉·配第在《赋税论》中提出"土地是财富之母，劳动则是财

---

① Uzawa, Hirofumi. Optimum Technical Change in an Aggregative Model of Economic Growth. *International Economic Review*, Vol.6, No.1, 1965, pp.18—31.

② 张磊. 价值：我对投资的思考 [M]. 杭州：浙江教育出版社，2020：301.

富之父和能动因素"的著名论断^①。但是，长期以来人们忽视了环境资本的本
性，使其在国民经济统计和投资收益统计中处于缺失状态。从经济学的角度
看，这也不难理解，因为：任何生产要素，只有当其日益稀缺时，它给人类
所带来的效用才会日益增加，才会在生产和生活中对人的行为和意志产生有
效约束。二战后，随着全球经济社会发展，生态环境问题日益严峻。1972 年，
罗马俱乐部里程碑式报告《增长的极限》出版，对人类思考和实施可持续发
展产生深远影响。1974 年，《环境经济与管理杂志》创刊，它致力于刊登有关
经济系统与环境和自然资源系统之间关系的理论和实证论文，标志着学术界
把环境正式纳入研究范围。

马克思指出，"人的本质是一切社会关系的总和"。人们正常的生产和生
活离不开社会连接，好的社会连接有利于生产效率和生活福利的提升，因此
社会连接具有资本属性。社会资本自 20 世纪 70 年代被提出以来，受到学术
界的广泛关注。迄今，虽然学者们对社会资本的内涵尚未达成共识，但是总
体上可以划分为网络观、资源观和能力观三种。网络观把社会资本看作一种
体制化的网络，认为主体在网络中的位置决定了他们拥有的信息和资源；资
源观把社会资本定义为嵌入社会网络中的资源，主体可以在行动中获取和调
配这些资源；能力观认为社会资本是主体与社会之间的联系以及通过这种联
系获取资源的能力。在信息过载和竞争激烈的数字化时代，社会资本的重要
性日益凸显。

公司治理是一个非常重要的现实课题。公司治理关涉到各方权利和责任
的分配和制衡。根据 2004 年经济合作与发展组织 （OECD）发布的《公司治理
准则》，公司治理涉及公司管理层、董事会、股东和其他利益相关者之间的关
系。长期以来，公司治理理论可以划分为股东至上主义和利益相关者主义两
大学派。第一个学派以股东为中心，将股东价值最大化作为公司运营的主要
目的。它推进了极简主义的分析方法，并将公司定义为各参与方之间正式和
非正式的契约联结。第二个学派对公司作为一个社会机构有着复杂的看法，

---

① [英] 威廉·配第. 赋税论 [M]. 陈冬野，马清槐，译. 北京：商务印书馆，2022：65.

认为公司的目的不仅是为了股东的利益，也是为了其他利益相关者的利益。利益相关者主义批评股东至上主义，认为它导致管理层在决策时倾向于把当前的股票价值作为公司绩效的唯一标准，短期股价压力可能会导致投资决策扭曲，最终损害创新和能力建设。利益相关者主义有其自身的局限性，例如，不清楚如何在不同利益相关者的冲突要求之间做出裁决，不确定应考虑众多利益相关者中的哪一个利益。

日益严重的全球问题启示我们，必须在投资领域寻找天地人整全合一的解决方案，而传统投资学把关注点仅放在金融投资的财务回报，其狭隘性不言而喻。目前的 ESG 投资倡议，本质上就是引导投资者如何在投资中做到义利兼顾。

第二节　整全的端倪

2015 年联合国全体会员国一致通过可持续发展目标（SDGs），呼吁全世界共同采取行动，消除贫困、保护地球、改善所有人的生活和未来。作为对 SDGs 的积极反应，投资界特别是创业投资领域，开始把 SDGs 作为投资导向，设法将可持续发展目标融入自己的投资框架之内，于是在投资领域兴起了影响力投资、社会责任投资、ESG 投资等新范式。在总结这些实践经验的基础上，投资理论开始出现整全投资的新范式。

在中国，2012 年党的十八大报告提出"五位一体"总体布局，即全面推进经济建设、政治建设、文化建设、社会建设、生态文明建设，实现以人为本、全面协调可持续的科学发展。2022 年党的二十大报告提出中国式现代化，强调中国式现代化的五个基本特征，即：人口规模巨大、全体人民共同富裕、物质文明和精神文明相协调、人与自然和谐共生、走和平发展道路。本质上，中国投资必须围绕"五位一体"总布局和中国式现代化进行布局，客观上需要整全投资的新范式。

一、博泽桑的报告

博泽桑（Mariana Bozesan, 2020）通过总结自己近 30 年的私募股权（PE）投资经验，提出整全投资的范式，出版《整全投资：从盈利到繁荣》一书，作为献给世界艺术与科学学院、罗马俱乐部的报告。[①] 她认为，财务回报必须与对现实的社会、环境、文化和行为方面的深刻影响以及可持续的人类发展和进化密不可分。整全投资的核心是一个强大的三百六十度的降风险工具——Theta 模型，该模型将财务标准与环境、社会和治理标准以及行为、文化甚至个人评估指标相结合。博泽桑认为，通过对团队进行全面的尽职调查，可以解决 80% 以上的风险。她使用威尔伯（Ken Wilber）的整全理论（Integral Theory）界定了整全投资的 21 项原则，以及关于如何通过企业早期阶段投资和创业在 2050 年之前实现联合国可持续发展目标。

1. 理论基础：威尔伯的整全理论

根据威尔伯的整全理论，现实的所有主要组成部分可以浓缩为五个简单元素：象限、级别、领域、状态和类型。象限是以实践主体（个人）为原点，根据内部－外部、单数－复数划分的四个象限，分别代表：自我意识和主观体验（讲究诚实）、大脑/生物体和客观行为（讲究真实）、文化/世界观和主观际（讲究公正）、社会制度及环境和客观际（讲究功能适应）。每一个象限都受到进化发展的影响。在《万物简史》中，威尔伯认为，意识的进化有一个方向，沿着不同的路线发展，通常会朝着"更大的深度和更小的跨度"演化，发生在"嵌套的球体中，每个更高的层次都超越并包括其前身"。博泽桑认为，威尔伯的 AQAL（All Quadrants All Lines，全象限全领域）特别适合作为构建整全投资的基础，因为它是大量可用意识模型的储备库，不仅可以帮助投资者引导自己的个人发展、为更美好的世界作出贡献，还可以引导投资者为商业建设和投资活动建立更完整的降风险模型。威尔伯在《整全投资：从盈利到繁荣》的序言中评价道："玛丽安娜做得很好，几乎囊括了整体

[①] Bozesan, Mariana. *Integral Investing: From Profit to Prosperity*. Springer, 2020.

元理论的一切元素，并非常直接地展示了她们如何为高影响力、高回报、自我实现、社会责任、可持续投资的模型增添了宝贵的东西。"

2. 整全投资的 21 条原则

这些原则分别是：具有大规模变革的目标；有转型方案；使变革可行；遵循投资策略；拥有投资理念；拥有已被验证的投资框架；高效沟通理想；明智地降低风险；投资科学验证技术的发展；现在就大胆行动；永不屈服；在有疑问的地方提供确定性；认识到资本在变革中的关键作用；投资于人，而非投资于想法；构建整体可持续的组织；以长期投资为荣；你只能实现你衡量的目标；你不能不投资；权利带来责任；通过投资实现自我；永远谦逊[①]。

3. Theta 模型：降风险的工具

Theta 模型是一个尽职调查、降风险的过程，它将整全投资的工具和方法应用于降风险投资，目的是从一开始就建立整全可持续的公司。Theta 模型包括五个尽职调查步骤，分别是：财务和法律尽职调查；环境、社会和治理评估；创业者个人评估；团队评估；差距分析和报告。它将财务和法律尽职调查指标与环境、社会和治理以及联合国可持续发展目标标准以及文化、行为和意识测量相结合。Theta 模型旨在为全体利益相关者带来卓越的金融市场回报和优质影响力回报。

4. 六要素格言：6Ps

6Ps 是指实现人类（People）、地球（Planet）、利润（Profit）、激情（Passion）和目标（Purpose）的平衡（Parity）。平衡（Parity）是指同等程度地关注人类、地球、利润、激情和目标，其中任何一个不优于其他另外一个。人类包括联合国负责任投资原则（PRI）定义的社会和治理标准，并增加了文化、幸福和更高意识方面；它包括行为和社会态度等外部因素，以及情感、价值观、需求和其他意识方面的内部维度。地球指的是联合国 PRI 定义的环境标准，并增加了整体生态的各个方面。利润解决了严格的财务计量

---

① 参考 https://aqalgroup.com/investment-turnaround/

问题，以确保财务和经济的可持续性。激情确保在投资过程中考虑到参与主体的个人和集体内部因素。目标指指数型增长、指数型技术、气候变化和地缘政治挑战背景下的投资。

二、创投人的总结

王福利（Foley Wong）经过 5 年的酝酿和思考，于 2016 年出版《整全投资：用头脑、内心、身体和灵魂进行影响力投资》一书[①]。此前，她在金融、投资银行和创业投资领域积累有二十多年的经验，并于 2014 年创立了 Pique 创业基金，直接把她自己的投资理念付诸创业实践。她关于整全投资的想法和方法，萌生于她深入地思考"影响力投资"中的"影响力"到底是什么。由于对自己最初的想法因缺乏衔接和连贯而深感沮丧，于是她就开始了辛苦探索，结果发现：整全投资是一个用于做出照顾村落的投资决策框架。照顾村落是一种思考和生存方式，它确保自己、家人、邻居、社区、地球和后代能够获得生存、繁荣和幸福所需的基本资源。整全投资可以作为投资决策基础，投资者在此基础上更容易作出有利于为全人类创造一个更美好的世界和未来的决定。整全投资提供一种富有洞察力的方法和实践，用于作出既能获得财务回报又能与价值观相匹配的投资决策。

王福利把整全投资总结为七个部分。（1）满足需要的基本资源。基本资源是我们为了生存、繁荣和幸福而必须找到、获取、处理和合成的东西。基本资源分为六类，分别是：维持生计、表达、连接、管理变化、决策、交换手段。用一个基本资源框架来思考有助于投资者专注于那些旨在为受益人提供基本资源的企业，以及确定从获得基本资源中受益的人或社区。（2）投资的原因。人们投资的原因有 11 个，分别是：地位、权力、领导力、联系、安全、未来消费、过时准备、创新、遗产、决策和交流。（3）影响力的内涵。照顾村落是一个影响力概念，它传达了确保我们自己、我们的家人、邻居、社区、

---

①Foley-Wong, Bonnie.*Integrated Investing: Impact Investing with Head, Heart, Body and Soul.* Bevel Press, 2016.

地球和子孙后代获得生存、繁荣和幸福所需的基本资源的理念。（4）价值观的一致性。确定投资者自己的价值观以及创业企业或投资机会的价值观，并在选择时考虑这些价值观的一致性。（5）将分析、情感、身体和直觉融入决策。（6）采用正确的心智模式。富足、好奇心、关系、交流、未来潜力和资源等心智模式都有助于投资者作出关于投资和未来成果的决策。（7）应用整全投资工具包。整全投资工具包是传统分析工具、创业评估工具以及影响力识别和评估工具的组合。

三、国内投资人的觉醒

张磊（2020）认为："在瞬息万变的金融市场，投资的本质是投资于变化和投资于人，因此投资的关键过程是在一个变化的生态体系中，寻找适应环境的超级商业物种。我们推崇伟大格局观者，就是因为他们往往能洞察趋势、深谙本质、拥抱变化、富有同理心，这些将是价值创造的最重要来源。想干大事、具有伟大格局观的创业者、企业家是最佳合作伙伴，格局观就是我们与企业的接头暗号。拥有伟大格局观的创业者最难得的特质就是愿意拥抱变化、推动变化、享受变化，愿意打破既有的理所当然的规则去思考新的角度。我发现他们身上有一些被公众多次提起又常常忽略的共同特质：他们拥有比大多数人更加强大和自信的内心世界，志存高远；他们能够大幅度提高资源的产出，创造新的产品和服务，开拓新市场和新顾客群，视变化为常态；他们希望在改变自我的同时，改变世界。"[1]

张磊的投资方法是："我要找的是具有伟大格局观的坚定实践者。"谈到高瓴的研究框架体系时，张磊说："要说我们很独特的地方，还是建立了一个自己的分析框架，这个分析框架最早叫作人与生意，我们想投资好人、好生意；后来进化到人、生意和环境，我们会将人与生意放到环境中去考量；最后我们的分析框架又拓展为人、生意、环境和组织，我们会进一步思考它是什么样的组织。我们的分析框架在逐渐地演变。"他认为："所谓长期结构性价值

---

[1] 张磊. 价值：我对投资的思考 [M]. 杭州：浙江教育出版社，2020：141—142.

投资，是相对于周期性思维和机会主义而言的，核心是反套利、反投机、反零和游戏、反博弈思维。对服务实体经济来说，价值投资发挥作用的关键就是，在敏锐洞察技术和产业变革趋势的基础上，找到企业转型升级的可行路径，通过整合资源借助资本、人才、技术赋能，帮助企业形成可持续、难模仿的动态护城河，完成企业核心生产、管理和供应链系统的优化迭代。"可见，在投资领域深耕越久，就越会发现被经典投资学遗漏掉的投资主体、价值观、思维范式、ESG 系统及变化等要素在投资实践中的至关重要性。

四、中华传统文化的启示

纵观中华数千年历史，先贤们提出许多深刻的投资理财思想。《易·系辞下》云："理财正辞，禁民为非曰义。"意思是说，治理财物要名正言顺，禁止民众为非作歹，这是理财的正道。《泰·象辞》曰："天地交，泰。后以财成天地之道，辅相天地之宜，以左右民。"意思是说：天地相互交合，象征着通泰；君主观此卦象，创造财富成就天地之道，辅佐万物兴旺生长之宜，以富民安国。注意，在先秦时期，"宜"与"义""义"与"正"互训。"义"，原意为"宜"，就是把事情做得恰当，引申为应行之事。"义者正也"，表示"义"具有"正其不正以归于正"的"规范"的含义。通常，"道"与"义"互为表里，合称为"道义"。从《泰》卦的象辞可以提炼出"财道辅义"作为整全投资的终极目的。

《中庸》云："诚者非自成己而已也，所以成物也。成己，仁也；成物，知也。性之德也，合外内之道也，故时措之宜也。"意思是说：真诚，并不只是成全自己就结束了，还要成全万物；成全自己是仁义，成全万物是智慧；这是发自本性的德行，是结合了内外的道，因此在任何时候实行都是适宜的。《论语·雍也》云："夫仁者，己欲立而立人，己欲达而达人。"意思是说，仁德，就是自己想要立身也要使他人立身，自己想要通达也要使他人通达。后人根据两个文献的逻辑关系，概括出"成己达人"一词。在整全投资背景下，可以用"成己达人"来概括投资者与被投资者之间的现实关系。

《易·系辞上》云："自天佑之，吉无不利。"孔子解释说："佑者，助也。

天之所助者，顺也；人之所助者，信也。履信思乎顺，又以尚贤也。是以'自天佑之，吉无不利'也。"这里揭示的道理，就是中国文化强调的"天助之人必先自助，人助之人必先自强"。根据中华优秀传统文化的上述启示，本书把整全投资界定为"成己达人、财道辅义"的投资范式。

五、三类投资范式的比较

迄今，可以把投资范式分为三类：传统投资、影响力投资和整全投资。传统投资的目的只是为了盈利，衡量标准是盈利能力。影响力投资的目的是盈利并产生积极的社会和环境影响，衡量指标是盈利能力和满足 ESG 标准的能力。整全投资的目的是盈利，产生积极的社会和环境影响，并支持现实的积极文化和行为以及人类发展和进化。整全投资的衡量标准包括盈利能力、满足 ESG 标准的能力，以及团队文化，包括团队成员的伦理、道德和个人价值观。这里的"团队"是指全部利益相关者，即投资者、被投资者、供应商、客户和其他贡献者。

目前，有一个广泛共识是，以营利为导向的活动会损害社会和整个生态系统。影响力投资支持对社会和环境产生积极影响的企业。整全投资更进一步，在评估投资标的时应充分考虑相关人员的伦理、道德和个人价值观。

第二章 中国式整全

四面体模型被广泛应用于构建经济社会理论模型。易经四德的四面体（元亨利贞，亦称君子四德）是成功为人处世的密码系统，它可以作为中国式整全投资的逻辑框架，应用于广义投资领域，即：修身立命、外缘管理、本质价值和风险管理。广义投资除金融投资和实业投资之外，还包括人力资本投资、社会资本投资和生态环境投资。整全投资是一种成己达人、财道辅义的投资范式，它的基本特征是君子四德立体绽放。君子四德立体绽放的人就是大格局的人。

第一节 四面体模型

四面体是宇宙中最基本的空间构型，它能够为我们在解决复杂的实践问题而构建理论时提供很多有益的启发和帮助。"元亨利贞"是易经四德的四面体，它是揭示世界运转规律和成功为人处世规律的密码系统，理论上可以作为中国式整全投资的逻辑框架。

一、神奇的四面体结构

四面体，又叫三棱锥，它是宇宙中很神奇的空间构型。我们紧握的拳头和脚的空间构型都接近四面体。美国著名建筑师、工程师、哲学家富勒（R.Buckminster Fuller, 1975）认为，宇宙中的一切结构都是由正四面体这种基本构件所构成。富勒写道："最小的、可分离的东西，至少有四个立体角，每个立体角周围至少有三个面；每个面至少由三条边包围。'最小某物'包括至少四个立体角、四个面、六条边、十二个平面角、内位性、外位性、凹性、凸性和两极可旋转性——至少总共 32 个独特的几何特征。"[1] 在所有正多面体中，正四面体的体积最小，表面积最大。正四面体包含的能量最小，结构能力最大。四面体是唯一可以由内向外翻转的全对称结构系统。四面体可以外推到生命的所有体验阶段，从而允许人类进入宇宙意识的新时代。

在化学领域，荷兰化学家范霍夫（Jacobus Henricus van't Hoff，1852—1911）于 1875 年发表《空间化学》一文，提出分子的空间立体结构学说。首创"不对称碳原子"概念和碳的正四面体构型，即一个碳原子连接四个不同的原子或基团，初步解决了物质的旋光性与结构的关系，这项研究成果立刻在化学界引起巨大反响。范霍夫因此荣获第一个诺贝尔化学奖（1901年）。众所周知，石墨和钻石都是由完全相同的物质（碳）构成的，两者的区别在于碳原子的排列方式：在石墨中，碳原子排列成片状；在钻石中，它们排列成正四面体。在钻石中，每一个碳原子周围有 4 个碳原子围绕，形成正四面体配位，整个结构可以视为以角顶相连接的正四面体的组合。

古代世界七大奇迹，只有埃及金字塔经受住了数千年的考验而留存下来了。埃及有句谚语说：人类惧怕时间，而时间惧怕金字塔。胡夫金字塔是埃及现存规模最大的金字塔，约完工于前 2560 年。金字塔从四面看都呈等腰三角形，在结构上属于四面体的基本叠加，稳定性好，因此经受住了漫长岁月的考验。

实践导向的成熟学科体系多数是由四要素模型构建的闭环系统。例如，经济学，包括生产、交换、分配、消费四大环节或四大领域。国内生产总值由四个部分构成，即：最终使用包括居民消费、政府消费、资本形成总额（投资）、净出口。管理学，包括计划、组织、领导、控制四大职能或四大过程。市场营销的四大核心内容：在产品导向下分别为产品、价格、渠道、推广；在消费者需求为导向下分别为消费者、成本、便利和沟通。美国社会心理学家和教育家科尔布（David Kolb）用四个环节（也是四种能力）论证经验性学习：具体经验、思索性观察、概念化抽象和积极实验。戴明的 PDCA 循环

---

①Fuller, R.Buckminster.*Synergetics: Explorations in the Geometry of Thinking*.Scribner, 1975, pp.45—46.

将质量管理分为计划、执行、检查和处理四个环节。威廉·伯恩斯坦（William J.Bernstein, 2010）用财产权、科学理性主义、资本市场、现代交通和通信技术四要素模型解释富庶的起源，他说："归根结底，判断这四个因素对一个国家发展的相对重要性都是无意义的，就像询问什么是蛋糕中最主要的配料，是面粉、糖、起酥油还是鸡蛋？事实上每一个要素都很重要，它们相互依存。缺少任何一种原料，蛋糕就做不成了。"[1]

诚然，目前我们也面临许多问题，而解决这些问题需要发展交叉学科，需要科学归纳最新实践经验以有效地指导当前的实践。在对实践经验进行提炼和归纳时，四面体模型能够为我们提供很大的启发和帮助。例如，著者在《价值投资素养》中把投资者在资本市场的行为－结果概括为由非理性行为、短期视野、本金安全和满意回报所构成的四面体，成功解释了资本市场的127定律，证明投资者成功的前提必须克服非理性行为和短期视野，修炼理性认知和长期视野。

又例如，当代经济社会发展的节奏在显著地加快，呈现出不稳定、不确定、难搞懂和难辨认的特征。展望未来，世界经济何去何从，中国经济何去何从，来自不同领域的业界人士和专家学者都有自己的看法，见仁见智。笔者认为，可以尝试着用四面体模型对人类诞生以来的经济社会运行基本要素（资源）进行高度概括：质能（物质和能量）、空间、时间和数据。任何经济社会的运行都需要这四类基本要素，但在不同社会发展阶段，四要素发挥作用的强度截然不同，整个人类文明可根据人类对这四要素的开发利用水平来划分层次。

二、易经四德的四面体

世界上有四大文明古国，包括古巴比伦、古埃及、古印度、中国，其他三国的文明早已断流，唯有中国文明延续传承 5000 年。历史上，中国也曾遭到外族入侵，历经朝代更迭。由于中华文化的同化能力很强，中华文明变

---

[1]Bernstein, William J.*The Birth of Plenty*.The McGraw-Hill Companies, Inc, 2004, p.134.

得越来越丰富强大。中国人很早就形成了应变求变的自觉和修身立命的传统。这一优秀文化传统的源头就是《易经》，其智慧可以应用于各种投资场景。

《易经》是群经之首、大道之源，是解码世界发展变化的哲学，是中国文化的源头、中华民族的智慧结晶，古人奉其为修身立命、安邦治国的最高准则。"《易》之为书也，原始要终，以为质也"（《周易·系辞下》），这句话是说：《易》作为书籍，是推究事物的初始、探求事物的终结，进而探知矛盾运动的本质的。汉字"教学"二字的古体字均保留着研习易经的"爻"的痕迹。《易经》的核心哲学是"自天佑之，吉无不利"，主张"自强不息，厚德载物"，坚信"积善之家，必有余庆；积不善之家，必有余殃"的人格修炼，强调"穷则变，变则通，通则久"的应变能力建设。我国民众接触更多的四书，即《大学》《中庸》《论语》《孟子》，则是对以上精神的拓展、发挥和运用。

能循天理动者，造化在我也①。夫《易》，圣人之所以极深而研几也（《易·系辞上》）。易经作为解码世界发展变化的哲学，组成其基本结构的四面体就放置在易经第一卦《乾》的卦辞里，放在正文的第一句话里，即"元亨利贞"四字。《乾·文言传》曰："元者，善之长也；亨者，嘉之会也；利者，义之和也；贞者，事之干也。""元亨利贞"是中国先哲们总结出的事物良性发展的一般规律，任何事物的长期发展都在一个又一个"元亨利贞"循环中展开。东晋易学家干宝认为元亨利贞就是体仁化物、观运顺天、器用利民、守正定俗。②北宋哲学家邵雍认为："天变而人效之，故元亨利贞，《易》之变也；人行而天应之，故吉凶悔吝，《易》之应也。"③根据邵雍，元亨利贞是认识和改造客观世界的系统方法。

元者，善之长也。如何理解这句话呢？孟子曰："可欲之谓善。""可欲"，对实践主体而言是指正当合理的需要，对实践客体而言是指正效用。人类文明史显示，人类正是把心中描绘的愿望作为原动力，通过追求正当合理价值而不断走向繁荣昌盛的。因此，"善"可以理解为"负熵"或"熵减"。著名

---

① [宋] 邵雍. 皇极经世书 [M]. 北京：九州出版社，2012：421.

② 李广晚. 孔颖达"元亨利贞"四德说研究 [D]. 福建师范大学，2020(12).

③ [宋] 邵雍. 皇极经世书 [M]. 北京：九州出版社，2012：410.

物理学家薛定谔（Erwin Schrödinger，1944）在《生命是什么》中指出：要摆脱死亡，就是说要活着，唯一的办法就是从环境里不断地汲取负熵，有机体就是赖负熵为生的。他认为："一个孤立的系统，或一个在均匀环境里的系统，它的熵在增加，并且或快或慢地接近于最大值的熵的惰性状态。现在我们认识到，这个物理学的基本定律正是事物接近混乱状态的自然倾向，除非我们在事先预防它。"[①]俄国剧作家契诃夫（Anton Chekhov）说：只有熵来得容易。

薛定谔进一步指出："在生命的发展中遇到的秩序性有不同的来源。有序事件的产生，看来有两种不同的'机制'：'有序来自无序'的'统计学机制'，和'有序来自有序'的一种新机制。"因此，可以把"善"理解为"有序来自有序"的机制中的"负熵"，即正能量、创造力、精进姿态、善良、敬畏和勤劳。"善"代表实践主体所具有的利生万物的"负熵"。"善之长"可以理解为持续地给负熵进行赋能。因此，"元"是主体的负熵赋能系统，是主体傲立于世间的本源密码。现代科学认为，趋同和保守是熵增，差异和创新是熵减（负熵）。因此，目前立足于满足人民日益增长的美好生活需要所进行的各种创新，是民族进步的灵魂，是国家兴旺发达的不竭动力，是组织和个人永葆生机的源泉，是真正的"善之长"。汤之《盘铭》曰："苟日新，日日新，又日新。"（《礼记·大学》）张磊（2020）说："世界上只有一条护城河，就是企业家们不断创新，不断地疯狂地创造长期价值。"[②]但是创新不是一蹴而就的，也不是自动运行的，必须付出努力和构建高效的赋能体系。《国语》云："从善如登，从恶如崩。"

亨者，嘉之会也。如何理解这句话呢？嘉，美也，善也。会，合也，聚也。嘉之会，顾名思义是指美好的事物聚会在一起，本质上看是通过万物互联互通、促进嘉美会聚、众善相继的负熵环境和生生机制。一个生命有机体为推迟趋向热力学平衡（死亡）的衰退，唯一的办法就是从环境中吸引一串"负熵"

①[奥地利]薛定谔 E. 生命是什么(第一推动生命系列)[M].罗来鸥，罗辽复，译.长沙：湖南科技出版社,2018：93—95.

②张磊.价值：我对投资的思考[M].杭州：浙江教育出版社,2020：81—83.

去抵消它在生活中产生的熵增，从而使它自身维持在一个稳定的而又很低的熵的水平上。嘉的本质就是指高"负熵"环境。方以类聚，物以群分。高"负熵"环境有利于生命体的成长和繁荣。孟母三迁的故事说明人应该主动接近好的人、事、物，这样才有利于养成好的习惯，也更容易成功。择邻而居的更高境界是利见大人。《乾》卦有两个爻辞是"利见大人"，即求教于功德圆满的人，对自己的发展有利。美国商业哲学家罗恩（Jim Rohn）提出密友五次元理论，即：一个人的财富和智慧，基本就是 5 个与之亲密交往朋友的平均值。罗伯茨（Jason Roberts）提出"幸运表面积"（luck surface area）模型，认为一个人通过结识更多的人和事就可以增大自己的幸运表面积。① 可见，无论是生命体的生长繁殖还是人们事业的兴旺发达，仅有"元"还是不够的，还必须有负熵充足的赋能环境，必须保持对外开放并设法做好"统战"工作，建立和完善各种"嘉之会"体制机制。因此，"亨"是指负熵聚合机制，是助力系统和生生机制。

目前，健全完善的市场体系特别是发达的资本市场体系，就是推动要素聚集和资源配置的"嘉之会"机制。《易·系辞下》云："日中为市，致天下之民，聚天下之货，交易而退，各得其所。"另外，人才是第一资源，人才选拔制度也是非常重要的"嘉之会"机制，例如秦汉的察举和征辟制度、隋唐以后到清末的科举，均推动了古代中国文明发展。1979 年我国将对外开放定为一项基本国策，视为强国之路，是社会主义事业发展的强大动力，对外开放是创造接入"嘉之会"的环境。约翰松（Frans Johansson，2017）认为交叉点增加了想法奏效的概率，目前在全球范围内的人员流动、科学融合、计算机技术发展这三股力量，使得交叉点的数量达到了有史以来的最高峰。②

利者，义之和也。如何理解这句话呢？利，即利益；义，即各得其所而不失其宜；和，即统一。这句话的意思是说，真正的利益，应该取之有道，讲求合作、多方共赢、各得其所、和谐共存。利与义，在中国历史上一直存在着争论。本句属于义利统一观，强调包容和多赢。《子路受牛》的故事就是

---

① 参阅：http://codusoperandi.com/posts/increasing-your-luck-surface-area.

②[瑞典] 约翰松 F. 思维不设限 [M]. 刘昭远，译. 北京：东方出版中心，2020:1—5.

义利统一的经典案例。子路曾经在河里救过一个人，这家人就送给子路一头牛作为酬谢，子路还真的收了。天下人知道这件事以后，都纷纷嘲笑子路，说你身为夫子的亲传弟子，却做出这贪财的行为，也没什么了不起的。孔子知道后，却夸奖子路说：你做得对，从此大家都愿意救人了。事后，大家果然纷纷做起好事来。《子贡受牛》启发我们，要从利益相关者和社会的角度、从长期视野来审视义利之间的关系。利义是统一的，强调"义"的时候，是为了能够把那普遍性的、公共性的、整体性的"利"拉上来。义利统一观认为义利互生，两者从总体和长期看是统一的。

贞者，事之干也。如何理解这句话呢？贞者，占也，卜也，正也，定也，坚也，诚也，守也。值得注意的是，至少从北宋的刘安世开始人们就发现六经无"真"字，这是因为"真"是道家的专有名词，特指"仙人变形登天"，同时代的儒家只能用"贞""正""诚""实"等汉字来表达"真实不虚、准确无误"的意思。因此，有人把六经无"真"字理解为古人不注重"求真"而仅注重"求善"，这种观点是错误的。这里的"贞"，本身就包含现代的"真"内容，即客观实在和本质规律，具有实事求是的实践品格。"干"，本义指盾牌，一种抵御戈的武器，如"大动干戈"的"干"，引申为防御、干预和治理。"破中有立谓之干"，言有所作为，而致其功用也。事，指变故。《易·序卦》云："以喜随人者必有事，故受之以蛊，蛊者事也。"易经《蛊》卦专门阐释如何拨乱反正，其爻辞有三次提到"干父之蛊"，一次提到"干母之蛊"。因此，"事之干"指的是危机管理、风险管理，侧重于"救失"。俗话说，上医治未病，防患于未然，居安思危，这些都是风险管理的最高境界。

《管子·乘马》云："事者，生于虑，成于务，失于傲。"爱因斯坦认为，熵增定律是科学定律之最。熵增定律表明万物的"生住异灭"是客观规律。如果放任不管，任何事物都将毁灭，不会变得更好，只会变得越来越差。希腊神话中西西弗斯推巨石上山的故事，意味着熵增定律的残酷。西西弗斯是科林斯的国王，因绑架死神而触犯众神，被惩罚把一块巨石推到山顶。由于那巨石太重，每次未上山顶就又滚下山去，前功尽弃，于是他就不断重复、永无止境地做这件事。试想，如果允许西西弗斯带着防止巨石滚下山的三脚架，那么他就可以在把巨石推到一定高度而自己因疲惫而想休息的时候，用三脚架止住巨石，恢复体力之后再继续向上推，最终一定能把巨石推到山顶。这个假设的用于防范巨石滚落的三脚架，就是"事之干"。孔尚任也在《桃花扇》中描述了人世间熵增定律的残酷和悲凉，他写道："俺曾见，金陵玉树莺声晓，秦淮水榭花开早，谁知道容易冰消！眼看他起朱楼，眼看他宴宾客，眼看他楼塌了。"成长、成功、创业和守业都需要防范和对抗熵增，因此需要"事之干"。《左传》云："居安思危，思则有备，有备无患。"（《左传·襄公十一年》）在现代高风险社会，任何国家、组织和个人，都要坚持底线思维来防范化解重大风险，要善于运用底线思维的方法，凡事从坏处准备，努力争取最好的结果，这样才能有备无患、遇事不慌，牢牢把握主动权。《易·乾·文言》云："贞固足以干事。"

如图 2-1 所示，易经"元亨利贞"四面体结构是揭示世界运转规律和成功为人处世的密码系统。这套密码系统不仅长期有效，而且能够应用于所有场景。精通易经四面体（易经四德），就明白世界的运转规律和为人处世的成功规律，明白目前身处哪个发展阶段以及接下来如何去做。因此，不难理解为什么"知易者不占，善易者不卜"。《汤诰》曰"尚克时忱，乃亦有终"，意思是说，如果能诚心诚意地做到这些，必然会有好结果。

值得强调的是，易经揭示的成功秘诀是"自天佑之，吉无不利"。自与天，在这里是并列关系，分别指自己与上天。在中国传统文化中，上天泛指本人所不能控制的一切外在客观世界。例如，《尚书·太甲》云："天作孽，犹可违；自作孽，不可活。"这句话很明显地把"天"与"自"作并列主语，意思是，上天降下的灾难还可逃避，自己惹的祸患根本就逃避不掉。因此，"自天佑之"应该理解为"自佑之，天佑之"，即"天助自助者。天助之人必先自助，人助之人必先自强"。西方谚语"上帝只帮助那些帮助自己的人"，与"自天佑之"有异曲同工之妙。《诗》云"永言配命，自求多福"（《诗经·大雅·文王》），意思是说：永远与天命相合，自己寻求更多福报。稻盛和夫（2020）认为："只有饱尝艰辛、逼至绝路、冥思苦想，才能感动神灵，使其出手相助、赐予灵感。"①

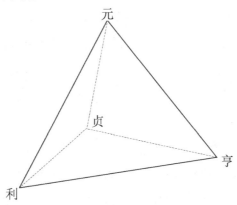

图 2-1 易经四德的四面体

为什么会"吉无不利"呢?"君子藏器于身,待时而动,何不利之有?"(《易·系辞下》)有人把"自天佑之"解释为"得到来自上天的保佑",这种看法有偏差,过于狭隘和消极,主要原因是望文生义地把"自"理解为介词"来自"。这样理解,明显违背"自求多福"的成功规律,不利于发挥"自强不息、厚德载物、修身立命"的中国精神。

认真研究成功人士的人生经历,不难发现一个规律:在通往成功的道路上,运气扮演着重要角色。如果深入挖掘,就会发现大多数成功人士的"幸运表面积"远远大于常人,他们最终在正确的时间出现在了正确的地点。但为了能在正确的时间出现在正确的地点,他们默默地付出很多努力。即使不是那个特定的时间和地点,也可能有另外一组时间和地点。也许那不会带来同等程度的成功,但他们仍然可以取得成功。

第二节 整全投资四面体

本节把投资的范围由金融投资和实业投资领域拓展至包含人力资本、社

①[日]稻盛和夫.付出不亚于任何人的努力:助力事业的"心"领导(精装版)[M].周征文,译.北京:东方出版社,2020:27.

会资本、生态资本等在内的广义投资领域，在此基础上提炼出投资的五个基本特征。然后，从易经四德推演出整全投资模型，即修身立命、外缘管理、本质价值和风险管理。整全投资作用的机理是非对称积累和复利效应。

一、投资定义和特征

（一）投资的定义

1. 投资的狭义定义

投资的定义很多，比较经典的有：投资是为未来收入货币而奉献当前的货币（夏普、亚历山大、贝利，2013）[①]；把资金投入到未来一段时间内持有的一项或多项资产（Charles P. Jones，2016）[②]；投入当前资金或其他资源以期望在未来获得收益的行为（Zvi Bodie，2022）[③]；货币转化为资本的过程（吴晓求，2014）[④]；经过深入分析，确保本金安全和满意回报的操作（本杰明·格雷厄姆，1934）。[⑤]

根据以上定义，可以归纳出投资的核心要素：投资是资产的跨期配置。投资涉及当前与未来两个时点，因此是一个跨期过程。投资涉及投入与回报，因此它是资产的配置。投资的目的是获取收益，但是这种收益通常很难保证。投资是人谋天成的行为，具有不同程度的不确定性，因此它需要决策和管理。另外，投资配置的对象是资产。根据《柯林斯经济学词典》，资产是指由个人或企业拥有的具有货币价值的物品或财产，可分为实物资产（例如，厂房、设备、土地、耐用消费品）、无形资产（例如，品牌名称、技术诀窍和商誉）、

---

① [美] 夏普 W F，亚历山大 G J，贝利 J V. 投资学（第五版）[M]. 赵锡军，等，译. 北京：中国人民大学出版社，2013：1.

② Jones, Charles P. *Investments: Analysis and Management*, 13th edition. John Wiley & Sons, Inc., 2016, p.1.

③ Bodie, Zvi, Alex Kane, and Alan J. Marcus. *Essentials of Investments*, 12th edition. McGraw Hill, 2017, p.1.

④ 吴晓求. 证券投资学 [M]. 北京：中国人民大学出版社，2014：1.

⑤ [美] 格雷厄姆 B，多德 D. 证券分析 [M]. 巴曙松，陈剑，译. 成都：四川人民出版社，2019：43—44.

金融资产（例如，货币、银行存款、股票和股份）。[①]

以上是投资的狭义定义，适用于实业投资或金融投资。其典型特征是最初投入和最终回报都可以用货币衡量，投资对象是实物资产、无形资产或金融资产。实业投资的对象主要是实物资产（建筑物、机械设备、存货等）和无形资产（土地使用权、商标权、专利权、非专利技术、著作权、商誉等）。金融投资的对象主要是金融资产，通常分为：债券、股票、证券投资基金、金融衍生工具、另类投资工具。传统的投资学或证券投资学著作，讲述的都是狭义投资，其适用领域主要是实物资本和金融资本。

2. 投资的广义定义

如果把投资理解为投入转化为资本的过程，那么很有必要把投资的定义扩展到非货币资本、非物质资本领域。例如，人力资本是体现在劳动者身上的资本，它通过人力投资形成，它比物质资本和金融资本具有更大的增值空间。经验研究发现，在经济增长中人力资本的作用大于物质资本的作用，人力资本投资与国民收入成正比，比物质资源增长速度快。又如，社会资本是相对于物质资本、金融资本和人力资本的概念，它存在于社会结构之中，是无形的，它通过人与人之间的合作进而提高社会的效率和社会整合度。研究证明，社会资本能够减少不确定性和交易成本，提高交易效率，鼓励专业化，增加在人力资本、物质资本、货币资本和观念创新上的投资，社会资本决定了生产与掠夺之间的权衡。社会资本具有更多的公共品性质，它不像金融资本或物质资本那样容易转移，也不像人力资本那样具有流动性。由于全球性生态环境破坏和资源消耗问题严重威胁到人类经济社会可持续发展，使得资本的内涵也从传统社会经济范畴延伸到生态环境、自然资源领域。生态资本是 20 世纪末提出的一个全新的资本概念，认为生态环境、自然资源是人类最基本、最重要的资本。

如何把投资的定义扩展到包含产业资本、金融资本、人力资本、社会资本和生态资本在内的一切资本领域呢？其实只需要把投资的对象由资产扩展

[①][美] 帕斯, 洛斯, 戴维斯. 科林斯经济学辞典: 英汉双解 [M]. 罗汉, 译. 上海: 上海财经大学出版社, 2008: 25.

到资源，问题就能迎刃而解。资源指的是一切可被人类开发和利用的质能（物质和能量）、空间、时间和数据的总称，它是自然界和人类社会中可以用于创造物质财富和精神财富的客观存在形态，具可度量、可积累、可规划、可管理、可优化等特性。资源在本质上就是生产要素的代名词。因此，广义上的投资是指资源的跨期配置。

物质和能量是资源，人们对此判断基本上没有异议。断定空间、时间、数据是资源，可能有人对此会疑惑不解。资源具有可规划、可管理、可优化的特性，因此借用这些特性就可以判定一种要素是不是资源。也就是说，如果一种要素加上"规划""管理""经济学"等词缀之后能够成为一门学科，那么它就是资源。目前，空间规划、空间经济学、时间规划、时间管理、数据管理、数据（信息）经济学等已经成为基本学科，因此可以断定，空间、时间、数据是资源。之所以把物质和能量合并在一起，把它们视为同一种要素，根本原因是爱因斯坦的质能方程，即 $E=mc^2$，其中 E 表示能量，m 代表质量，而 c 则代表光速的一个常数，c=299792458 米／秒。

（二）投资的特征

1. 跨期性

跨期性是指投入和回报之间有一段时间间隔。如果没有时间间隔，那么这种交易就是即时结清的普通买卖，不能称之为投资。在投资实践中，通常根据投资期限的长短将投资分为短期投资、中期投资和长期投资。习惯上，短期投资的期限在 1 年以内，中期投资的期限为 1 至 10 年，长期投资的期限为 10 年以上。通常，投资期限越长，投资者要求的收益率也就越高。

2. 风险性

投资是人为打造的连接现在与未来的桥梁，是在时间轴上腾挪资源的"人造时光机"。未来本身具有多种可能状态，这些不确定性状态与投资者所期盼的利益相结合，就造成投资者本金损失的可能性，于是就嵌入了风险。在这里，我们把风险定义为本金损失的可能性。传统上，人们把价格的波动性理解为风险，那纯粹是出于统计学意义上的测算方便，但这种定义往往在一定程度上会造成误导。

3. 权益性

投资是资源或资产的跨期配置，由于不能即时结清，现行法律制度对其具体安排形式都有相应的明确规范，赋予投资者所有者权益或债权人权益或其他期待中的权益。例如，股票代表的是所有者权益，债券（贷款）代表的是债权人权益，金融衍生工具代表的是持有人依据契约在约定期限内基于基础资产市场价格变化而产生的期待中的权益 —— 或有权益。

4. 层次性

首先，投资包括实业投资、金融投资、人力资本投资、社会资本投资、生态资本投资等不同领域。其次，在资本市场发展到一定程度之后又会出现各种间接投资工具或衍生工具，例如，为满足实业投资的需要，资本市场开发出股票、债券等基础性金融投资工具，为满足大众金融投资需要开发出证券投资基金、房地产信托基金、金融衍生工具等。无论从哪个层次介入，投资成败的关键均取决于对支撑投资对象的底层资产的透彻理解。

5. 整全性

在投资项目运营过程中，总是把产业资本、金融资本、人力资本、社会资本和生态资本等放在一起进行价值创造和价值增值。因此，在投资实践中必须全面把握好各层次、各维度的人和事，通盘考虑、统筹兼顾，片面地强调一个方面而忽视其他方面就会造成投资活动的中断。

二、整全投资模型

易经四德的四面体能够解码世界上万事万物的发展变化规律，因此可以用它来构造整全投资模型。如图 2-2 所示，与易经四德"元亨利贞"对应的是"善之长""嘉之会""义之和"和"事之干"，分别对应于整全投资的修身立命、外缘管理、本质价值和风险管理。修身立命，是从投资即修行的角度来审视投资，投资是投资者的认知和品德的变现，投资的成败得失最终取决于投资者自身的修养程度，它侧重于人力资本投资。外缘管理，包括择善而从、有容乃大、见几而作，是一个适应性迭代优化的管理过程，它侧重于社会资本投资。本质价值，是指在人民至上理念指导下的股东价值与利益相关者价值、ESG 价值的有机统一，是只有在社会主义制度下才有条件达成的（企业）投资价值，侧重于实业投资和金融投资。风险管理，是包括全面风险管理和风险资源化利用，侧重于从风险（熵增）的视角探索如何正确处理投资中的机会和威胁。整全投资的四要素是相互联系、相互作用和相互支撑的，四者之间是乘积关系而非并列关系。只有全面管理好四要素，在四个维度上齐头并进、相互协调，投资才会有所收获。缺少任何一个要素，最终都将导致投资失败。

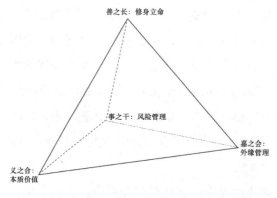

图2-2 整全投资四面体

整全投资的核心理念是"自天佑之，吉无不利"。孔子解释说："佑者助也。天之所助者，顺也。人之所助者，信也。履信思乎顺，又以尚贤也。是以自天佑之，吉无不利也。"[①] 修身立命是收益非常可观的投资，因为它的边际效用往往是递增的，其核心内容包括投资于自己和投资于变化，这两者相辅相成，完善自己有助于更好地求变应变，解码变化有助于更有效地完善自己。外缘管理的核心内容包括择善而从、有容乃大、见几而作，是从拓缘、守正、应机三个维度对投资活动的适应性进行迭代升级。本质价值是义利统一观在当代投资实践中的具体运用，强调可持续发展意义上的本质价值，它超越企业利润、股东价值、利益相关者价值、ESG 价值，是具有社会主义独特内涵的投资价值。风险管理是投资的减震系统和免疫系统，它能够使投资在跌宕起伏的市场环境中保持恢复力。

---

① 杨天才.周易 [M].北京：中华书局,2022：284.

三、整全投资的机理

1. 非对称积累

整全投资能够把所有的投资项目打造为收益无限而损失有限的博弈局面。这种博弈局面就是薛定谔所说的"有序来自无序"的"统计学机制"。查理·芒格（1993）说："价值投资就是在寻找一场'错误定价的赌局'。"[1]为简化分析，先假设一个"0损失"的概率博弈。假设一个抛掷一枚均匀硬币押注其正面或反面的场景，押对了就给你100万元，押错了也没关系，不让你损失1分钱，并且你可以永续玩下去。试问，该赌局的期望值是多少呢？有人会说，该赌局的期望值是100×0.5+0×0.5=50万元。懂得投资道理的人会说，这样计算明显是错误的，因为你在"0损失"的条件下可以一直玩下去，押对一次就白赚100万元，押对两次就白赚200万元，押对三次就白赚300万元，以此类推，押对N次就是白赚N百万元。只要不限制在"0损失"条件下掷硬币的次数，玩家从这个赌局中的收益可以远远大于100万元，几乎没有上限。借助这种非对称积累机制，投资者只要有足够的时间和耐心，就能够积累起巨额财富。正所谓日积一善，久则必为江河之水。

我们来计算一下上述赌局的博弈原理。若连续抛硬币M次算一局，M可以取任意大的自然数，则至少正确1次的概率为$p=1-0.5^M$。当M=5时，$p=0.968750$；当M=10时，$p=0.999023$；当M=15时，$p=0.999969$；当M=20时，$p=0.999999$；当M=25时，$p=1.000000$。通过演算可知，当连续抛硬币25次，可以至少赢得100万元，因为它的概率在这种条件下为1.000000。

"0损失"机制是不对称机制的理想状态，它类似于免费抽彩票的场景。遇到这种免费抽彩票的场景，即使概率很低，最优策略是一直参与下去，直到最终大功告成。推而广之，对于损失有限而收益无限的非对称博弈场景，只要损失足够小，而投资者完全能够承担得起，潜在收益又趋于无限大，获

---

[1]Pecaut, Daniel and Corey Wrenn.*University of Berkshire Hathaway: 30 Years of Lessons Learned from Warren Buffett & Charlie Munger at the Annual Shareholders Meeting*.Pecaut and Co, 2017, p.36.

胜的概率又足够高，那么投资者就可以从这种博弈场景中获益。

直接推论，投资是概率游戏，成功的前提是能够持续玩下去，要千方百计避免因弹尽粮绝而被淘汰出局。克里斯坦森（Clayton M.Christensen, 2013）认为："实际上，研究已经表明，绝大多数成功的新兴企业都在开始实施最初的计划，并了解到哪些计划行之有效、哪些只是纸上谈兵时，放弃了最初的商业战略。成功企业与失败企业的主要差别通常并不在于它们最初的战略有多么完美。在初始阶段分析什么是正确的战略，其实并不是取得成功的必要条件，更重要的是保留足够的资源（或是与值得信赖的支持者或投资者建立良好的关系），这样，新业务计划便能在第2次或第3次尝试中找到正确的方向。那些在能够调转航向，转而采用可行的战略之前便用尽了资源或信用度的计划，就是失败的计划。"①

如何识别和把握这种不对称机会呢？整全投资四面体将会给投资者带来很多办法和招数。修身立命能够大幅度提高投资者的机会识别、领悟能力，外缘管理能够最大限度聚集有利投资机会，本质价值将扩大投资视野和提高投资持续性，风险管理通过防范和化解风险帮助投资者将博弈场景设法构造成接近"0损失"的理想状态。

2. 复利效应

复利，即利生利。据考证，复利起源于古巴比伦时期，受动植物繁殖规律的启发。爱因斯坦曾把复利称作世界第八大奇迹，还说："洞悉复利者，赢利也；不明复利者，付利也。"②复利增长的动力源于其指数式增长的本质：收益率越高、积累时间越长，复利的威力就越大。

复利的基本数学表达式是：$f=(1+i)^t$，其中 f 为终值系数，i 为收益率，t 为积累期限。f 是指数函数，可以证明，当 i>0 时，f 对 t 的一阶导数大于 0，二阶导数大于 0。因为复利过程中的边际效用递增，所以其积累值具有"差之毫厘，谬以千里"的放大效应。

---

①[美]克里斯坦森 C.创新者的窘境[M].胡建桥，译.北京：中信出版社,2014: 134.

②Hagstrom, Robert.*Warren Buffett: Inside the Ultimate Money Mind*.John Wiley & Sons, Inc., 2021, p.10.

发生在金融投资领域的复利效应固然令人向往，而在人修身立命过程中的复利效应更为司空见惯。个人行为上的复利效应主要借助刻意练习和习惯机制发挥作用，人际间的复利效应主要借助于学习和分享机制发挥作用。因此，在现代经济社会，收益最高的投资往往是对投资者自身的投资，因为边际效用递增规律在修身立命的人力资本领域很容易发挥作用。《道德经》曰："人之道，损不足以奉有余。"其根本原因在于习惯养成、技能掌握、人际交往过程中普遍存在边际效用递增的复利效应。达伦·哈迪（Darren Hardy，2012）把复利效应概括为：小而明智的选择＋一致性＋时间＝天壤之别。① 克利尔（James Clear，2018）把复利效应划分为正面的和负面的，正面的包括生产力复利效应、知识复利效应和人际关系复利效应，负面的包括压力复利效应、负面思想复利效应和愤怒复利效应。② 很显然，面临复利效应，每个人都拥有很多选择，日积月累，差距就会越拉越大。因此，孔子说"性相近也，习相远也"。纳瓦尔认为："生活中所有的回报，无论是财富、人际关系，还是知识，都来自复利。"③

第三节　四面体范式发微

本书认为，实践导向的成熟学科体系多数是由四要素模型构建的闭环系统，这就是四面体范式，也是极为有效的经验法则。所谓实践导向，泛指人类在"特定场景"中能动地改造客观世界的物质性活动的属性。这里特别强调"特定场景"，因为实践的内容、性质、范围、水平受到"特定场景"的制约，都随着"场景"的变化而变化。可以说，四面体范式可以作为构建或检验实践导向学科结构体系是否完备的快速测试剂。通常，单要素、双要素或三要

---

①Hardy, Darren.*The Compound Effect.*Vanguard Press, 2012, p.16.

②Clear, James.*Atomic Habits: An Easy & Proven Way to Build Good Habits & Break Bad Ones.* Penguin Random House, 2018, p.22.

③[美] 埃里克·乔根森.纳瓦尔宝典: 财富与幸福指南 [M].赵灿，译.北京: 中信出版社，2022:34.

素模型，最多可以称之为关键要素识别模型，如果把它们直接付诸实践往往会存在这样那样的问题。因为此类模型存在关键因素识别不足的问题，一旦被遗漏掉的关键因素主导实践过程（顾名思义，关键因素往往会主导实践过程），那么这一遗漏要素就成为导致实践失败的阿喀琉斯之踵。

四面体范式并不必然排斥五因素模型或六因素模型，但是远远超过四个因素的多因素模型，通常意味着简化力度不够，存在过度识别、有冗余的"关键因素"的问题，根据奥卡姆剃刀原理，这些冗余的因素应该被删除掉（如果在冗余的因素上浪费时间、资源和注意力，必然造成实践的效率损失）。因此，四面体范式带来的启示是：维度低于 4 的模型通常不能直接付诸实践，有效的实践模型往往是四因素模型，个别实践模式也可以是五因素或六因素模型，但是维度超过 6 的模型很可能意味着简化力度不够，存在过度识别和存在冗余要素。

为什么四面体范式认为维度超过 6 的模型很可能意味着简化力度不够呢？这是六度分割理论带来的事实。六度分隔理论是认为：在这个世界上，任意两个人之间建立一种联系，最多需要 6 个人。1929 年，匈牙利作家 Karinthy 最早提出了"小世界现象"，认为：地球上的任何两个人都可以平均通过一条由六位联系人组成的链条而联系起来。20 世纪 60 年代，美国哈佛大学社会心理学教授斯坦利·米尔格兰姆（Stanley Milgram）通过设计一个连锁信件实验，验证了任何两个陌生人之间所间隔的人不会超过六个，即"六度分隔"理论。后来研究人员把实验的范围不断扩大。2001 年，Milgram 用 60,000 个发件人和 18 个目标之间的电子邮件链重复了实验。2007 年，全球即时通信网络分析了 2.4 亿人之间的 300 亿次对话。两项研究都发现，所研究的社交网络中的平均路径长度为 6。另外，中国文化有"逢七必变"的说法，意思是事情在遇到第七个阶段或第七个因素时，其本质就要发生变化，就会变成另外一件事情。

四面体范式虽然是经验法则，但是它行之有效。目前，有很多行之有效的经验法则缺乏理论证明，在这种情况下我们直接运用就可以了。类似的例子很多，先看一个"缩数术"经验法则，至今也没听说有人给出理论证明。"缩数术"法则：任意一个多位数，不管是十位数、百位数、千位数，等等，把它们不同位数上的数字直接相加，得到的结果如果不是个位数，则把结果上的不同位数上的数字继续相加，直到得出个位数，这个结果就是"缩数"。以数字 2022 为例，2+0+2+2=6，6 就是 2022 的"缩数"，与"缩数"对应的是"原数"。加法经验法则：任何两个或两个以上原数相加的和的"缩数"，必然等于各个原数的"缩数"之和的"缩数"。例如，原数 2022 对应的缩数是 6，原数 185 对应的缩数是 5，原数之和为 2022+185=2207，和（2207）的缩数为2。原数对应的缩数运算是：6+5=11，1+1=2，缩数的运算结果也为 2。原数之和的缩数为 2，缩数之和的缩数也为 2。通常，这说明原数计算结果是正确的（当然，从概率的角度，即使原数运算结果与缩数运算结果完全吻合，也有一定可能性是错的，不过这个犯错概率通常很小，除非两个独立步骤的运算恰好错在一个数字上）。减法是加法的逆运算，懂得用"缩数"验算加法，自然也就可以把这个原理用于减法。同理，乘法是加法的叠加运算，两个或两个以上的数值乘积的缩数等于对应的缩数乘积的缩数，例如原数 281 对应的缩数为 2，75 对应的缩数为 3，原数乘积为：281×75=21075，乘积的缩数为 6；缩数的乘积为 2×3=6，原数乘积的缩数等于缩数乘积的缩数，验算完毕。除法是乘法的逆运算，验证原理相同。正是因为掌握"缩数术"这个经验法则，我在小学学习数学时既轻松又充满乐趣，以至于在初中、高中和大学，对学习数学充满信心和乐趣。但是迄今没听说有人对"缩数术"经验法则给出满意的证明。这说明，有效的经验法则直接拿过来用、直接发挥它的效用就可以了，这是实践层次的问题。对它进行理论证明，那属于理论层次的问题。

又例如，中国的二十四节气，是我国先民根据北斗七星斗柄方向和圭表测影总结出来的，它与现代的太阳历（公历）完全吻合。我国先民一直用二十四节气指导农业生产和日常生活，至少在近代天文学诞生之前，没人能够给出二十四节气背后的运作原理（地球在绕着太阳公转），因此古时的二十四节气属于典型的经验法则。但是，不懂背后的原理并不影响我国先民对二十四节气的运用。

第三章　投资正当时

2022 年，党的二十大宣布："从现在起，中国共产党的中心任务就是团结带领全国各族人民全面建成社会主义现代化强国、实现第二个百年奋斗目标，以中国式现代化全面推进中华民族伟大复兴。"[①] 这将为广大投资者带来丰富的投资机会。同时，也迫切需要投资者紧紧围绕中心任务，切实服务实体经济，从优化整体市场资源配置、完善金融市场发展的战略高度，积极推动产业结构调整和国家创新战略实施，推动中国经济社会实现高质量发展。

第一节　中国经济奇迹

2017 年，党的十九大报告指出：中国特色社会主义进入新时代，我国社会主要矛盾已经转化为人民日益增长的美好生活需要和不平衡不充分的发展之间的矛盾。2021 年 7 月 1 日，习近平总书记庄严宣告："经过全党全国各族人民持续奋斗，我们实现了第一个百年奋斗目标，在中华大地上全面建成了小康社会，历史性地解决了绝对贫困问题，正在意气风发向着全面建成社会主义现代化强国的第二个百年奋斗目标迈进。"2022 年，党的二十大指出："改革开放和社会主义现代化建设深入推进，书写了经济快速发展和社会长期稳定两大奇迹新篇章，我国发展具备了更为坚实的物质基础、更为完善的制度保证，实现中华民族伟大复兴进入了不可逆转的历史进程。"

在评价中国经济奇迹时，巴菲特（2018）说："他们在过去 50 或 60 年里所做的事，是一个完全的经济奇迹。我从来没有想过这会发生。我所知道的是，

---

① 习近平.高举中国特色社会主义伟大旗帜 为全面建设社会主义现代化国家而团结奋斗 [N]. 人民日报,2022-10-26(001).DOI:10.28655/n.cnki.nrmrb.2022.011568.

他们已经为自己找到了一个秘方，就像我们在几个世纪前找到了秘方一样。"[1]

一、中国经济奇迹的秘方

关于中国奇迹的归因，林毅夫（2021）强调技术进步范式转换和后来者优势。关于中国在世界历史中的兴衰和 1978 年以来的经济奇迹，林毅夫认为："在 18 世纪之前，在一个技术创新主要来自农民和手工业者经验积累的社会里，拥有庞大人口的中国享有优势。而当技术进步的范式从经验积累转变为以科学为基础的实验之后，中国开始迅速落后。尽管科举制度和儒家思想有助于中国维持社会和政治的稳定与大一统，却阻碍了中国技术创新范式的转变，因此，中国无法自发产生一场工业革命。在经历由此产生的挫败之后，中国比西方国家落后，意味着中国在经济追赶上存在后来者优势。然而，在 1978 年实行改革开放前，中国与绝大多数其他发展中国家一样没有找到利用后来者优势以加速经济发展的方式。只有在 1978 年之后，中国才走上正确的轨道。但是，传统的资本密集型重工业内存在大量缺乏自生能力的企业，中国也仅能以解放思想、实事求是的方式推动双轨制来进行从计划经济向市场经济的转型，这种务实的方式不仅使中国维持了经济社会稳定，也带来了强劲的经济发展。"[2] 关于中国经济未来走势，他认为："如果中国能继续保持这种开放、务实的做法，中国能在未来继续保持较为快速的经济发展，追赶上发达国家，实现中华民族伟大复兴的梦想。"

周其仁（2010）认为："大幅度降低经济体制的运行成本，是中国经济奇迹的真正秘诀！"中国高速增长或者开放下的高度增长的真正的秘诀，就是大幅度通过改革开放降低了制度和组织的成本。这就使得所谓"廉价劳动力"开始发挥作用，中国的农民、工人、技术员、企业家、地方和整个国家才能发力，才经由学习曲线的不断提升，把产品越做越多、越做越好，才在世界上占有一席之地。这就是重新界定产权，经过制度成本的显著下降，对经济

活动的绩效带来的影响。他认为："继续推进改革的未来收益很大，因为从局部的渐进的权利界定，成长为普遍的权利界定，一定会进一步扩大不侵犯他人的经济自由，从而使中国走向一个普遍约束权力、普遍保障自由的现代国家。"①

厉以宁从改革开放初期就从人力资本、产权和股份制等角度为中国经济发展建言献策。要在较短的时间内建立一支宏大的、优秀的技术队伍（厉以宁，1978）。教育是培养一国技术力量的主要途径，后进国家提高经济增长率以及在经济上赶上和超过先进国家的原因之一就是重视教育、重视人才的培养（厉以宁，1980）。所有制的改革，正是要根据社会生产力发展的状况和社会主义发展现阶段的特点，调整不适应商品经济发展需要的所有制，力求按照商品经济发展的要求，从所有制关系的高度来调整人际关系，调动各方面的主动性和积极性，达到使社会主义经济迅速增长的目的；没有所有制改革，经济方面的其他各种改革能够起到的作用是有限的（厉以宁，1986）。在社会主义社会中，建立和发展股份制企业不仅是必要的，而且也是可行的；要建立市场经济体制，必须重新构造微观经济基础，而股份制改革是必由之路（厉以宁，1987）。②

李录（2020）从世界文明的视角，归纳出现代化的两个要素是自由市场经济和现代科技。他论证道："自由市场本身就是个规模经济。"这里存在1+1>2 的效应，即比较优势。"知识思想交换时出现的情况是 1+1>4"，因为不同的思想进行交换的时候，交换双方不仅保留了自己的思想，获得了对方的思想，而且在交流中还碰撞出火花，创造出全新的思想。"3.0 文明"的最大特点就是科技知识与产品的无缝对接，知识本身的积累性质，使得现代科学技术和自由市场结合时，无论是效率的增加、财富增量，还是规模效应都成倍放大。一个国家增加实力最好的方法是放弃自己的关税壁垒，加入这个全球最大的国际自由市场体系里去。关于有为政府，李录认为："当政府从后向

---

① 周其仁.中国做对了什么：回望改革，面对未来 [M].北京：北京大学出版社，2010: 16.

② 厉以宁.改革开放以来的中国经济：1978—2018[M].北京：中国大百科全书出版社，2018: 217.

前追赶的时候，如果面前已有清楚的目标，有已经铺平的道路，并且知道要做些什么，还可以动员强大的社会力量，这时候政府便会发挥很大的作用。然而一旦赶上以后，政府就不得不预测未来的状况。此时面临的市场竞争瞬息万变，需要选择赢家、输者，相比政府，市场的优势就明显了。"他认为："中国现在显然还未处在现代化的状态，但是已经具备了现代化的雏形。中国在完成从政府主导的市场经济转变为以政府为辅助的全面自由市场经济过程中，仍然有可能以高于全球经济发展速度的水平长期持续增长，直至大体赶上发达国家水平。"[①]

泰勒·考恩（Tyler Cowen，2015）认为："1970 年代改革开放之前的困难时期，中国保持了较多的人口和相对有效的教育系统。当中国的机会来临时，人口资源是现成的，即使这资源不能立即释放。我们还不能很好地理解这种创新的本质，但它可能是中国增长如此之快的一个核心原因；当时，起支撑性作用的教育系统是成形的，即使这个系统需要进一步的投入来提高，但中国绝不至于在这一方面从头来过。"他说："世界上不少其他地方倒是能享用一票美国摘不到的'低垂的果实'。像中国这样的国家正在学着摘下'低垂的果实'，以令自己获益。"[②]

亚美尼亚政治经济战略研究中心主任本雅明·波戈相（2022）认为："实现中国奇迹的关键驱动力来自中国共产党。中国共产党不断推进实践创新、理论创新、制度创新，科学回答了中国特色社会主义发展的一系列基本问题。"[③]

克劳斯·施瓦布（Klaus Schwab，2021）认为："在中国，举一个最显著的例子，现在私营部门贡献了 60% 以上的 GDP。尽管如此，国家被认为是最重要的利益相关者，并保留对个人股东的权利。政府至少在三个方面发挥主导作用。首先，它在资源和机会的分配上保持着强势。其次，它几乎可以干预任

---

① 李录. 文明、现代化、价值投资与中国 [M]. 北京：中信出版社，2020：52.

②[美]考恩 T. 大停滞？科技高原下的经济困境：美国的难题与中国的机遇 [M]. 王颖，译. 上海：上海人民出版社，2015：21—27.

③ 本雅明·波戈相. 实现中国奇迹的关键驱动力 [N]. 人民日报，2022-07-03.

何行业。第三，它可以通过大规模基础设施、研发、教育、医疗或住房项目来指导经济。至少从理论上讲，它解决了股东资本主义的一个主要缺点，因为有机制确保私人和短期利益不会超过更广泛的社会利益。"[①]

二、中国经济奇迹归因的总结

在此尝试一下用威廉·伯恩斯坦的四要素模型来对中国经济奇迹的归因进行总结。四要素分别指：财产权、科学理性主义、资本市场、现代交通和通信技术。

（一）财产权

产权是经济所有制关系的法律表现形式。中国经济体制改革的过程同时也是产权制度改革，尊重人民群众首创精神和经济利益，把人民群众最有效的创新实践予以合法化、制度化和推广的过程。这个过程极大地调动了人民的主动性、积极性和创造性，给中国经济发展注入了无尽生机活力。在农村实行家庭联产承包责任制，解放和发展了生产力，使农村面貌发生重大变化。在城镇，党的十二大提出"关于坚持国营经济的主导地位和发展多种经济形式的问题"。十三大进一步把私营经济纳入多种所有制范畴；同时，把中外合资企业、中外合作经营企业和外商独资企业也纳入"我国社会主义经济必要的和有益的补充"的组成部分。十五大进一步明确提出"公有制为主体、多种所有制经济共同发展，是我国社会主义初级阶段的一项基本经济制度"。与此同时，我国的产权保护法律不断建立和完善。2016 年 11 月，中共中央、国务院发布《关于完善产权保护制度依法保护产权的意见》，强调"产权制度是社会主义市场经济的基石，保护产权是坚持社会主义基本经济制度的必然要求"。

①Schwab, Klaus.*Stakeholder Capitalism: A Global Economy that Works for Progress, People and Planet*.Wiley, 2021, pp.26—27.

（二）科学理性主义

1. 以经济建设为中心

以经济建设为中心是指中国共产党在社会主义初级阶段基本路线的中心。它是发展中国特色社会主义的工作重点，是兴国之要和立邦之本，是党和国家兴旺发达和长治久安的根本要求。1978 年 12 月，党的十一届三中全会胜利召开，决定把全党的工作重点转移到社会主义现代化建设上来。会议高度评价了关于实践是检验真理的唯一标准问题的讨论，实现了思想路线、政治路线和组织路线的拨乱反正，恢复了党的民主集中制的传统，作出了实行改革开放的新决策，启动了农村改革的新进程。十一届三中全会的意义之所以深远，就在于这次全会从根本上冲破了长期以来"左"倾思想的严重束缚，开始了系统的拨乱反正，我国从此进入了改革开放和社会主义现代化建设的历史新时期。

2. 恢复高考和实施科教兴国战略

中华民族素来有着尊师重教的优良传统。中国有 1300 多年科举考试的历史，这一制度曾显示出选拔人才的优越性。新中国成立后，于 1952 年在世界上率先走上大学统一招考之路，从此中国走上了统一招生考试之路，年复一年举行高考，直至 1966 年"文革"前夕被废止。1977 年高考恢复以来，高考制度不断完善，向着更加公平、更有效率的方向努力。1985 年 5 月，中共中央颁布了《关于教育体制改革的决定》指出："高等学校担负着培养高级专门人才和发展科学技术文化的重大任务。"1994 年 7 月国务院颁发《关于中国教育改革和发展纲要的实施意见》，提出要进一步发挥高等学校在国家科学技术工作中的重要作用。1995 年 5 月 6 日颁布的《中共中央、国务院关于加速科学技术进步的决定》，首次提出在全国实施科教兴国的战略，重申"把经济建设转移到依靠科技进步和提高劳动者素质的轨道上来，加速实现国家的繁荣强盛"。1998 年 8 月颁布《中华人民共和国高等教育法》，规定："高等教育的任务是培养具有创新精神和实践能力的高级专门人才，发展科学技术文化，促进社会主义现代化建设。"

通过恢复高考和实施科教兴国战略，中国人民的思想道德素质和科学文化素质全面提升，为经济发展提供了有力的人才和智力支撑。中国用 20 多年时间走完了发达国家上百年的义务教育普及之路，用十几年时间实现了高等教育从大众化向普及化的快速发展。党的二十大报告强调："坚持教育优先发展、科技自立自强、人才引领驱动，加快建设教育强国、科技强国、人才强国，坚持为党育人、为国育才，全面提高人才自主培养质量，着力造就拔尖创新人才，聚天下英才而用之。"

3. 学习型政党

学习型政党以人的素质提高和人的全面发展为创建的根本宗旨，并最终以党员干部素质率先发展影响、辐射、带动全社会公民素质的全面发展，其实质是一种现代化建设体现在人的发展方面的发展模式。2009 年，党的十七届四中全会强调要建设马克思主义学习型政党，同时也提出了"科学理论武装、具有世界眼光、善于把握规律、富有创新精神"的基本要求。东西南北中，党领导一切，学习型政党就意味着学习型政府。党的二十大报告强调："落实新时代党的建设总要求，健全全面从严治党体系，全面推进党的自我净化、自我完善、自我革新、自我提高，使我们党坚守初心使命，始终成为中国特色社会主义事业的坚强领导核心。"

4. 科研和创新

1978 年 3 月召开的全国科学大会开幕式上，邓小平指出：科学技术是生产力。1988 年邓小平提出了"科技是第一生产力"的重要论断。2015 年 10 月习近平提出创新、协调、绿色、开放、共享的新发展理念。2018 年 3 月宪法修正案，在"自力更生，艰苦奋斗"前增写"贯彻新发展理念"。创新位居新发展理念之首，它解决的是我国经济发展动力问题。党的十九大要求加快建设创新型国家，要求"瞄准世界科技前沿，强化基础研究，实现前瞻性基础研究、引领性原创成果重大突破"。2022 年党的二十大报告指出："完善科技创新体系，坚持创新在我国现代化建设全局中的核心地位，健全新型举国体制，强化国家战略科技力量，提升国家创新体系整体效能，形成具有全球竞争力的开放创新生态。加快实施创新驱动发展战略，加快实现高水平科技自立自强，以国家战略需求为导向，积聚力量进行原创性、引领性科技攻关，坚决打赢关键核心技术攻坚战，加快实施一批具有战略性、全局性、前瞻性的国家重大科技项目，增强自主创新能力。"

（三）资本市场

根据中国人民银行统计，截至 2022 年 10 月，中国股票市场上市公司为 4865 家，市价总值为 740,289 亿元；各类债券余额为 1,438,981 亿元；股票市场和债券市场（资本市场）市值合计为 2,179,270 亿元。[①]2022 年第三季度末，金融业金融机构的资产总额为 413.46 万亿元，金融业机构负债总额为 376.61 万亿元，其中银行业资产总额为 373.88 万亿元，银行业负债余额为 342.94 万亿元，仅银行业负债总额比资本市场市值就多出 125.0 万亿元。[②]2021 年全年国内生产总值（GDP）为 114.37 万亿元。

以上数据说明：一方面，中国金融业对资源的配置资源规模已达很高水平，资本市场总市值相当于 GDP 的 1.9 倍，金融机构总资产相当于 GDP 的 3.5 倍，两者合计达 GDP 的 5.4 倍；另一方面，说明我国目前仍然是间接融资和债权融资为主导，直接融资和股权融资比重偏低。因为各种融资方式和融资工具的收益－风险分布不同，所以它们适用的最佳场景也不相同。可以证明，间接融资和债权融资在服务"摘取低垂的果实"的"套利型经济"时是十分有效的，但是它们在服务"创新型经济"时则显得力不从心；直接融资和股权融资则能够更有效地赋能"创新型经济"。全面建成小康社会，意味着已告别稀缺，各行各业产能过剩是普遍现象，也是正常的必然现象，这是市场经济发展到一定高度后必须承担的代价。我国经济社会继续扶梯而上的主要途径只能是创新。创新必然意味着在没有导航图的机会大海中探索前行，与摘取低垂的果实相比，不确定性显著增加。在这种场景下，相对于本金全损的风险而言，收益上限被锁定的债权融资和间接融资从本质上必然缺乏服务于创新的足够激励。债权融资和间接融资由于相对于本金承担的全损风险而言收益非常有限，本质上只适用于低风险"套利型经济"场景，只有这样才能够满足债权投资者的"零损失原则"。因此，我国今后必须大力发展股权融资

[①] 中国人民银行：《金融市场统计》。

[②] 中国人民银行：《2022 年三季度末金融业机构资产负债统计表》。

和直接融资，这将给股权投资者带来大量机会。

（四）现代交通和通信技术

在基础设施建设方面，我国的制度优势十分凸出，在诸多方面位居全球第一，例如：各种工程的修建速度；港口智能化、港口吞吐量、港口运输效率、船舶建造速度与可以同时建造的总吨位；铁路、公路、桥梁、隧道的修建速度，修建里程、修建难度。这种基建能力的积累和发挥，极大地提高了我国现代交通运输和通讯体系，在多个方面赶上甚至超过发达国家。

综上，中国自 1978 年改革开放以来摘取经济奇迹的过程，就是产权制度持续完善、科学理性主义快速提升和存量积累、金融市场和资本市场持续发展和完善、现代交通和通信技术快速崛起的过程。在此过程中，社会主义市场经济体制持续发展完善，人民生活水平持续提高。这为实现第二个百年奋斗目标奠定了坚实的基础。

第二节　中国投资机会

查理·芒格（Charlie Munger，2019）评价李录时说："中国市场上还存在一些无知和惰性认知的盲点，因此为他创造了不寻常的机会。捕鱼的第一条规则：'去有鱼的地方捕鱼。'捕鱼的第二条规则：'千万别忘了第一条规则。'李录恰好去了鱼很多的地方捕鱼。我们其他人就像那些鳕鱼渔民一样，试图去已经被过度捕捞的地方寻找鳕鱼。当竞争太激烈时，你再努力工作也无济于事。"[1]芒格的意思是说，中国捕鱼的机会很多，但是主要在哪里呢？

正面寻找这个问题的答案确实很困难。我们不妨间接寻找，用排除法先回答今后的投资机会有可能不在哪里。泰勒·考恩（Tyler Cowen，2015）在分析美国经济停滞时写道："至少从 17 世纪以来，美国的经济的确享用了无数低垂的果实，即大片闲置的土地、大量的移民劳动者和强大的新科技。然而，在过去的 40 年间，这些低垂的果实开始逐渐消失，但我们还假装它们仍然挂在那儿。我们没意识到，我们停滞在科技高原上，而树枝几乎已然光秃。这

---

① 李录. 文明、现代化、价值投资与中国 [M]. 北京：中信出版社，2020：3.

就是为什么一切都不对劲。"①借用考恩的"低垂的果实"的说法，中国未来采摘"低垂的果实"的机会已经所剩无几，目前很多传统行业普遍地出现了产能过剩。可以预见，未来的投资机会主要蕴藏在"高挂的果实"中，摘取高挂的果实只能依赖创新。所谓创新，就是向一切可能的方向去探索。

创新的不确定性很大。在稀缺经济中，生产什么、生产多少、怎样生产等关键问题都比较容易确定，因为答案很显然，缺什么就生产什么、生产得越多越好——反正在短缺经济条件下不愁产品卖不出去、怎样成本低效率高就怎样组织生产。在短缺经济中，资源配置的方向比较确定，因此企业在组织生产时靠模仿也就够用了，政府在制定经济发展战略和管理经济方面方向也比较明确。这说明，在套利型经济中，风险低，在融资方式上，主要依靠银行借款或债权融资就可以满足融资需求了。因此，在套利型经济发展过程中，我国银行业获得高速发展，截至2022年12月已演化为资产高达372万亿元的庞大体系②。但是在告别稀缺之后，传统行业产能过剩是常态，低垂的果实基本上被摘光，普通人能够看得见或想得到的行业都已经饱和，甚至出现过剩。

创新就是在无人区进行全方位搜索，关于资源配置中的生产什么、生产多少、怎样生产等诸多问题，很少有明确的线索或暗示，只能由众多创新者通过各自的探索和尝试进行回答。这是一条不确定性很高的求索之路。在创新经济中，信息分散和信息不完全是常态，政府的基本职能是聚集创新因素、赋能创新者，至于具体的创新路径和创新细节，则必须借助创新者和资本市场来解决。在创新经济中，事前的预判十有八九可能会错得离谱，这是创新的本质所决定的。所谓创新，顾名思义就是不可能让人事先猜得八九不离十，应该让事先胆敢猜的人错得离谱。这意味着创新不能被事先规划出来，只能通过分散决策和多重探索被尝试出来。因此，寻找投资的机会在哪里，这里不建议盲目相信分析师出具的所谓的研究报告或部门编制的创新发展规划，

① [美]考恩 T.大停滞？科技高原下的经济困境：美国的难题与中国的机遇 [M].王颖，译.上海：上海人民出版社，2015：25.

② 中国银保监会：《2022年银行业总资产、总负债（月度）》。

毕竟那些都是预判性猜测。华尔街的流行观点是"无法预测创新成败"。

本质上，创新不仅是一个结果，更是一个过程，它不是随机地赌运气，而是隐含着许多因果规律。根据克里斯坦森（Clayton M.Christensen，2013），成功的创新通常是破坏性创新，因为破坏性创新的好处是非常明显的：简单、便捷、成本低，从而迎合低端客户的需求。[①] 因为技术进步的步伐总是远远超过客户的实际使用能力，所以破坏性创新产品一旦在新市场或低端市场站稳脚跟，就会开始启动其自身的改良周期，这样一来，破坏者就走上了一条最终打败先行者的道路。在延续性创新的战场上，先入者有压倒性优势；而在破坏性创新中，则有着后来者居上的传统。重要推论：创新者需要找出一个能在目标市场对所有先入对手给予破坏性打击的机会，否则，根本不值得一试；如果创新者的尝试对于一个重要的先入者来说不过是延续性创新而已，那么他就是在打一场必输之仗。因此，破坏性业务模式是企业赖以发展的宝贵资产。一旦创新者驾驭了破坏性创新这种"不对称动机"，行业巨头就会被打落马下。

建设创新型国家，国家层面要加大基础研究投入，加强各级创新教育，提升国民创新素质，完善知识产权保护制度，优化大众创新环境，优化多层次股权市场体系，打造创新激励机制。其中，优化多层次股权市场体系打造创新激励机制，具有"小切口大作为"的杠杆效应。一方面，激励创新者，不能仅靠工资，必须让他们分享利润，最好把分享利润的权利资本化，变成一种股权。另一方面，创新需要投入，由于创新的高风险性，难以吸引到债权融资，只有股权融资才能源源不断地为创新注入资本。莱文（Ross Levine，2003）用1976—1993年间49个国家和地区的数据的实证研究发现，在长期经济增长率和股市流动性之间存在较强的正向联系，在条件信息集的各种变化下，这种正向联系都是很稳定的。[②]

---

①[美]克里斯坦森C，雷纳M.创新者的解答[M].林伟，李瑜偲，郑欢，译.北京：中信出版社，2013：14.

②Paganetto, Luigi and Edmund S.Phelps.*Finance, Research, Education and Growth*.Palgrave Macmillan, 2003, pp.3—20.

　　值得注意的是，完善的股权市场是一个完整体系。天使资本、风险资本（VC）、私募股权（PE）、首次公开发行（IPO）、二级股票市场等是相互联系、相互影响的一个体系。这类似于培养人的教育考试制度。众所周知，由于我国大学升学是根据高考成绩择优录取的，因而高中生就被激励选择最好的高中求学并努力学习，而好的高中也是根据中招考试的成绩择优录取的，于是学生就被激励选择最好的初中并努力学习，再往前推，好的小学、好的幼儿园都是家长和学生考虑的焦点。正是由于以上环环相扣的传导链条，使得家长、学生和社会都非常重视基础教育，于是小学、中学遍布神州大地的每个角落。因为在这种制度下，只要有基础教育设施，孩子就有成才的希望。如果把大学入学与高考成绩脱钩，后果将不堪设想，它会导致：读高中没意义，读初中没意义，读小学没意义，读幼儿园没意义，上学没意义，整个教育体系将崩溃。股权市场体系的传导机制与此类似。若二级市场功能紊乱，则IPO没有意义；若IPO没有意义，则私募股权、风险资本、天使资本等前端链条均变得没有意义；于是股权的资本化功能严重衰退，于是就导致人们只相信硬资产（如房地产），此时创新创业就变成了吃力不讨好的奢侈想法。因此，全面建成社会主义现代化强国需要健全和完善的资本市场体系。党的二十大报告指出"健全资本市场功能，提高直接融资比重"。

第二篇　善之长

　　本篇包括《投资于自己》和《投资于变化》两章内容，侧重人力资本投资和终身学习，以呼应中国式现代化过程中的"人才是第一资源，创新是第一动力"的战略定位。任何投资归根结底是投资于人。从整全投资视角看，每个人都是自己的投资者，在很多场景下也是被投资者，投资的核心工作是围绕着人展开的：成己达人。投资于变化在本质上仍然是投资于人，识变、应变、求变的主体实际上就是场景智力训练有素的投资者或被投资者。

张磊（2020）说："在瞬息万变的金融市场，投资的本质是投资于变化和投资于人。重仓人才，就是我们要帮助人才形成正能量、能量圈，绽放自己，温暖别人，这是对未来最好的投资。到最后，投资人比的是品质和心性，企业家比的是品质和格局观。通过这些年的实践，我深刻意识到，教育是对人生最重要、最明智的投资。教育和人才，可能是最长远的投资主题，永远不需要退出。当教育驱动人才和社会蓬勃发展、不断创造价值的时候，在更宏大的格局观里，投资人能够发现更多有意义的事情，这也是最大化创造价值的超长期主义。"[①]

嘉信理财创建人施瓦布（Charles Schwab,2021）说："（13岁时）我对为什么有人成功而有人失败开始产生浓厚的兴趣。我阅读了大量成功人士的传记，比如约翰·D. 洛克菲勒、J. P. 摩根以及钢铁业巨擘查尔斯·M. 施瓦布（他与我本人没有亲缘关系）等人的传记。我认识到决断力、激情、为信念奋斗的决心、乐观，以及对美好事物一定可以出现的执着向往的重要性。我在这些人身上发现了一个共同点，他们都很关注如何成长，关注如何一步一步地把想法变成现实并进一步发展，扩大投资，使事业不断发展壮大。"[②]

卓利伟（2018）认为："企业面临的经营环境永远是不断变化的，世界上没有顶一万年的经营秘诀……从这个意义来说，人的因素起到了关键性作用。只有人，才是穿越困境、不断通过学习找到解决方案的终极力量，也是创造企业价值的原动力。学习、创新、自省能力是企业家最重要的素质。"[③] 马拉比

---

① 张磊.价值：我对投资的思考 [M].杭州：浙江教育出版社,2020—141.

②[美]施瓦布 C.投资：嘉信理财持续创新之道 [M].高源,译.北京：中信出版社,2021: 20.

③邱国鹭,邓晓峰,卓利伟,孙庆瑞,冯柳.投资中不简单的事 [M].成都：四川人民出版社,2018: 215—216.

（Sebastian Mallaby，2022）说："风险投资的核心原则可以用四个字概括：投对的人。科技初创公司唯一的资产，也是投资他们的唯一可能原因，就是人才。"[1]

王利杰（2017）总结说："进化博弈的本质就是赌创始人的进步加速度是最快的，这实在是天使投资人不可控的一个主要因素。人是最大的变量。最终胜出的不一定是高富帅，也不一定是草根，而是'进步加速度'最快的创始人。最有悟性和愿力的创业者，才是天使投资人值得押注的'人'。直到2016年，我才在无数的失败教训中悟出一个道理：很多工程师之所以成功，不是因为他的工程师背景，而是因为他进化成了生意人（商人）。"[2]

安德森（Anderson，2019）说："你可能知道那句俗话：'爱拼才会赢。'但是，贝佐斯却做到了爱学才会赢。"[3] 芒格说："在我一生中，我所知道的智者，没有一个不是在无时无刻地学习的。当你知道巴菲特及我的阅读量时，你肯定会感到震惊。我的孩子们嘲笑我，他们认为我其实就是长了两条腿的一本书。"[4]

柯林斯（Jim Collins，2012）总结道："如果你无法预测未来将会发生什么，那么你就需要在车上安排合适的人，以便他们成功应对任何可能发生的不可预见的事件。在面对混乱、动荡、颠覆和不确定性时，我们不可能准确预见下个转弯处等着我们的是什么，我们最好的策略就是拥有一车训练有素的人，无论发生什么，他们总能良好地适应并出色地表现……运气无法带来持久的卓越，只有人可以。我们对卓越企业成功之道的研究包括很多概念。在这些概念中，从'先事后人'到'先人后事'的心智结构转变为我的人生带来了最大的改变。"[5] 博泽桑（2020）总结："我们富有同情心，主要投资于人，

———————

① [英] 马拉比 S. 风险投资史 [M]. 田轩，译. 杭州：浙江教育出版社，2022：47.

② 王利杰. 投资异类 [M]. 北京：北京联合出版公司，2017：45.

③ [美] 安德森 S，安德森 K. 贝佐斯致股东的信 [M]. 汤文静，译. 北京：北京联合出版公司，2021：150.

④ [美] 克拉克 D. 查理·芒格的投资思想 [M]. 巴曙松，陈剑，译. 杭州：浙江人民出版社，2019：126.

⑤ [美] 柯林斯 J，汉森 M T. 选择卓越 [M]. 陈召强，译. 北京：中信出版社，2012：124—126.

而不是投资于想法。我们的经验强化了'想法一文不值'的古训，并教导我们：在任何努力中，80%的风险都根源于参与其中的人。因此，我们首先投资于人，因为好人总能在时机成熟时实施好的想法。"[1]

---

[1]Bozesan, Mariana.Integral *Investing: From Profit to Prosperity*.Springer, 2020, p.232.

第四章　投资于自己

常言道：靠山山会倒，靠人人会跑，自己最可靠。依靠自己就需要投资于自己，这是很直白的道理。2022年92岁的巴菲特在伯克希尔－哈撒韦公司年度股东大会上针对如何抵御通货膨胀的提问，回答说："最好的投资就是开发你自己。开发自己是不会被征税的。你的才能是别人拿不走的。"此前巴菲特在接受《福布斯》采访时也曾表达过相同观点，他说："最终，有一种投资好过其他所有的投资，那就是投资自己。没有人能带走你自身学到的东西，每个人都有这样的投资潜力，只是他们没有去做而已。"富兰克林曾说："倾囊求知，无人能夺。投资知识，得益最多。"① 这些大实话多么似曾相识！是呀，多数中国家长在劝孩子追求上进时几乎都是这么说的。张磊（2020）总结出"三把火"理论，他说："凡是能被火烧掉的东西都不重要，比如金钱、房子或者其他物质财富，而无法烧掉的东西才重要，总结起来有三样，那就是一个人的知识、能力和价值观。"② 知识、能力和价值观这三样东西只有通过投资自己才能获得。马克思认为："真正的财富就是所有个人的发达的生产力。"③ 纳瓦尔认为："在杠杆时代，一个正确的决策可以帮你赢得一切。不付出努力，就无法培养判断力，也不会获得任何杠杆。人生就是选择正确的方向，然后朝这个方向奋力前行。"④

① 参考：http://www.quotes-inspirational.com/quotes/investment_knowledge/.

② 张磊.价值：我对投资的思考[M].杭州：浙江教育出版社，2020：19.

③ 中共中央马克思恩格斯列宁斯大林著作编译局.马克思恩格斯全集：第31卷[M].北京：人民出版社，1998：104.

④ [美]埃里克·乔根森.纳瓦尔宝典：财富与幸福指南[M].赵灿，译.北京：中信出版社，2022：63.

第一节　绽放生命

提及投资于自己，人们不禁会想起很多励志文章、博客、公众号或书籍。虽然这些读物都有一定启发意义，但是多数属于有感而发或就事论事的层次，很难帮助人们破解修身立命的密码。另外，有一个令人费解的现象就是，国内个人理财著作有意回避投资自己这个主题。"投资于自己"，通俗的理解就是个人职业生涯规划问题，该问题本质上属于个人理财的一部分，多数国外个人理财著作都包括这部分内容，而国内个人理财著作均有意回避这个问题。事实上，无论在哪个国家，绝大多数家庭理财的"种子"（第一桶金）都是来自工薪收入，甚至多数家庭的持续理财资金也主要依靠工薪收入。

在投资自己或者个人职业生涯规划中，主要投入变量是时间。时间就是人生货币，是个人唯一拥有的货币，而且也只有本人才能决定如何使用它。例如，孔子在概述自己的人生时说："吾十有五而志于学，三十而立，四十而不惑，五十而知天命，六十而耳顺，七十而从心所欲，不逾矩。"（《论语·为政》）由此可见，在每一重要阶段，孔子都投入至少十年时间，才敢确认自己取得了明显进步。众所周知，时间是不可逆的，每个人的寿命都是有极限的，有效工作时间更是有限，通常也就四五十年。投资自己或个人职业生涯规划的重点和难点就在于这单向而有限的时间约束。从人类或宇宙的视角看，个人的生命只是历史河流中的沧海一粟。投资自己，在本质上无非是使个人有限的生命得以灿烂绽放。那么使个人的生命绽放的秘诀是什么呢？《中庸》的答案是："人一能之，己百之；人十能之，己千之。果能此道矣，虽愚必明，虽柔必强。"孟子的答案是："修身以俟之，所以立命也。"（《孟子·尽心上》）稻盛和夫（2020）的答案是："打造优秀的企业，度过精彩的人生，都需要付出不亚于任何人的努力。除此之外，别无他法。倘若好逸恶劳、贪图轻松，优秀的企业也好，精彩的人生也罢，都只能是空中楼阁。"[①]

---

①[日]稻盛和夫.付出不亚于任何人的努力:助力事业的"心"领导[M].周征文,译.北京:东方出版社,2020: 33.

我们不必怀疑上述答案的有用性，但是根据四面体原理，能够付诸实践的模型，均需要四个要素才有可能发挥最大效用。首先，请思考一个问题：为什么"投资自己"收益最大呢？答案是，在这类投资中，自己既是投资主体又是投资对象（客体），投资的主客体直接合二为一，因此更容易做到激励相容，浪费的无用功少，再加上人的可塑性强，提升空间大，所以这类投资的潜在收益最高。这种主客体直接统一的特性，有利于充分发挥人的主观能动性，从而使得"元亨利贞"的易经四德模型可以按照逆序使用，即"贞利亨元"，以使其发挥最佳效能。这里，"贞"是指有正确方向和远大目标，"利"就是有正面反馈和收获，"亨"是指有志同道合的共修同伴，"元"是指对所做之事有浓厚兴趣和强烈动机。

儒家十分重视人的生命意义，孔子曾经提出一套合乎本体生命特性的修身立命四面体，即"志于道，据于德，依于仁，游于艺"（《论语·述而》）。这样，儒家就给生命的生生不息赋予了内涵，这个修身立命四面体就是人生绽放的秘诀。这里，"志于道"对应于"贞"，确保方向正确，它是目标和准则，要求贞固为公。"据于德"对应于"利"，德者得也，强调"身通"，确保不做无用功，日新上达。"依于仁"对应于"亨"，它是追求上进的平台和圈子；"依于仁"，近说要做到师友相依共修、相互激励和共同进步，远说要成教于国、定国安邦。"游于艺"对应于"元"，是指"以技入道"，引导自己的所好所乐于正道，成就人生之善美。

一、志于道

茫茫宇宙，生命微小，人生短暂，生命之花如何绽放？对这个人生的终极命题，儒家给出了非常具建设性的答案：死而不朽。《左传》云："大上有立德，其次有立功，其次有立言。虽久不废，此之谓不朽。"毛主席为人民英雄纪念碑的题字是"人民英雄永垂不朽"。孔子说："君子疾没世而名不称焉。"（《论语·卫灵公》）北宋张载说："为天地立心，为生民立命，为往圣继绝学，为万世开太平。"《大学》云："自天子以至于庶人，壹是皆以修身为本。"传说释迦牟尼曾问他的弟子："一滴水怎样才能不干涸？"弟子们面面相觑，回答不上来。释迦牟尼说："把它放到大海里去。"一滴水的寿命的确是短暂的，但当它与浩瀚的大海融为一体的时候，它就获得了新的生命。大海永不干涸，这滴水就会永远存于大海之中。张载的答案也许略显宏远，《大学》的答案则简洁明快，释迦牟尼的答案则非常亲民。

那么，一个人凭借什么可以做到"死而不朽"呢？这个问题的答案才是人生绽放的真正秘诀。在中国传统文化中，答案只有一个字：道。"道"，看似简单的一个汉字，但其内涵却异常丰富。从汉字起源看，"道"本义是指人走的道路。《说文解字》云："道，所行道也。"例如，《诗经·小弁》云："踧踧周道，鞫为茂草。"此外，"道"还是一个哲学概念，有道理、规律、方法、道义等抽象含义。例如，《左传》记载，孔子曰："楚昭王知大道矣！其不失国也，宜哉！"《论语》记载，子曰："笃信好学，守死善道。危邦不入，乱邦不居。天下有道则见，无道则隐。邦有道，贫且贱焉，耻也；邦无道，富且贵焉，耻也。"《大学》曰："物有本末，事有终始，知所先后，则近道矣。"《孟子》曰："居天下之广居，立天下之正位，行天下之大道。得志与民由之，不得志独行其道。"据南怀瑾考证，道的本质就是通。《易·系辞下》云：穷则变，变则通，通则久。

孔子的经历是"十有五而志于学，三十而立，四十而不惑，五十而知天命，六十而耳顺，七十而从心所欲，不逾矩"，他自我评价是"十室之邑，必有忠信如丘者焉，不如丘之好学也"（《论语·公冶长》）。但为什么孔子在总结人生成功模式来指导别人时却建议"志于道"呢？一方面，"道"的外延更宽泛，世间除了"学"，还有很多既行得通又有意义、有价值和值得追求的事情。常言道：三百六十行，行行出状元，志于学只是孔子个人选择的一条道路，未必适合其他人。另一方面，"道"是殊途同归的至善境界，大道为公，大道无边，可以作为持续追求的目标，引领世人永远前进。

志者，心之所之也。"志"是心里始终存有的念想，不管在何种情况下，这种意念始终不变。心中没有想过的事情不会在自己的人生中出现，是自己心中描绘的东西招致了自己的幸福或不幸。例如，《论语·子罕》云："三军可夺帅也，匹夫不可夺志也。"孔子的志向是什么呢？有一次，当子路问道："愿闻子之志。"孔子回答说："老者安之，朋友信之，少者怀之。"可见，由于时代条件所限，从志向看，孔子只能"知其不可为而为之"，当时的条件不能完全达成他自己的志向。在新时代，志于道的含义是什么？毛主席的答案是"为人民服务"。雷锋说过"人的生命是有限的，可是为人民服务是无限的，我要把有限的生命投入无限为人民服务之中去"①，这是对新时代如何"志于道"的基本参考答案。

在追求人生意义和幸福时，每个人都要把"志于道"作为总纲，充分利用非对称积累机制，尽量避免在错路、弯路、迷路和回头路上浪费生命能量。行为的规范不是基于得失而是基于作为人应走的正道。《尚书·旅獒》云："百度惟贞。志以道宁，言以道接。"这句话意思是：各种想法都要遵循真实正确原则；自己的志向要靠道来坚定，别人的言论要靠道来接受。马克思认为："在选择职业时，我们应该遵循的主要指针是人类的幸福和我们自身的完美。人类的天性本身就是这样的：人们只有为同时代人的完美、为他们的幸福而工作，才能使自己也过得完美。"②他总结道："如果我们选择了最能为人类福利而劳动的职业，那么，重担就不能把我们压倒，因为这是为大家而献身；那时我们所感到的就不是可怜的、有限的、自私的乐趣，我们的幸福将属于千百万人，我们的事业将默默地、但是永恒发挥作用地存在下去，面对我们的骨灰，高尚的人们将洒下热泪。"总之，"志于道"对应于君子四德之"贞"，"道"贵"贞固为公"。

二、据于德

中国传统文化非常推崇"德"。什么是德？朱熹曰："德者，得也，得其道于心而不失之谓也。得之于心而守之不失，则终始惟一，而有日新之功矣。"③传统教育强调"身通"。孔子说："古者言之不出，耻躬之不逮也。有德者必有

---

① 雷锋.雷锋日记：1959—1962[M].北京：解放军文艺出版社，1963：59.

② 中共中央马克思恩格斯列宁斯大林著作编译局.马克思恩格斯全集：第1卷[M].北京：人民出版社,1995：459—460.

③ [宋]朱熹.四书章句集注[M].北京：中华书局,2018：91.

言，有言者不必有德。"（《论语·宪问》）在此背景下，德是一个人的内在品质，是个人可以守护、维持和积累的内在品质。孔子说："古之学者为己，今之学者为人。"（《论语·宪问》）"为己"就是指为了自己增长知识、完善品格和提高素质。孟子说："君子深造之以道，欲其自得之也。"从心理学上看，"德"包含本人对生命过程的最优体验，即能够激发崇高感、使命感和自豪感的"心流体验"，可以称之为"心得"。《论语》记载，孔子被匡地的人们所围困时，生死未卜，孔子说："文王既没，文不在兹乎？天之将丧斯文也，后死者不得与于斯文也；天之未丧斯文也，匡人其如予何？"孔子对"文在斯"的使命感和崇高感让他即使处在生死关头也能无忧无惧和豪情万丈。这种"心得"也是正向激励，会激励着自己持续地追求卓越。

"德"具有很强的正外部性，它能够聚集更多的力量，"德不孤，必有邻"。因此"德"有利于社会，值得人们去追求。对个人而言，"德"也具有使用价值，"大德必得其位，必得其禄，必得其名，必得其寿。"（《礼记·中庸》）因此，"据于德"是指收获、占有和守护"德"。其中，"据"是执守、占有和守护的意思，例如，成语"据为己有"的"据"，就是这个意思。有人把"据"解释为凭借，把"据于德"解释为凭借着道德处事，把"据于德"理解为处世为人的底线，这种理解没有突显出"德"本身的价值。"是故君子先慎乎德。有德此有人，有人此有土，有土此有财，有财此有用。德者本也，财者末也。"（《礼记·大学》）《尚书》云："惟德惟义，时乃大训。不由古训，于何其训。"

正本清源，本书强调君子四德就是《易》之四德或《乾》之四德，即元亨利贞。《易·文言》曰："元"者，善之长也；"亨"者，嘉之会也；"利"者，义之和也；"贞"者，事之干也。君子体仁足以长人；嘉会足以合礼；利物足以和义；贞固足以干事。君子行此四德者，故曰"乾：元、亨、利、贞"。《左传》记载：穆姜在东宫去世。她刚被打入东宫的时候，占卦由《艮》变《随》，太史劝她赶快出逃，出逃后不会有事的。她根据君子四德检讨自己，说："今我妇人，而与于乱，固在下位，而有不仁，不可谓元。不靖国家，不可谓亨。作而害身，不可谓利。弃位而姣，不可谓贞。有四德者，《随》而无咎。我皆无之，岂《随》也哉？我则取恶，能无咎乎？必死于此，弗得出矣。"可见，穆姜深信君子四德是人生吉凶祸福的根源，有德收获吉福，无德遭受祸凶。她审视到自己以前的所作所为错得很离谱，与君子四德的本质要求完全背向而驰，所以最终招惹祸凶，出逃也是没用的，她甘愿受罚，不想一错再错。孔子说："朝闻道，夕死可矣。"(《论语·里仁》)懂得反思悔过，用君子四德审查自己，恰是穆姜的可贵之处，故为《春秋》所载。

君子四德的关键是"日新之功"，每天都有进步，每天都有收获，强调人格的完善。《易·系辞上》云："日新之谓盛德。"汤之《盘铭》曰："苟日新，日日新，又日新。"《康诰》曰："作新民。"《诗》曰："周虽旧邦，其命惟新。"稻盛和夫（2020）认为："每个人都应具备'明天要胜过今天，后天要胜过明天'的精神，每天坚持改良和进步。一旦这样持续5年，便会产生惊人的变化。今天与明天之间的差别微乎其微，可一旦坚持改良1年，其差别就会大到超乎想象。改良也好，进步也好，伟大的发明创造也好，都是这样一点一滴积累而成的。"[①] 总之，"据于德"对应于君子四德之"利"，其贵在"日新上达"。

三、依于仁

"依于仁"对应于君子四德之"亨"。"依于仁"旨在会嘉，即结交到好人、遇到好机会、融进好环境。什么是仁呢？仁者，爱人悯物知勤劳也。"仁"是指在处理人际关系时所秉持的有利于长期共赢的克己奉公的价值观和为人处世原则，它会直接影响到人际关系的过程和结果。例如，《孟子》说"仁者无不爱也，急亲贤之为务"，是说仁者的第一要务就是关爱亲人和贤人，利亲人和贤人。《中庸》云"仁者，人也，亲亲为大"，是说亲近亲人是第一要务。子贡说："夫仁者，己欲立而立人，己欲达而达人。"(《论语·雍也》)，指人际关系的利人利己原则。孔子说"仁者先难而后获，可谓仁矣"，指在合作中要多予少取、克己奉公。孔子又说"力行近乎仁"，强调做躬行君子。颜渊问仁，孔子说"克己复礼为仁。为仁由己，而由人乎哉"，强调内在觉醒。

①[日]稻盛和夫.付出不亚于任何人的努力:助力事业的"心"领导[M].周征文,译.北京:东方出版社,2020: 131.

修身立命是一个艰辛漫长的砥砺过程，全程均需要师友切磋和勉励。《礼记·学记》云："独学而无友，则孤陋而寡闻。"子曰："有朋自远方来，不亦乐乎？"所谓君子之所乐，并非因为有朋来访图个热闹，而在于朋友能成就"学以聚之，问以辩之"的条件。这样，一则可以切磋竞进，二则免于孤陋寡闻。"依于仁"实际上就是在友爱和共学中修道明教。用现代的话说，就是设法打造或打入一个有利于自己追求上进和成就事业的圈子，并设法成为圈子的重要成员。特别是遇见德艺双馨又身居高位者，来自他们的帮助和提携，特别有利于个人的成长，故《易》曰"利见大人"。子曰："三人行，必有我师焉；择其善者而从之，其不善者而改之。"（《论语·述而》）"三人行"的前提是秉持"仁"的原则处理好人际关系的长期共学关系，严于律己宽以待人，做到"己欲立而立人，己欲达而达人；己所不欲，勿施于人"。子曰："躬自厚而薄责于人，则远怨矣。"（《论语·卫灵公》）"仁"贵在"近悦远来"。

四、游于艺

"游于艺"之"游"，玩物适情之行为。艺，在古代通常指"六艺"，即礼、乐、射、御、书、数，皆为人生至理所寓而人伦日用不可或缺者。从现代的视角看，其中的"礼"，包括哲学的、政治的、教育的、社会的所有文化。"乐"，包括舞蹈、影剧、音乐、美术，等等。"射"，军事、武功方面，过去是说拉弓射箭，等于现代的射击、击技、体育，等等。"御"，驾车，以现代来说，当然也包括驾飞机、轮船、太空船等。"书"，指文学方面及历史方面。"数"则指科学方面的。可见，"艺"绝不是狭义的艺术，而是涵盖时代所要求的各类知识和技能。目前，可以把各种技都看作艺，统称技艺。常言道，三百六十行，行行出状元。"游于艺"更深层的含义是说在如此众多的技艺之中，根据个人的情况优游从容地尝试一下，争取在某些技艺上做到出类拔萃和得心应手。

今天的社会分工更加精细，而个人的精力和时间是有限的，因此比较有效的策略就是选择一门自己最感兴趣的技艺，心无旁骛地去精通它。精通一门技艺之后，由于万法归宗，再学习其他技艺时，已有的领悟能力就比较容易迁移过去，从而做到一通百通。因此，修炼技艺往往是绽放生命的一道重要突破口。事实上，如果不着一技，一无所长，即使皓首穷经，也不容易开悟。《史记·孔子世家》记载："孔子以诗书礼乐教弟子，盖三千焉，身通六艺者七十有二人。"这里，"身通六艺"成为判断孔门七十二贤的标准。值得强调的是，兴趣是最好的老师。《学记》云："不兴其艺，不能乐学。"孔子认为："知之者不如好之者，好之者不如乐之者。"爱因斯坦认为："在学校里和在生活中，工作的最重要动机是工作中的乐趣，是工作获得结果时的乐趣，以及对这个结果的社会价值的认识。"[1]1998年巴菲特在佛罗里达大学商学院演讲时强调："你财富自由之后想做什么工作，现在就该做什么工作，这样的工作才是理想的工作。做这样的工作，你会很开心，能学到东西，能充满激情。每天会从床上跳起来，一天不工作都不行。"纳瓦尔认为："在现在这个时代，杠杆无处不在，真正的求知欲所带来的高经济回报前所未有。如果在追随好奇心和求知欲的过程中又满足了社会需求，你就能得到优厚的经济回报。"[2]

被誉为"心流之父"的心理学家米哈里发现，通过热爱和练习一种对社会有价值的技能，一个人既可以享受美妙的人生体验，又可以满足模因的合理需求，从而实现双赢。这可以说是"以技入道"的修炼模式。根据米哈里的研究，有了这种长期的体验，人的自我会得到进化，会变得越来越复杂。人的自我意识既能体验到自己独门技艺精进的价值，为社会创造丰富多元性，又能逐渐与大的人类群体和自然宇宙融为一体，体验到某种"大我"的和谐感。我国古代文献就描述过"由技入道"两个著名案例：庖丁解牛和油翁沥油。庖丁在宰杀牛这么底层的技能中都能达到绝妙的"心流体验"，同时也凭炉火纯青的技能而生存无忧。小商贩"卖油翁"通过表演"沥油之技"，让喜欢自夸的神射手康肃公笑而遣之。

"游于艺"对应于君子四德之"元"。"元"者，善之长也。孟子曰："可欲

①[美]爱因斯坦.爱因斯坦文集（第三卷）[M].许良英，赵中立，范宣三，编译.北京：商务印书馆,1979：145.

②[美]埃里克·乔根森.纳瓦尔宝典：财富与幸福指南[M].赵灿，译.北京：中信出版社,2022：40.

之谓善"。什么是"可欲"呢？"可欲"可以理解为主体所拥有的浓厚兴趣爱好和强烈的享乐式追求，即"好之者"和"乐之者"所拥有的生命状态。可见，"可欲"是"善"和"元"的基础。《周书·泰誓》："天矜于民，民之所欲，天必从之。""可欲"的对立词是"不欲"。"不欲"泛指各种负效用和熵增，即不愿意、不需要、不喜欢、无兴趣，等等。子曰："己所不欲，勿施于人。"

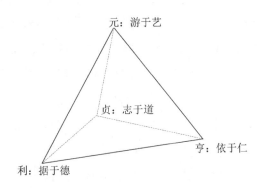

图4-1　修身立命四面体

如图 4-1 所示，君子四德（元亨利贞）与修身立命四面体（志据依游）之间有直接的对应关系。志于道旨在贞固为公（道贞），据于德旨在日新上达（德利），依于仁旨在近悦远来（仁亨），游于艺旨在以技入道（培元）。修身立命四面体可指导我们投资自己，有效地促进人生之花灿烂绽放。

第二节　解码卓越

一、万物皆备于我

孟子说："万物皆备于我矣。"人的适应能力和发展潜力（可塑性）往往难以置信。我们的身心（简称它们）具备"元亨利贞"的全部特质，它们的结构和功能通常会根据我们对它们的运用而改变。这一切都源于这样一个事实：它们有一种偏爱稳定性的倾向。因此，它们需要复杂多样的反馈机制的支持，这些反馈机制着力维持现状。超出界限后，它们就会处于异常状态，此刻细胞变得不再满意，于是就激活 DNA 中的某些基因来打开或者提升细胞内部各种生物化学系统，或者对大脑进行各种不同方式的"重新布线"，以重新建立平衡。新平衡一旦建立，细胞就再度感到舒服，改变也就停止了。神经的可塑性意味着，任何经历的不断重复都会让我们在未来再度这么做时变得更容易，同时让我们更难不这么做。这也是习惯的养成机制。因此，要想让改变持续下去，我们就必须不断地加码挑战自己的身心，持续地将自己推出舒适区。在不损伤身心的前提下，一个人遇到的挑战越大，身心的变化也越大。因此，我们的身心对于处在舒适区之外却离得并不太远的"甜蜜点"上的挑战，改变最为迅速。甜蜜点，类似于当我们摘树上的果子时，踮着脚和伸直胳膊刚好够得到的地方，据说汉字"企"字就是来源于踮着脚的姿势。

可见，我们自己的身心就是一座神奇的矿藏。我们越开发它们，它们就越丰富，这是它们与其他矿藏相比最显著的区别。西方流传着《钻石就在你家后院》的故事。很久以前，一位僧人告诉阿尔·哈菲德（Ali Hafed），高山上的白沙河流里埋藏着真正的钻石。哈菲德信以为真，变卖掉自己的庄园，动身前往未知的异域，想要寻找代表着巨大财富的钻石。他四处流浪，直至穷困潦倒而客死异乡，也没找到一丁点钻石。他死后不久，购买其庄园的新主人在庄园里发现了璀璨的钻石，它不仅仅是一颗钻石，而是人类最大的钻石矿，即印戈尔康达钻石矿。这个故事的寓意就是：巨额财富就在自家后院，不必远求。人类学家阿什利·蒙塔古（Ashley Montagu，1983）说："毋庸置疑，我们生来就具有基因所赋予的做出各种行为的潜能，但这些潜能变成实际能力的方式则取决于我们所受的训练，取决于学习。我们真正继承的是塑造和完善自身的能力，使自己不成为奴隶，而成为命运的主宰。"[1]

中国智慧认为，自己才是最富裕的矿藏。孔子说："君子求诸己，小人求诸人。"（《论语·卫灵公》）这里，"求诸己"就是依赖自己和开发自己，"求诸人"就是依赖别人和放弃自己。这是两种不同的思维范式和人生模式。孔

---

[1] [美] 斯塔夫里阿诺斯. 全球通史 [M]. 吴象婴，梁赤民，译. 北京：北京大学出版社，2020：60.

子说:"君子上达,小人下达。"(《论语·宪问》)这里,"上达"就是自立自强,"下达"就是自暴自弃,这是两种人生模式的必然结果。孔子说:"君子坦荡荡,小人长戚戚。"(《论语·述而》)这里,"坦荡荡"就是安然自在、光明磊落、心胸坦荡,"长戚戚"就是身不由己、患得患失、忧戚不安,这是两种不同的生命状态。因此,周希陶的《增广贤文》说:"君子乐得做君子,小人枉自做小人。"人生选择不同,结果也不同:"求诸己、上达和坦荡荡"构成君子的人生模式,结果是"君子乐得做君子";"求诸人、下达和长戚戚"构成小人的人生模式,结果是"小人枉自做小人"。"枉做小人"是指每个人的身心在本质上就是一座富矿,开发潜力巨大,"小人"也不例外;但是"小人"却选择自暴自弃,处处求人,时时暗算,朝不保夕,这属于自己误导和蒙蔽自己,与《钻石就在你家后院》中的哈菲德无异。从全局看,"小人"是冤枉的,他们选择的人生模式(做小人)的投入产出效率十分低下;如果选择另一种人生模式(做君子),付出同等水平的代价最终回报通常会更高。

荀子认为:"若夫心意修,德行厚,知虑明,生于今而志乎古,则是其在我者也。故君子敬其在己者,而不慕其在天者;小人错其在己者,而慕其在天者。君子敬其在己者而不慕其在天者,是以日进也;小人错其在己者而慕其在天者,是以日退也。故君子之所以日进与小人之所以日退,一也。君子小人之所以相县者,在此耳。"(《荀子·天论》)这段话的意思是说:至于思想美好,德行敦厚,思虑明达,生在今天而向往古代,这些都在于我们自己。所以君子慎重地对待取决于自己的事情,而不羡慕取决于上天的事情;小人舍弃取决于自己的事情,而羡慕取决于上天的事情。君子恭敬地对待取决于自己的事情,而不羡慕取决于上天的事情,所以每天都进步;小人舍弃取决于自己的事情,而羡慕取决于上天的事情,所以每天都退步。因此君子每天都进步与小人每天都退步,原因是一样的。君子和小人差别很大的原因就在这里。

每个人都有巨大潜力可供开发,开发途径就是"求诸己",即自强不息。那么,在现实中存在哪些个人成才模式呢?人们发现,逆境是激活个人潜能和促进个人成才的重要模式。孔子说过"吾少也贱,故多能鄙事。吾不试,故艺"(《论语·子罕》)。孔子的逻辑是:早年的穷苦卑微促使他掌握了许多谋生的技巧；不被任用的不顺仕途导致他有机会学习和精通很多领域，所以他多才多艺。孟子总结出一个"生于忧患而死于安乐"的人生范式。孟子说："故天将降大任于是人也，必先苦其心志，劳其筋骨，饿其体肤，空乏其身，行拂乱其所为，所以动心忍性，增益其所不能。人恒过，然后能改；困于心，衡于虑，而后作。征于色，发于声，而后喻。"孟子提到的"苦、劳、饿、空、拂乱"都是逆境给身心直接带来的挑战，人才炼成机制是"所以动心忍性，增益其所不能"，炼成途径是"人恒过，然后能改；困于心，衡于虑，而后作。征于色，发于声，而后喻"。

亚当斯（Scott Adams）提出才能堆积（talent stack）概念，强调一个人可以把各种正常的技能组合在一起，从而成为非凡的人。① 虽然大部分人没有成为世界第一的能力，但是只要有毅力和决心，几乎所有人都能在特定事情上成为前 10% ～ 20% 的强人。之后再发展出新的强项，就可以把它们加到自己独特的才能组合中。根据亚当斯的理论，才能堆积不需要先有个"伟大计划"并完美执行，而是抓住一连串的巧合与机遇。通常，人们认为成功来自在单一技能领域雄霸天下（如体育明星），而事实上，天赋可以来源于拥有其他人没有的独特的才能堆积，即多才多艺。对多数人来说，都可以利用不同的技能堆积以其他人无法做到的方式创造价值，从而成为所在细分领域中独一无二的一员。

根据马斯洛的需求理论，人的需要从低到高有五个层次，分别是：生理需要、安全需要、社交需要、尊重需要和自我实现需要。马斯洛认为，需要层次越低，力量越大，潜力越大；随着需要层次的上升，需要的力量相应减弱。其中，前四个层次的需求可以称之为缺失需要，当这种需要得不到满足时会直接引起身心的不满，直接构成对身心的外部挑战因素；自我实现需要则属于成长需要，它不是维持个体生存所绝对必需的，但是满足这种需要使人健康、长寿、精力旺盛。借鉴缺失需要和成长需要划分，可以把个人潜能的开发模式分为两种：自发型和自觉型。在自发型模式下，对身心的挑战主要来

---

① 参考：https://www.diygenius.com/talent-stacking/.

自外部环境，即逆境所导致"缺失需要"面临直接威胁，从而产生强大的需求力量，这就是"生于忧患而死于安乐"的成才模式。在自觉型模式下，对身心的挑战主要来自本人的"成长需要"，即个人为了成长而自觉地走出"舒适区"，刻意追求自我的完善和发展。当然，个人发展过程中这两种模式可能会交叠出现。例如，不少人最初是为了战胜逆境而自立自强，在自立自强的过程中激活了自我实现需要，于是其成才道路就由自发型模式演变为自觉型模式。

高级需要比低级需要复杂，满足高级需要必须具备良好的社会、经济、政治等外部条件。在传统农业社会，由于生产力水平较低，经济社会发展落后，很多人都没有达到衣食无忧的生活状态，在这种情况下人们的主要需要是缺失需要。在这个历史阶段，个人成才模式以自发型为主，即孟子总结的"生于忧患而死于安乐"。在现代社会，由于工业革命极大地促进了生产力的发展，经济社会日益繁荣，越来越多的人能够过上丰衣足食的生活，因此越来越多的人激活了"自我实现需要"，自觉型成才模式越来越普遍。例如，在荣获诺贝尔奖最多的十个国家中，除俄罗斯之外，其人均 GDP 都超过 4 万美元，说明经济社会越发达，越有利于人们满足自我实现的需要，个人成才就越趋向于自觉型模式。

二、如何追求卓越

目前，我们生活的世界正在加速变迁，为适应这种变迁，我们必须终身学习，必须持续刷新自己的技能。本质上，我们的身心有能力通过发展新的潜力以响应各种挑战，我们可以通过刻意练习来完善自己的技艺。研究表明，经常性的训练会使大脑中受到训练挑战的区域发生改变，大脑通过自身重新布线的方式来适应这些挑战，增强其执行那些挑战所需功能的能力。值得注意的是，年龄越小，身心的适应能力越强，可塑性越好。传统上，有些技艺讲究"童子功"，如书法、绘画、音乐、武术等技艺，刻意练习（习艺）开始得越早则越容易成功。另外，通过刻意练习获得的技能，必须通过后续的训练才能得以保持和提高。俗话说：拳不离手，曲不离口；一日练一日功，一日不练百日空。《论语》第一句话"学而时习之，不亦乐乎"，简单几个字就讲透了技艺养成的核心要素：既要学知识又要习技能（学而习），而且，要持续不断、循序渐进、主动自觉（时）；更重要的是，在态度上和体验上要感受到怡然自乐和满心欢喜（悦）。舜对禹说："人心惟危，道心惟微，惟精惟一，允执厥中。"（《尚书·大禹谟》）此即"圣人十六字之薪传"。意思是：人心高远，道心幽微，只有精心一意，信守执中，才明道安民。①

如果我们希望获得某种技艺，通过刻意训练，我们就能够做得到，因为我们的身心具有足够的适应能力来响应训练。关键是我们要走出舒适区，挑战身心既有的平衡，逼迫我们的身体或大脑来适应新技艺。时间是人生唯一的货币，我们要舍得把时间货币投资到自己的技能上。熟谙一项技艺，通常需要投入数年甚至数十年。这里顺便指出，10000 小时原理是以讹传讹的伪科学，它虽然强调了时间投入，但是过分简化了时间投入的数量。

在一件事情上坚持数年甚至数十年，表面上看是毅力和恒心，实际上真正的秘诀是乐趣。孔子说："知之者不如好之者，好之者不如乐之者。"（《论语·雍也》）纳瓦尔说："要想有所专长，就要追求真正的兴趣和热爱，而不是盲目追逐热点。累积专长的过程，对你而言就像玩耍，对他人来说则很吃力。"② 心理学研究发现，乐趣具有向前发展的特性，并蕴含着新鲜感和成就感。所谓乐趣，是指一个人不仅需求和欲望得到满足，更超越既有制约，完成了一些意料之外的事。乐趣不仅具有可以终身回忆的特征，而且可以激发自豪感和崇高感。激发灵魂的自豪感和崇高感为乐趣所独有，而享受则不具备这个特点。乐趣必须集中高度注意力和精神能量。经历过有乐趣的事，我们就感觉自己有了改变，自我有了成长；在某些方面，这种体验使我们变得更复杂、更丰富。复杂性却要求把精神能量投入具有挑战性的新目标。最优体验（心流体验）通常源于能力与挑战之间的平衡。"心流体验"宛若一块

---

① 李迎新.人心惟危,道心惟微：中国古代哲学思想的伟大智慧 [J].丝绸之路,2019(02)：32—35.

②[美] 埃里克·乔根森.纳瓦尔宝典：财富与幸福指南 [M].赵灿，译.北京：中信出版社，2022：25.

学习的磁石，帮助我们发展高超技巧，并挑战高难度任务。米哈里·契克森米哈赖（2018）指出："仅仅因为生活过得好而感到快乐是不够的，重要的是，人们还要能在从事有利自身技能锻炼、有利个人成长及发挥潜能的工作时感到快乐。"① 因此，快乐与追求卓越是同一个过程，既是精神能量的付出过程，同时也是个人技能提高和潜能发挥的过程。每天全身心地投入工作，心灵就能得到净化。当心灵处于纯粹状态时，人就能触及所谓的"宇宙真理"，也就是触及事物的本质。

---

① [美] 米哈里·契克森米哈赖.发现心流：日常生活中的最优体验 [M].陈秀娟，译.北京：中信出版社，2018：83.

第五章　投资于变化

　　赫拉克利特有一句名言"人不能两次走进同一条河流"，意思是说一切都在变化，世间唯一不变的是变化。常言道："世事如棋局局新，入局之人需用心。"准确地说，"世事胜棋局"，因为棋局虽然变化多端但是其变化的样式终究是有极限的，棋局的可能结果及每种结果所对应的概率是可测算的，而复杂多变的世事所造成的可能结果则不能穷举，每种可能结果所对应的概率也不可测算。根据美国经济学家奈特（Frank H.Knight, 1921）关于风险与不确定性的划分标准，棋局属于风险场景，世事属于不确定性场景。施瓦布（Charles Schwab, 2021）说："商业是一个创造的过程。你进入未知的未来，尝试新事物，在这一过程中不断发现，不断重复。它关乎学习和成长。"[1]

　　中华文化有识变、应变和求变的优良传统。《易》穷则变，变则通，通则久。《吕氏春秋·察今》云："凡先王之法，有要于时也。时不与法俱至，法虽今而至，犹若不可法。世易时移，变法宜矣。非务相反也，时势异也。良剑期乎断，不期乎镆铘；良马期乎千里，不期乎骥骜。"《察今》列举《表水涉澭》《刻舟求剑》《引婴投江》等脍炙人口的寓言故事，说明做事不注意场景变化而因循守旧必然失败的道理。目前，全面提高识变、应变和求变的本领是投资自己的主要内容；同时，投资自己的根本目的就是要在中华民族复兴大业中积极做到识变、应变和求变。从现代科学的角度看，差异和变化是负熵，趋同和安稳是熵增，生命体只有持续地从环境中汲取负熵，才能生存繁衍和繁荣。

---

　　①[美]施瓦布 C.投资：嘉信理财持续创新之道[M].高源，译.北京：中信出版社，2021:208.

第一节　复杂系统与错综系统

"错综复杂"四个字都来自易经。"错卦"是指乙卦与甲卦在相应爻位上的阴阳完全相反，两卦互称"错卦"，表示用对立统一的观点来思考问题。"综卦"是指把甲卦旋转180°之后得到乙卦，甲乙互称"综卦"，表示站在对方的立场思考问题。"复卦"是卦中之卦，又称"互卦"，通常指"二五互"，即用原卦中的第二、三、四、五爻重新构成的一个卦，以第二、三、四爻为下卦，以第三、四、五爻为上卦；根据"互卦"的原理，除二五互之外，也可以任意取原卦中连续四爻或连续五爻构造一个互卦，如初四互、三上互、初五互、二上互；"复卦"表示把事情的内部细节搞清楚。"杂卦"是复卦的错综卦，表示看问题要面面俱到，防止挂一漏万。错卦、综卦与原卦之间存在对称性，可以相互还原，而复卦、杂卦与原卦之间则没有对称性，不能相互还原。

英语文献中"complex system"一词，已经被国内学者统一翻译为"复杂系统"，本文默认其为专业术语。但是对于与"complex system"相对应的"complicated system"一词，目前未见有统一的中文翻译。曾国屏（2006）在翻译《复杂性与后现代主义：理解复杂系统》[①]一书时，把"complicated"翻译为"复合"，但是考虑到"复合"一词的汉语本义不具备可还原性，笔者认为"复合"一词不能准确传达英语"complicated"的原意。"complicated"的原意是指人为地把不同组件搭建在一起，每个组件都可拆卸、可还原、可更换，偏重机械性；另外，"复合"一词在汉语的专业术语中，已经与英语单词"compound"建立了比较固定的对应关系，如复合材料、复合肥料、复合处方，等等。根据中国文化背景特别是"错综复杂"四个字的汉语本义，本文将其翻译为"错综系统"。根据汉语本义，"复杂"一词是指真正深入到事物的内部，内部组件之间关系是非线性的，不具备对称性和可还原性；"错综"

[①] [南非]西利亚斯.复杂性与后现代主义：理解复杂系统[M].曾国屏，译.上海：上海科技教育出版社，2006：1—2.

一词则相对简单，大致对应于牛顿第三定律中的作用力与反作用力，大小相等、方向相反，具有对称性、可拆解和可还原性。根据英语构词法，"complex（复杂）"是指具有生命状态的自然存在；"complicated（错综）"是指人为制造的机械性的存在。

一个系统，它可以由大量组分构成，但是如果可以从其个体组分获得关于系统的相应完整描述，那么这样的系统就是错综系统，即人们通常理解的机械系统。建筑物、计算机和飞机，等等，都是错综系统。如果作为整体的系统不可能仅仅通过分析其组分而获得完整的理解，并且系统与组分之间、组分相互之间、系统与环境之间的关系不是固定不变的，而是流动着和变化着的，那么这样的系统就是复杂系统。人体、人脑、语言、社会和市场，等等，都是复杂系统。复杂系统不是仅仅由其组分之和构成，同时也包括这些组分之间多种多样的联系和作用。复杂系统本质上是开放系统，它必须应对持续变化着的环境，因此复杂系统必须具备两种能力，即：（1）能够储存关涉环境的信息以备将来之用；（2）在必要时能够适应性地改变其结构和功能。

一、复杂系统

复杂系统是指其状态因组分相互作用而变化，并且其组分相互作用随着状态的变化而变化的系统。复杂并不意味着困难，相反，复杂的问题往往比错综的问题更容易。复杂系统与错综系统之间唯一相似的地方是组分的数量都很多。但是复杂系统更容易受到外部影响。因此，为了理解复杂系统，就必须理解其各部分之间的关系，这就需要进行内部和外部分析。复杂系统对细微运动具有高度敏感性，即在复杂系统中存在所谓的"蝴蝶效应"。在复杂系统中，看似不相关的组件可能会相互碰撞，导致不可预测的连锁反应。而且，任何由此产生的变化通常会发生在预料之外。在复杂系统中，历史无法重演，变化的轨迹也无法改变，个人、组织和事件都是不可还原的。在复杂系统中，细微运动引起的变化并不总是发生在明显的地方，也不一定与变化的大小成比例，这就要求我们有见微知著的能力。

值得特别注意的是，不可还原性或不可逆性是判断一个系统是否为复杂系统的一个快速而有效的测验标准。有句俗话说"生米已煮成熟饭"，可能大家都明白这句话的含义。熟饭不能还原为生米，这足以判定"米"是复杂系统。再例如，2021 年 3 月《写真地理》杂志刊登一篇题为《"熟鸡蛋返生孵化雏鸡"实验报告（孵化阶段）》的文章，其中写道："选择正常、新鲜的受精鸡蛋，经过开水煮沸以后变成熟鸡蛋，再通过'特异学生'的'意念和能量传播'使鸡蛋还原成生鸡蛋，做到不伤害鸡蛋的生物活性，使它能正常孵化出小鸡并能正常生长。"对此，舆论一片哗然，最终导致《写真地理》被停刊整顿，作者背后的几家机构被取缔。舆论对"鸡蛋返生"事件的质疑，说明大众对复杂系统的不可还原性或不可逆性都保持着清醒认识。因此，不可还原性或不可逆性可以作为判断复杂系统的快速检验标准。

在复杂系统的决策中，应该针对其不可还原或不可逆的特性，强调"时"（场景和时机）的概念，即注意把握有利时机，做到与时俱进。《易》曰："变通者，趣时者也。终日乾乾，与时偕行。损益盈虚，与时偕行。凡益之道，与时偕行。《大畜》，时也。"有学者统计：易传言时者十一卦，《豫》《遯》《姤》《旅》言时义，欲人之思之也；《坎》《睽》《蹇》言时用，皆非美事，而圣人有时而用之，欲人之别之也；《颐》《大过》《解》《革》言时，皆大事大变，欲人之谨之也。孔子曰："君子藏器于身，待时而动，何不利之有？"（《易·系辞下》）孟子曰："虽有智慧，不如乘势；虽有镃基，不如待时。"孟子说"孔子，圣之时也"（《孟子·万章下》），意思是说孔子为人处世能根据不同场景作出相应的正确决策，不固执一端，这就是孔子的伟大高明之处。

在复杂系统中，任何人都可以影响任何事情，由于其变化的过程无法预测或无法改变，异常值可能会对个人或组织产生深远的影响。在复杂系统中，异常值总是一个重要因素。关涉复杂系统，在总体规划中不考虑异常值可能会犯下致命的错误。决策者需要一种完全不同的思维方式和不同的智力类型，即看透复杂性并能够诊断环境的智力（场景智力）。需要特别注意的是，我们生活的世界不是一个"错综系统"或机械系统，而是一个复杂系统。接受这一事实，意味着我们有责任以复杂思维来寻找各种问题的解决方案。

庆幸的是，中国传统文化一直都在研究复杂系统，而且积累有深厚的复杂思维范式。中国传统文化的研究对象几乎无所不包，例如：身、家、国、天下、社会、政治、经济、文化、医药乃至天地宇宙，它强调"天人合一"，经常采用"生""化""法"等复杂思维范式。面对百年未有之大变局，这种复杂思维范式恰好是中国文化的优势所在。"《易》有太极，是生两仪。两仪生四象。四象生八卦。八卦定吉凶，吉凶生大业。天地之大德曰生。万物化醇，万物化生。"（《易·系辞上》）《道德经》云："道生一，一生二，二生三，三生万物。人法地，地法天，天法道，道法自然。"古人学习和处事都强调"身通"，讲究举一反三、触类旁通和融会贯通，反对拘泥于一个领域而抱残守缺、食古不化或孤陋寡闻等不良的心智模式和行为习惯。例如，孔子说："举一隅不以三隅反，则不复也。"（《论语·述而》）他又说"君子不器"（《论语·为政》），意思是说：人要有弹性，要适应不同场景，充分发挥主观能动性，不可以像器物一样固定不变。《论语》云："子绝四：毋意，毋必，毋固，毋我。"（《论语·子罕》）

二、错综系统

错综系统是指包含众多组分的封闭系统。如有必要，我们可以隔离这些组分，也没有理由解释外部变量对系统产生的影响。此外，针对错综系统，在解决问题时，解决方案的所有必要部分都可以在系统内找到，因为与系统相关的一切都包含在系统之中。针对错综系统，人们往往根据平均值就可以作出最优决策，根本不需要考虑异常值。因此，针对错综系统，人们通常不考虑异常值，甚至还借助一些手段故意把异常值消除掉，如质量管理中的 3σ 管理或 6σ 管理。举个例子，机械手表就是一个错综系统。手表有许多可转动的零件，它们都被装在表壳内。如果需要修理，可以把手表分解为最小的零件，可以更换其中的坏损零件，也可以把它重新组装成运转良好的状态。手表的零件虽然细微繁多，但是都有条不紊且易于复制替换，而且还容易理解。如果要制作机械手表，一个人只需要掌握手表制造方面的专业知识就可够了。有了相应的专业知识，实践起来通常不会遇到什么大的技术障碍，这些专业知识足以让一个人在手表的设计、制造、检测和维修等领域做到胜任称职。

高善文（2013）写道："因果关系是对一个封闭的系统而言的，我们可以观察到它的输入，也可以观察到它的输出。之所以要对因果关系作这样一个密实的定义，是因为下面我要讲到隔离和可控。如果我们去看牛顿理论本身，以现代的眼光来看，这是一个奇迹。这个奇迹并不只是说他在数学和科学上多么了不起，而是说他研究的因果关系是容易隔离的。地球与太阳之间的相互作用，不依赖于太阳是由什么样的元素组成的，不依赖于太阳的表面温度是多少，不依赖于太阳本身的密度有多大，只依赖于太阳的质量和太阳与地球之间的距离，而太阳很多其他的属性，都是可以屏蔽和隔离开的。这本身是个奇迹，使得我们在研究地球和太阳相互运动的时候，可以忽略太阳的物理构成，但是依然可以把两者的作用关系理解得非常清楚。我举这个例子是想说，物理学研究的世界在原则上是可以隔离的。你可以把太阳的很多属性隔离掉，但是仍然把这个系统研究得很清楚。为什么经济学的研究在这个层面上非常难？为什么生物学的研究，特别是关于人体的研究，非常难？为什么现代医学的研究非常难？因为这些系统在原则上、方法上是很难隔离的。"[1]

事实上，300 多年来自然科学家所处理的多数是错综系统，这些系统既没有复杂性也没有适应性，仅仅是机械的封闭系统。遗憾的是，错综思维给人们带来难以摆脱的深远的影响，以至于迄今多数人秉持错综思维的心智模式。现在许多人仍然大量沿袭"因果关系"范式来研究复杂系统、学习和传授复杂系统的相关知识，这种做法无异于刻舟求剑和表水涉澭，最终徒劳无功甚至事与愿违。

---

[1] 高善文. 经济运行的逻辑 [M]. 北京：中国人民大学出版社,2013:17—18.

第二节　场景智力与分析智力

一、场景智力

马修·库茨（Matthew Kutz，2017）认为："场景智力是指意识到形势中出现的不同变量，准确区分不同行动方案，选择最优行动，然后付诸实施。"[1] 行为科学文献显示：人类的大多数思维是无意识发生的，情境力量强烈地影响着人类的思维。这意味着，个人必须跳出传统思维的条条框框，以场景为基础来训练、开发和同化自己的认知、鉴别、决策和执行能力。库茨认为，展示场景智力需要满足三个条件：（1）认识到形势或环境的变化维度；（2）知道在任何特定情况下都有哪些重要行为；（3）在适当的时候调整行为以便在情况发生变化时施展出自己的影响力。

综上，本书把场景智力定义为：行为主体建立在场景意识基础上的识变、应变和求变能力。其中，场景意识是指行为主体积极关注、研究和把握各种场景及其构成因素并积极预演潜在场景的自觉性。之所以把场景意识作为场景智力的基础，主要是因为在目前的教育内容和教育形式上乃至在人们的日常工作生活实践中，往往缺失场景意识。主要原因有三：第一，分科教学本来就容易忽略场景，根本原因是长期形成的错综思维的影响；第二，与传统班级教学相比，打造实时学习场景需要较多的人力物力投入，一般情况下单位或个人难以承受这些投入成本；第三，培养学生的场景意识，前提是教师要有场景意识和场景知识，这不仅要求教师拥有丰富的实际业务经验而且要有高度的场景意识和丰富的场景知识，在现实中这些条件目前还比较薄弱甚至缺失。众所周知，意识包括显意识和潜意识，具有主观性、能动性、同一性和流动性等特征。意识能够做到"观古今于须臾，抚四海于一瞬"。因此，

---

[1]Kutz, Matthew.*Contextual Intelligence: How Thinking in 3D Can Help Resolve Complexity, Uncertainty and Ambiguity*.Palgrave Macmillan, 2017, pp.10—11.

只要给予足够的刻意训练，意识有能力融会贯通于现实的各种场景。

在场景意识的基础上，场景智力的基本内容是识变、应变和求变的能力。错综系统或机械系统本质上属于封闭系统，与场景联系不密切，其变化也相对简单，通常比较容易把握。针对错综系统，一个人只要注重提高专业知识和专业技能就可以胜任称职。复杂系统本质上属于开放系统，与环境联系密切，自身也变化多端。针对复杂系统，除了需要高度的场景意识，还需要高水平的识变、应变和求变能力。《孙子兵法》云："水因地而制流，兵因敌而制胜。"总之，场景智力是活泛的，而传统的分析智力是死板的。

中华传统文化的主导思维范式是象思维。象思维非常注重场景智力，它是原创性的源泉。原创性的母体，是提出和发现问题的思维。易经64卦分别对应于64类宏观场景，每一卦画下都系属有简约的卦辞，以划定其所阐述的应用场景的大致范围，例如，《蒙》卦就对应于教育教学场景。每卦都有六爻，各爻之下系属有爻辞，64卦共有384爻，分别对应于384种微观场景。《易》"变则通，通则久"，每一卦又有63种变化，即每一卦都可以变化为其他63卦中的任何一卦。此外，每一卦都有对应的错卦、综卦、复卦和杂卦。《易·系辞下》云："变动不居，周流六虚，上下无常，刚柔相易，不可为典要，唯变所适。"因此，古人无论是做学问还是为人处世，都有强烈的场景意识和深厚的场景功底，在此基础上也善于识变、应变和求变。"是故君子所居而安者，《易》之序也；所乐而玩者，爻之辞也。是故君子居则观其象而玩其辞，动则观其变而玩其占，是以自天佑之，吉无不利。"（《易·系辞上》）这里，"玩"字用得很传神，它本义是指反复体会和研究探讨，通常指兴致勃勃地反复揣摩。古人通过"玩其辞、玩其占"，不知不觉中就提高了场景意识、积累了场景知识，自然而然地提升了"唯变所适"的能力。

关于象思维与中国早期的创造发明之间的联系，《易·系辞下》作了归纳。例如，作结绳而为罔罟，以佃以渔，盖取诸《离》；斫木为耜，揉木为耒，耒耨之利，以教天下，盖取诸《益》；日中为市，致天下之民，聚天下之货，交易而退，各得其所，盖取诸《噬嗑》；黄帝、尧、舜垂衣裳而天下治，盖取诸《乾》《坤》；刳木为舟，剡木为楫，舟楫之利，以济不通，致远以利天下，盖取诸《涣》；服牛乘马，引重致远，以利天下，盖取诸《随》；重门击柝，以待暴客，盖取诸《豫》；断木为杵，掘地为臼，臼杵之利，万民以济，盖取诸《小过》；弦木为弧，剡木为矢，弧矢之利，以威天下，盖取诸《睽》；上古穴居而野处，后世圣人易之以宫室，上栋下宇，以待风雨，盖取诸《大壮》；上古结绳而治，后世圣人易之以书契，百官以治，万民以察，盖取诸《夬》。

二、分析智力

分析智力是指逻辑思维和分析能力，这是目前国内外学校课程主要培养的能力，也是智商测试的主要方面，一般情况下数学好的人逻辑分析能力也好。分析智力会随着学历的升高而提高，特别是数学和理工科学生。目前，各学科广泛采用的平均数思维和统计思维是典型的分析智力。要牢记：差异是负熵，趋同（平均数）是熵增，生命是以负熵为生的，现实中的所有系统都难以避免熵增（混乱和死亡），主动追求熵增的思维范式注定在理论上错误和在实践上失败。分析智力仅是智力的一个方面，仅仅依靠分析智力难以应对复杂系统。许多文献显示，不少高智商的人在投资理财领域或在其他专业领域往往因缺乏常识而招致灾难性后果，说明分析智力是死板的，在复杂系统中难以做到识变、应变和求变。

针对"聪明人干蠢事"这种社会现象，心理学家炮制了一个专业词汇：理性障碍症。理性障碍症是指尽管有足够的智力（IQ）但无法理性地进行思考和行动的症状。理性障碍症是指在信念形成、信念一致性评估或确定实现目标的行动方面存在重大困难的一种特殊障碍症。理性障碍症的关键诊断标准是理性水平，如果一个人的思维和行为明显低于其智力水平（由个人IQ测试确定），那么他就存在理性障碍症。理性障碍症本身清楚地说明：理性和智力是两个不同的东西，并且两者经常分离。分析智力高的人不仅在罹患理性障碍症时难以成功，而且在欠缺场景智力的情况下也很难成功。不少人观察到这样的经验事实：走向社会多年之后，当年的学霸族未必都功成名就，学渣族也未必都混得一塌糊涂，学业成绩中等的也未必都平平淡淡。这些经验事实至少可以佐证：分析智力不是智力的全部，更不是能力的全部，特别是在复杂系统中分析智力的局限性很大。毕竟，在现实中，生活、工作、人生等都不像求解方程那样呆板机械。

《墨子·公输》记载了墨子止楚攻宋的故事，生动地说明了场景智力与分析智力较量时的情况。请阅读以下故事，仔细品味墨子的场景意识和场景智力，评价鲁班和楚王的分析智力在与墨子的场景智力交锋时的实战效果。

公元前440年前后，墨子约29岁时，楚国准备攻打宋国，请著名工匠鲁班制造攻城的云梯等器械。墨子正在家乡讲学，听到消息后很着急。一面安排大弟子禽滑厘带领三百名精壮弟子，帮助宋国守城；一面亲自出马劝阻楚王。墨子日夜兼行，十天后到达楚的国都郢。墨子先找到鲁班，说服他停止制造攻宋的武器。墨子在说服鲁班时，构造了个虚拟场景，说："北方有一个人欺侮了我，希望借助你的力量去杀了他。"鲁班听了此话很不高兴，被人视作受人收买的杀手，他感觉很没面子。墨子接着又说："请允许我奉送给您十镒黄金。"此话明显是在激将鲁班：你想否认自己是贪财行凶的杀手，你鲁班就开口辩解吧。鲁班辩解说："我坚守道义，从来不无故杀人。"听鲁班这么说，还算良知未泯，于是墨子起身，两次行拜礼，说："请允许我解说这件事。我在北方听说你在制造云梯，将要用它来攻打宋国。宋国有什么罪呢？楚国在土地方面富余却在人口方面不够。损失不足的人民而去争夺多余的土地，不能叫明智的行为。宋国没有罪却攻打它，不能叫作仁爱。明白道理却不向楚王进谏，不能叫作忠诚。诤谏却没有达到目的，不能叫作坚强。你崇尚仁义不愿意帮我杀死一个人，却愿意帮楚国攻打宋国杀死很多人，不能叫作明白事理。"公输盘被说服了，引荐墨子见楚王。

墨子会见楚王时又构造一个虚拟场景。他请教楚王说："现在有一个人，丢掉自己的彩饰马车，却想偷邻居的破车子；丢掉自己的华丽衣裳，却想偷邻居的粗布衣；丢掉自己的白米肥肉，却想偷邻居的糠糟吃，这是个什么人呢？"楚王不假思索地答道："这个人一定有偷窃病吧！"墨子趁机对楚王说："楚国方圆五千里，土地富饶，物产丰富，而宋国疆域狭窄，资源匮乏。两相对比，正如彩车与破车、锦绣与破衣。大王攻打宋国，这不是正像偷窃癖者一样吗？如攻宋，大王一定会丧失道义，并且一定会失败。"楚王理屈词穷，借鲁班已造好攻城器械为由，拒绝放弃攻宋的决定。

墨子见楚王把问题又推到战备充足的因素上，他又打造一个半实半虚的场景：攻城与防守的军事推演。墨子对楚王说："鲁班制造的攻城器械也不是取胜的法宝。大王如果不信，就让我与他当面演习一下攻与守的战阵，看我如何破解它！"楚王答应后，墨子就用腰带模拟城墙，以木片表示各种器械，同鲁班演习各种攻守战阵。鲁班组织了多次进攻，结果多次被墨子击破。鲁班攻城器械用尽，墨子守城器械还有剩余。不料鲁班认输后却故意说："我知道怎么赢你，可我不说。"

场景智力过人的墨子当然知道鲁班到底在琢磨什么坏主意，就用一个真实场景劝鲁班和楚王放弃谋杀墨子和攻打宋国的计划。墨子答道："我如道你如何赢我，我也不说。"楚王听了感到莫名其妙，问："你们两个到底在说什么呀？"墨子义正词严地说："他以为杀了我，宋国就守不住，但是，我早已布置好，我的大弟子禽滑厘能代替我用墨家制造的器械指挥守城，同宋国军民一起严阵以待！即使杀了我，你也无法取胜！"墨子的这番话，彻底打消了楚王攻宋的念头，楚王知道取胜无望，不得不放弃攻打宋国的计划。

从以上记载看，墨子的场景意识和场景智力很强，他分别构造了两个虚拟场景（雇凶杀人和偷窃癖者）、一个半虚半实场景（攻守军事推演）和一个真实场景（派弟子禽滑厘守城），还看透了鲁班要谋害自己的意图，最终劝阻楚国攻打宋国。鲁班和楚王在论辩中显得只有招架之功并无还手之力。特别是墨子与鲁班之间的对话显示：在场景智力与分析智力对决和较量时，场景智力强的人必然拥有很大优势。

第三节　用心"识变应变求变"

世事如棋局局新，入局之人需用心。在复杂系统中，我们需要在场景、心理和智慧等方面多下功夫。《易·系辞下》云："刚柔者，立本者也。变通者，趣时者也。""《易》之为书也不可远，为道也屡迁，变动不居，周流六虚，上下无常，刚柔相易，不可为典要，唯变所适。"

一、场景模型

文学作品经常会出现渲染主角表现的特定时空，那么这个具体的时空就是场景。管理学通常用 PESTEL 框架分析企业所面临的一般外部环境和用"五力模型"分析企业的任务环境，那么这些环境，就是企业经营的场景。简言之，场景是指影响和制约主体（个人或组织）表现却难以直接察觉或识别的变量结。

遗憾的是，经济学和金融学却很少涉及场景，这就像经典物理学没有场景一样。主要原因是"人们越是深入地挖掘，就越明白新古典经济学模仿物理学不是随意的或表面的，它的模式大都是逐个术语、逐个符号地仿照物理学的说法。"[1] 在牛顿的世界中，可以把宇宙看作一座按照永远不变的规律运行的巨大的机械时钟装置，在没有摩擦力的条件下可以永远地运转下去。显然，这是典型的机械式思维或错综思维，与现实的复杂世界严重脱离。实际上，物理学在牛顿之后已经取得多项突破，如热力学、广义相对论、量子力学、混沌理论，等等，但是经济学特别是新古典经济学却跟不上物理学的步伐。经济学通过借用 19 世纪中叶的能量物理学概念而取得了它的科学地位，从那时起两者就黏合在一起了。在这样的系统中，以围绕着平均水平的变量和参数的波动形式表现出来的微小的变化，在整个系统走向力学平衡时被当作要衰减的杂音。在这样的理论范式下，经典经济学不可能给场景留下太多空间，至多是致力于用深奥的数学推理来挖掘现实中很难存在的"经济学公理"。

---

[1] Mirowski, Philip. "Physics and the Marginalist Revolution." *Cambridge Journal of Economics*, Vol.8, No.4, 1984, pp.361—379.

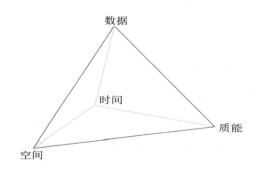

图5-1 生产四要素模型

如图 5-1 所示，本文用质能（物质和能量）、空间、时间和数据构造一个四要素生产模型，来解释人类诞生以来的经济社会运行规律。法国数学家、物理学家、哲学家莫佩尔蒂（Pierre-Louis Moreau de Maupertuis）于 1744 年发表了最小折腾量原理，认为：如果自然界发生某种变化，那么这种变化所需要的折腾量必须尽可能地少；所谓折腾量是指物体的质量、移动距离和移动速度的乘积。莫佩尔蒂又从宇宙论的观点来论述：最小折腾量好像一个节俭原理；在经济学里，它是指精打细算和节省资源的意思。可是在那个时代，人们喜欢用力学原则而不是用"节俭原则"来解释物质世界。实际上，节约规律是贯穿人类社会经济生活各方面、各领域的最普遍和最基本的经济规律。社会学家丹尼尔·贝尔（Daniel Bell）注意到经济理论如何不能在生产分析中说明技术、创新或企业家精神，他曾建议在后工业经济中应该高度重视信息。

现实中，任何有目的性的活动在不同程度上都消耗着质能、空间、时间和数据，生产活动也不例外。在生产中，四要素相互之间存在不同程度的替代性。因此，根据"节俭原理"可以推论：（1）从横向看，社会生产趋于用相对丰裕的生产要素替代相对匮乏的生产要素；（2）从纵向看，社会生产趋于用增长快的生产要素替代增长慢甚至不断枯竭的生产要素。此推论可以作为我们识别场景变量、重构经验和提高场景智力的坚实基础。

更重要的是，"节俭原理"也可以作为预判各种创新活动将来是否有机会成功的基本依据。换句话说，如果一种创新活动能够在质能、空间、时间和数据等四要素的任何一方面带来不可抗拒的"节俭"，那么它将来成功的概率极高；反之，如果一种创新活动没有给任何一种生产要素带来显著"节俭"，仅仅停留在现行的要素替代范式上，那么它将注定前景堪忧。正如克里斯坦森（Clayton M.Christensen，2010）所说，破坏性创新的好处非常明显：简单、便捷、成本低，从而迎合低端客户的需求，因而成功的创新通常是破坏性创新。[①]

需要注意的是，数据是在不同的物理状态之间所做出的区分，它只作用在观察者上，并只有在观察者这样行动时才起作用。因为数据能够参与要素替代的过程，所以它有资格被认为是一种投入或生产要素。由于观察者的数据储存、处理能力和传输能力在既定条件下有一定容量限制，因此数据像质能、空间和时间一样，也必须是努力"节俭"的对象。这种"节俭"是通过将数据转化为信息来实现的。至此，为什么信息不能以自己的名义成为生产要素也就清楚了，因为信息是节约数据的成果，数据本身是向生产活动的投入。在互联网经济时代，数据是新的生产要素，是基础性资源和战略性资源。数据在经济社会发展中的作用越来越重要，因为空间、时间和质能等资源是相对有限的，我们只有转向以数据为基础的经济才能有效地节约这些资源。

质能节约规律。质能即物质和能量，经济学通常把它称为资源。由于资源有限性与人的需求无限性之间矛盾的存在，人类必然按照节约的原则从事经济活动。从经济科学来说，它的产生就是为实现节约服务的。历史上最早出现的经济学著作，古希腊色诺芬写的《经济论》是关于奴隶主庄园管理的，它肯定了分工的必要性，研究的目的在于减少浪费，提高生产率。美国经济学家劳埃德·雷诺兹（Lloyd G.Reynolds）则在其所著的《宏观经济学》中开宗明义地指出："经济学是研究节省的，这是我们每天都要干的事。我们不得不节省，因为我们缺乏。"[②] 萨缪尔森（Paul A.Samuelson）在《经济学》

---

①[美]克里斯坦森，雷纳.创新者的解答[M].林伟，李瑜偲，郑欢，译.北京：中信出版社，2010:14.

②[美]劳埃德·雷诺兹.宏观经济学：分析和政策[M].马宾，译.北京：商务印书馆，1983:23.

中也明确提出："效率是经济学所要研究的一个中心问题。效率意味着不浪费。"①

空间节约规律。空间节约是通过空间集聚的形式表现出来的。空间作为人类活动的载体，是一种特殊的生产要素，它以土地形式体现出来。经济历史就是经济活动的集聚与分散史。在贸易成本适中的情况下，生产的规模经济使得厂商和工人的集中享受到市场接近和中间投入品或消费品多样化带来的好处。②贸易成本的下降会导致更大程度的规模报酬递增经济的产生，进一步拉大中心区与外围区的发展差距，从而进一步促进经济活动走向集聚。

时间节约规律。根据劳动价值论，人力的节省就是活劳动的节约，物力的节省就是物化劳动的节约，而物化劳动归根到底可归结为活劳动，活劳动量由劳动时间来计量，因而，一切节约归根到底都是时间的节约。马克思指出："社会为生产小麦、畜牧等所需要的时间越少，它所赢得的从事其他生产、物质的或精神的生产的时间就越多。正像单个人的情况一样，社会发展、社会享用和社会活动的全面性，都取决于时间的节省。一切节约归根到底都是时间的节约。"③

数据节约规律。数据能够应用于物质生产过程，与劳动资料、劳动对象和劳动者等因素相结合而转化为生产能力。人类文明史就是数据节约的历史。具体表现为，人们总是在实践中设法把数据转化为信息、把信息转化为知识、把知识转化为智慧，即持续不断地加工数据并将数据内化为知识和智慧。《吕氏春秋·察今》云："有道之士，贵以近知远，以今知古，以所见知所不见。故审堂下之阴，而知日月之行，阴阳之变；见瓶水之冰，而知天下之寒，鱼鳖之藏也；尝一脔肉，而知一镬之味，一鼎之调。"最完美的数据节约就是"以近知远，以今知古，以所见知所不见"，也就是利用智慧驾驭数据，这样只需

①[美] 保罗·A·萨缪尔森，威廉·D·诺德豪斯.经济学（第12版)[M].杜月升，等译.北京：中国发展出版社，1992:12.

②Krugman, Paul. "Increasing Returns and Economic Geography." Journal of Political Economy, vol. 99, 1991, pp. 483-499..

③中共中央马克思恩格斯列宁斯大林著作编译局编译.马克思恩格斯全集(第46卷上) [M].北京：人民出版社，1998:120.

要很少数据投入就足以支持正确决策。

我们不妨用反证法，看看在不能节约数据的场景下人们的生产生活是何等效率低下。假设有十多位智慧未开的原始人，根本驾驭不了数据，对数据的反应仅停留在动物式的应激水平上。假设他们一大早从洞穴里出来，看到洞口有洪水刚冲刷过的痕迹，其实暴雨已经下一夜了，雨刚停一个小时左右，天空乌云密布，其实半个小时后又要下暴雨了，持续时间将长达 5 小时。但是原始人没能力处理以上数据，不知道稍后要下暴雨，也根本不知道 2 小时后就要山洪暴发，当时唯一感受到的就是自己饥肠辘辘，本能反应是要出去采集些吃的东西来填饱肚子。试想，在这种场景下，他们的生产活动会有效率吗？他们会如愿以偿地采集到食物吗？其实，他们这样做非常危险，至少有些成员马上要大难临头，不仅找不到食物，而且很可能会被山洪冲走而丧命，或者因被暴雨浇淋而患病。请回到现代人面对恶劣天气和洪水灾难的场景：气象部门通常会提前 3 天发布天气预报，尽管不能做到 100% 准确，但是它也会根据实际气象数据进行实时更新，任何对恶劣天气关切的人都可以查询到这些根据气象数据加工成天气预报的信息，做到未雨绸缪。对现代每一位社会成员来说，天气预报就是对气象数据的极大节约。

有人可能会认为生产四要素模型见物不见人，不科学。人类世界一个基本事实是，历史发展归根结底是由物质性的生产力的发展决定的。生产四要素模型能够精确地刻画人类各个历史阶段的生产力，它没有把人纳入生产要素，不是对人的劳动的否定和贬低，相反，这是对人的主体地位的强调和尊重。马克思指出，全部人类历史的第一个前提无疑是有生命的个人的存在，而"个人怎样表现自己的生活，他们自己就是怎样。因此，他们是什么样的，这同他们的生产是一致的——既和他们生产什么一致，又和他们怎样生产一致。因而，个人是什么样的，这取决于他们进行生产的物质条件"[1]。

---

①马克思，恩格斯.德意德意志意识形态（节选本）[M].中共中央马克思恩格斯列宁斯大林著作编译局，编译.北京：人民出版社，2018:11.

二、心理模型

1. 接受复杂性

统计思维和平均数是商科学生接受训练最多、最熟悉甚至最擅长的思维范式。遗憾的是，针对复杂系统，这种思维范式是徒劳的甚至是错误的，因为在现实中根本就不存在真正的平均数，平均数纯粹是概念性虚幻。场景智力的障碍之一就是认为平均数有用甚至无所不能。当我们用平均数来描述一个人或某种现象时，本质上是在考虑一个不存在的现实，这样做从来不是一件好事。托德·罗斯（Todd Rose，2016）在其著作《平均的终结：如何在崇尚标准化的世界中胜出》中指出："平均数掩盖了个人最重要的东西。"[1] 套用罗斯的话来说，平均数掩盖了个体特征或行为的真相。在场景智力的概念中，将个人和行为归结为一个集体的平均数不仅代表了虚构的现实，而且使我们看不到特定个人的独特贡献。当我们根据平均数概念做决策时，就开始变得懒惰，没有给场景智力留下多少发挥余地。在真实世界里，默认的观点应该是生活很复杂，异常值很重要，平均数意义不大。

2. 拥抱模糊性

1986年巴菲特在《致股东信》中说，我们同意凯恩斯的观点："我宁愿正确的模糊而不是错误的精确。"正确的模糊是指事物的方向正确、前景光明，但是细节却扑朔迷离、道路蜿蜒曲折的场景。正确的模糊是复杂系统的常态，我们要训练自己接受和适应这种场景。错误的精确是指自己陷入在局部最优解里，数据非常丰富和精确，方法和技巧也可能是一流的，但是却用在鸡毛蒜皮的小事儿上，结果效率越高，错得越离谱。很多人在自己熟悉的路径中不停精耕细作，非常辛苦，但是完全忘了应该抬头看看自己的北极星在哪，忙到"没有空"去想自己的全局目标，结果事与愿违、南辕北辙。用正确的模糊来思考，会让一个人的每一个行动都围绕着全局目标，每一个行动都积

---

[1] Rose, Todd. *The End of Average: How We Succeed in a World That Values Sameness*. Harper One, 2016, p.10.

累在正确的方向上，从长期来看这样做不仅是正确的而且在现实中几乎是唯一的选项。《大学》曰："心诚求之，虽不中，不远矣；未有学养子而后嫁者也。"意思是，诚心诚意地去追求，即便没有达到预期的效果，也相差不远；没有人是先学养孩子再出嫁的。

3. 重构经验

许多人非常重视自己的和他人的经验。遗憾的是，我们错过了很多经验可以教给我们的教训，因为我们忽视了那些似乎与我们目前的情况并不直接相关的教训，我们甚至误解了经验可以教给我们的教训。场景智力要求我们重新审视我们是如何使用经验的。现实中，有一些经验丰富的专家却做出了许多糟糕甚至愚蠢的决策。相反，也有无数新手表现得好像有几十年的经验。这些事实启示我们，可能还有一些与经验相关的东西值得详细探讨。

第一，人的大脑有足够的潜力对经验进行重构。关于人脑，目前认为有数千亿的神经元，在大脑里面通过神经突触的连接形成神经环路，执行各种功能。并不是所有的神经元都被利用起来了，通常情况下利用起来的神经元只占 10% 左右，很多神经元处于没有功能区或者未分化的状态。即便如此，我们也能够做到"观古今于须臾，抚四海于一瞬"。弥勒言："举手弹指之顷，三十二亿百千念，念念成形，形皆有识，识念极微细，不可执持。"换算成现今说法，人脑一秒钟内就冒出 1600 万亿念头。这为我们重构经验奠定了坚实基础。

第二，从自己的或他人的经历中汲取经验至关重要。传统上，经验是通过长期反复做某事获得的。但是，经历不同于经验。经验的价值在于知道该做什么和如何做。大量的例子说明，有很多经历的人并没有因此而变得更好，或者长期以来一直犯错。经验不在乎做一件事情的时间有多长，而在于从所做的事情中学习到了什么。因此，我们必须重新思考如何重视和获取经验。场景智力要求我们要仔细地收集和组织经验并将其最大化。因此，从自己的或他人的经历中学到经验才至关重要。有场景智力的人善于利用经验来学习做事。

第三，发挥经验的最大价值需要重构经验。目前，信息几乎每时每刻从各个方向向我们飞来，在这种环境中，经验有着不同的价值。在过去，经验的价值在于它提供关于如何做某事的知识。然而，当以前从未发生过的事情发生时，没有人确切地知道该做什么。此时，经验具有不同的价值。经验的价值在于，它为原本不稳定的局势带来了信心、确定性和稳定性。在VUCA[①]世界中，经验最丰富的人可能很少或根本没有遇到过目前的问题，但他们确实有一个在前所未有的领域中生存的纪录。在没有人知道该做什么的情况下，生存记录为这种情况带来了最大的价值。这就是重构经验的意义所在。重构经验就是交流大家对经验的理解，其中一方在之前做过，所以知道该做什么，另一方是能够带来稳定的人。当我们以这种方式重构经验时，它为任何人，包括新手，提供了展示经验的新机会。

第四，练习同步体验，加速经验重构和缩短学习曲线。森格（Peter Senge）认为，发生重大变化的机会往往是通过同步（尽管不一定是相互关联的）过程产生的，这些过程会产生"有意义的巧合"以及其他协同作用[②]。一个人可能有大量的经验可供借鉴，但这些经验往往会被忽视，因为其中的许多经验似乎与当前环境无关。当我们认识到两个或多个事件以有意义的方式连接但它们之间不存在因果关系时，就会发生同步体验。换句话说，同步体验是从个人经历中记住并建立了连接的多个事件。有意识地练习同步性，或者更简单地说，学习利用经验，是场景智力的一个重要心理模型。利用经验需要回顾经验教训或有意义的事件，并利用它们为我们的决策提供信息。

利用经验意味着利用所有经验，而不仅仅是与当前环境相关的经验。在我们决策时，无关的经验可能比我们想象的更有价值。这就能够很好地解释，为什么经常离开办公室或结识新朋友可以提供很多有用信息。有场景智力的人能够给过去的经历赋予意义，甚至赋予多重意义，并从中吸取对现在有用的新教

---

①VUCA 是"不稳定（Volatile）""不确定（Uncertain）""复杂"（Complex）"和"模糊（Ambiguous）"。近十年，VUCA 越来越成为描述时代特征的专业词汇，常见于专业文献、工作报告。

②Senge, Peter.*The Fifth Discipline: The Art and Practice of the Learning Organization*.Random House, 2010, p.15.

训。重构经验很简单，只要坚信任何经验都有价值即可。有场景智力的人总是试图从一次经历中获得最大的收益。我们必须努力从一次经历中汲取尽可能多的教训，这正是加速经验积累的绝招。例如，针对何时何处冒出最有价值的想法或创意这个问题，大多数人的回答是，在淋浴、散步、割草、慢跑，或者在入睡前的一刻。那么，为什么他们在这些不合时宜的时候会有这些伟大的想法呢？因为在这些时间里，他们在思考过去、现在和未来的多种经历。

4. 会通学习

会通学习是指融会贯通的学习方式，它一个元认知过程。会通学习强调举一而三反、闻一而知十。会通学习是回到过去，重新发现事件如何影响我们的生活，关注今天的事件，并留心它们如何影响我们未来的行为。从本质上讲，会通学习的意义在于把隐性知识最终变为显性知识，即"知其然知其所以然"。

会通学习需要使用经验和类比推理。在最简单的形式中，会通学习的最佳方式是通过反复试验。真正会通学习，要求我们根据尝试的行为与其结果之间的关联作出决策。更简单地说，从自己（和别人）的错误中学习。事实上，只有当经验转化为隐性知识，并且只有当我们能够根据实际结果分析我们的行动和决策时，经验才能提高绩效。这意味着我们必须相信后果很重要。因此，我们应该有意识地分析我们的行为和态度在任何时候、任何情况下的结果和后果。特别要注意，每一次经历和行动的每一个结果都是一个学习的好机会。

类比推理是隐性知识的重要来源，也是会通学习的好方法。从过去的经历中创建了一个类比，并将其应用于当前不相关的情况，可以弥补对给定情况缺乏直接经验的不足。通过类比推理，我们可以识别给定场景的趋势，即使以前从未体验过该场景。类比推理需要根据自己没有的经验或不相关的经验对新情况作出判断。在不确定的场景中，有些人有一种不可思议的能力作出正确决策，他们倾向于看到大多数人看不到的人、地方、事物和事件之间的联系、推论和相似之处。通常，这是因为他们倾向于类比推理。类比推理效果仅次于实际经验。类比推理借鉴了其他经验，并与影响现状的变量进行了合理的比较，这是一项非常重要的技能。在本文墨子止楚攻宋的故事中，墨子多次采用类比推理，借此构造特殊场景，如雇凶杀人、盗窃癖患者和攻守推演等，成功劝阻了楚王攻打宋国。

三、即兴智慧

在 VUCA 环境中，我们需要主动适应变化的环境并对环境的变化作出恰当的应对。即兴智慧是指把在一个场景中获得的智慧应用到一个看似不相关的场景中的能力。即兴智慧是应对变化的杠杆，能够达到以少胜多的效果。即兴智慧是修炼场景智力带来的一种结果。场景智力要求我们从尽可能多的不同情况中学习到尽可能多的经验教训，然后尽可能在各种情况下应用这些经验教训。在不同的工作、项目、爱好之间游走，能极大程度地提高我们的即兴智慧。孔子说："三人行，必有我师焉。择其善者而从之，其不善者而改之。"（《论语·述而》）孔子一句话道破了即兴智慧的本质，即兴智慧意味着，任何时间、任何地方、任何事情、任何人都为我们带来了学习知识和运用知识的机会，我们务必珍惜这些机会，选择他的长处来学习，看到短处就改正。曾子说："以能问于不能，以多问于寡；有若无，实若虚，犯而不校，昔者吾友尝从事于斯矣。"（《论语·泰伯》）

党同伐异是人类很顽固的心理倾向，这给即兴智慧带来阻碍。很显然，所有人在与自己类似的场景中一定会禁锢自己的思考和创造力。乔治·巴顿曾说：如果人人都以同样的方式思考，那么就没有人思考。罗伯特·萨顿（Robert I.Sutton，2002）在《管用的怪主意》中提出促成多元化的一系列方法，其中一个建议就是雇用那些让我们感到不舒服，甚至讨厌的人。[1] 迪恩·西蒙顿（Dean Keith Simonton，1999）在《天才的源泉》中指出，新颖想法数量上的大幅提高，最终必然导致思想质量的提高，思维创新者不是由于获得成功而实现产出，而是因为有产出所以成功 [2]。

---

[1]Sutton, Robert.*Weird Ideas That Work: 11 1/2 Practices for Promoting, Managing, and Sustaining Innovation*.Free Press, 2002, p.17.

[2]Simonton, Dean Keith.*Origins of Genius: Darwinian Perspectives on Creativity*.Oxford University Press, 1999, p.23.

四、守正模型

如果一个人做任何事，总是想着自己，那他的事业很快就会遇到瓶颈，生活也会越来越狭窄。稻盛和夫说："如果动机是善意的，事情自然会朝着好的方向发展；如果动机只为一己私利，那么不管多么努力，最后都不会有好的结局。"[①]《易·系辞下》云："吉凶者，贞胜者也；天地之道，贞观者也；日月之道，贞明者也；天下之动，贞夫一者也。"这段话中，"贞"是守正的意思，是《易》的高频字，共出现 111 次；这段话的中心思想是，天下万事万物虽错综复杂、变动不居，但守正之理都是一样的，是事物发展的常道。唐朝令超的《垂训诗》写道："行藏虚实自家知，祸福因由更问谁。善恶到头终有报，只争来早与来迟。闲中检点平生事，静坐思量日所为。常把一心行正道，自然天地不相亏。"张磊（2020）说："在我看来，财富的意义远不止于物质和金钱，而是代表着沉甸甸的道义和责任。人们的财富既然来自社会，那么人们就尤其需要善用这些财富去服务和回馈社会。从小处讲，这是知识与财富的良性循环，从大处讲，这是为了让个人价值与造福人类的终极目标相一致，让教育、人才、财富、公益和社会之间形成更大更好的循环。"[②]

---

①[日]稻盛和夫.心:稻盛和夫的一生嘱托[M].曹寓刚,曹岫云,译.北京:人民邮电出版社,2020:43.

②张磊.价值:我对投资的思考[M].杭州:浙江教育出版社,2020:309.

第三篇　嘉之会

　　嘉之会，美好之聚合。《周易本义》云："亨者，生物之通，物至于此，莫不嘉美，故于时为夏，于人则为礼，而众美之会也。"北宋王观的"若到江南赶上春，千万和春住"，说明嘉美外缘有益于人的身心健康。孔子说："三人行，必有我师焉。择其善者而从之，其不善者而改之。"诚然，个人素质（元亨利贞）和素养（道德仁艺）的提高均需要持续地从外部汲取养料。常言道：择邻而居、择善而从、择地而游和择高而立。研究显示，通过增加可能遇到的场景数量，可以增加一个人的"幸运表面积"。本篇包括《择善而从》《有容乃大》《见几而作》等三章内容，侧重于从外缘管理和社会资本的视角阐释整全投资的成己达人和财道辅义。纳瓦尔在总结三种杠杆（劳动力、资本、复制边际成本为零的产品）的基础上，强调"不要再把人分为富人和穷人、白领和蓝领了。现代人的二分法是'利用了杠杆的人'和'没有利用杠杆的人'。运用专长，发挥杠杆效应，最终你会得到自己应得的"①。

---

①[美] 埃里克·乔根森.纳瓦尔宝典：财富与幸福指南 [M].赵灿，译.北京：中信出版社，2022:27.

关于择善而从的意义，嘉信理财创始人施瓦布（Charles Schwab, 2021）总结说："我很早就知道自己是有局限性的。一开始我很自卑，但它教会了我应该找到那些拥有我所匮乏的技能的人，这让一切变得不同。我很早就发现了授权和团队合作的力量，我称它们为'个人杠杆'，它们将你的想法放大成为巨大的浪潮，推动你实现仅依靠自己无法达成的梦想。公司说到底就是关于人的，你需要找到那些和你拥有相同愿景和价值观的人，他们会用自己的热情和力量完成任务。当你找到富有激情的人，并给予他们足够的责任之后，你会惊讶于这一切带给你的创造性成果。这种方式强化了我对人类能力、创造力和精神的信心。在正确的激励下，当人们专注和投入时，他们会迅速成长。"①

关于耐心等待的意义和难度，芒格说："我的成功源自我的长期专注。'你必须非常有耐心，你必须要等待，直到某件事出现，你才会发现自己所付出的代价是值得的。'这句话是违反人性的，谁也没办法整天坐在那里无所事事，只是等待而已。可是这对我们来说很容易，因为我们还有很多其他事情要做。不过，对于一个普通人来说，你能想象他干坐了 5 年而什么也不做吗？你觉得自己不够积极进取，也没有价值可言，更觉得自己做了一件愚蠢的事情。"②罗杰斯（Jim Rogers）说："一个成功的投资家，往往懂得将大部分时间用于等待，除此以外不做任何事。当时机到来时果断投资，之后继续等待。对投资者而言，很重要的一点就是大多数时候能够沉下心来静观其变。根据我多

---

① [美] 施瓦布 C. 投资：嘉信理财持续创新之道 [M]. 高源，译. 北京：中信出版社，2021:185.

② [美] 克拉克 D. 查理·芒格的投资思想 [M]. 巴曙松，陈剑，译. 杭州：浙江人民出版社，2019:45.

年的经验，刚获利后，下一个好的投资机会绝不会立刻出现。所以要静下心来耐心等待。"[1]

关于时机对投资者的重要性，王利杰（2017）总结道："时机在一个企业的成败中，占有 60% 以上的决定因素。正确的时间做正确的事，这才是亿万价值企业的制胜之道。时机决定社会资源分配。所以'时机决定生死'这个认知，是我用了至少 1000 万元买来的。错过了时机，就不会被风吹起来了，也不会被浪推起来了。错过了时机，就是与时代为敌了，因为势能已被先行者借走了。"[2]

①[美] 罗杰斯 J. 吉姆·罗杰斯的大预测：剧变时代的投资智慧 [M]. 韩涛，译. 北京：机械工业出版社，2022:97.

②王利杰. 投资异类 [M]. 北京：北京联合出版公司，2017:64.

第六章　择善而从

人的差异在于业余时间。业余时间如何利用，往往取决于一个人与什么样的"朋友"在一起，日常是否读书以及都是读哪些书，甚至在数字时代取决于他浏览的网站及在各类网页上耗费的时间。万物互联是数字化时代的本质特征。数字化时代，我们足不出户就可以在线上接触到海量信息，遇到众多的人和事。当然，万物互联的本质仍是人与人的连接。人性的复杂，意味着我们线上线下的各种连接必然有善有恶。面对五花八门的诱惑，如果不分青红皂白地对所有连接照单全收，那么不仅会导致信息超载和浪费时间，而且如果沉迷于坏连接和不良信息，还会造成耗费生命能量、消磨意志和诱惑身心堕落的严重后果。

《尚书·旅獒》云："不役耳目，百度惟贞。玩人丧德，玩物丧志。志以道宁，言以道接。不作无益害有益，功乃成；不贵异物贱用物，民乃足。"意思是说：不被耳目的欲望所驱使，各种想法要遵循真实正确的原则；戏弄人就会丧失品德，玩弄物就会丧失志向；自己的志向要靠道来坚定，他人的言论要靠道来接收；不做无益的事情妨碍有益的事情，事业才能成功；不重视珍贵奇巧的物品轻视实用的物品，百姓才能丰衣足食。

《孔子家语·六本》记载，孔子说：我死之后，子夏会一天比一天进步，而子贡会一天比一天退步。当曾参询问其中的原委时，孔子说："商（子夏）也，好与贤己者处，赐（子贡）也，好说不若己者。不知其子视其父，不知其人视其友，不知其君视其所使，不知其地视其草木。故曰：与善人居，如入芝兰之室，久而不闻其香，即与之化矣。与不善人居，如入鲍鱼之肆，久而不闻其臭，亦与之化矣。丹之所藏者赤，漆之所藏者黑，是以君子必慎其所与处者焉。"关于环境对个人的影响，孔子解释得非常清楚，所以他还说过"毋友不如己者"。爱因斯坦说："远离负能量的人，他们对每个解决方案都认为有问题。"[1]

《易·同人卦》是专门探究人际交往和建立统一战线的，结论是："同人于宗，不若于门，于宗吝道，于门无咎；同人于门，不若于郊，于门无咎，于郊无悔；同人于郊，不若于野，于郊无悔，于野道亨。"这段话意思是说，在人际交往和统战工作中，视野越广阔越好，结交的对象与自己差异越大越好，不论是心灵、思想、学术的交流还是动物繁衍生息，都忌讳近亲繁殖，因此从"同人"的效果看，野优于郊，郊优于门，门优于宗，由远及近，分别对应于道亨、无悔、无咎、吝道，即顺利通畅、没有烦恼、没有祸患和艰难困厄。从现代科学角度看，上述结论很有道理，根据熵理论，趋同是熵增，差异是熵减（负熵），一个在均匀环境里的系统很快会因熵增而达到惰性状态（死亡状态），系统保持活力的唯一途径就是把自己置身于差异很大的环境里并且持续不断地从环境中汲取"负熵"。也就是说，系统为推迟趋向热力学平衡（死亡）的衰退，唯一的办法就是从环境中吸引一串"负熵"去抵消它在自身运转中所产生的熵增，从而使自身维持在一个稳定而又很低的熵的水平上。

第一节　选择好连接

人们经常根据二分法把朋友分为益友和损友。例如，孔子说："益者三友，损者三友。友直，友谅，友多闻，益矣。友便辟，友善柔，友便佞，损矣。"孔子指的三类益友分别是正直无私的朋友、真诚可靠的朋友、见多识广而博学多才的朋友；三类损友分别是阿谀奉承的朋友、喜欢搬弄是非的朋友、夸夸其谈而目中无人的朋友。然而，现实中的人际交往（连接）远比上述情况复杂得多。

一、四类人际连接

克劳德（Henry Cloud，2016）在《他人的力量》一书中，把日常人际连

---

[1]Knickerbocker, Christina.*The Parallel Parenting Solution: Eliminate Conflict With Your Ex, Create The Life You Want*.Independent Publishing, 2021, p.2.

接分为四类，分别为：无连接、坏连接、假连接和真连接 ①。本书参考克劳德的四分法，构造一个人际连接四面体。如图 6-1 所示，四面体底面的四个角分别对应于无连接、坏连接和假连接，与底面对应的顶点是真连接。需要特别说明的是，位于底面上的三类连接都可以被动地建立，即建立这类连接都不需要当事人的全心全意投入，甚至可以不请自来，当事人也不需要把自己的脆弱性和弱点暴露给对方。总体看，底面的三类连接不具备势能，没有什么可以汲取的养料，在建立时也不需要消耗太多动能。本质上，这三类连接都益处不大，既无益于个人内在素质和素养的提高，也无益于扩大个人的"幸运表面积"，还无益于增加自己的获得感和幸福感。相反，陷入这三类连接，往往需要徒劳地消耗大量的宝贵时间和生命能量，到头来身心俱疲和空虚无聊。另一个值得说明的现象是，如果当事人不刻意追求真连接，那么他就会在底面的三类连接之间永远打转，由一个极端跳跃到另一个极端，循环往复，深陷其中而不能自拔。只有处于顶点的真连接既有利于提高个人的内在素质和素养，又有利于扩大个人的"幸运表面积"，还有利于增加自己的获得感和幸福感。俗话说"同声相应，同气相求"，人际连接经常处于四面体的角附近，不会分布在四面体的其他部位。

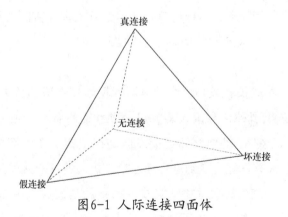

图6-1 人际连接四面体

<hr />

①Cloud, Henry.*The Power of the Other: The Startling Effect Other People Have on You, from the Boardroom to the Bedroom and Beyond-And What to Do About It*.HarperBusiness, 2016, p.18.

1. 无连接

无连接并不必然意味着当事人与其他人之间无任何往来，但是无连接状态意味着这种交往的关系很浅，对个人身心成长和外缘机会的影响很小，可以忽略不计。如果一个人处于无连接状态，那么他很难从外界汲取自己身心成长所需要的养料，也没有机会增加"幸运表面积"，通常也不会体验到幸福祥和。一滴水离开江河大海不久就会干涸，一个人脱离社会必然会孤陋寡闻。《社记·学记》云："独学而无友，则孤陋而寡闻。"随着时间的推移，陷入无连接的人倾向于自卑和退缩。

人本来就是社会动物，一个人怎么会陷入无连接的角落里呢？主要原因是当事人遇到给予受阻或接受受阻，或者二者兼之。给予受阻的情况容易理解，因为个人的冷漠和自私，不愿意对他人有任何付出。接受受阻的情况其实更普遍，当事人或者因为虚荣爱面子，或者因为怯懦而不敢打开心扉。在多数情况下，当事人陷入无连接困局是因为自己内在的成长动力不足。"可欲之谓善"（《孟子·尽心下》），内在的成长动力（正当合理的需要）就是善。千万不可轻视内在的成长动力，当一个人的成长动力不足甚至缺失时，他就会感到干什么事都无所谓和无意义，建立连接毕竟需要花费时间和消耗能量，于是他就懒得应付和投入，这样也就丧失了经营人际连接的需要，恶性循环，久而久之也丧失了人际交往的诸多技能和眼光。

2. 坏连接

无连接意味着成长和成功机会的衰减，坏连接造成的恶果比无连接还要严重。坏连接是指那种让当事人感觉很差劲和无奈甚至身心被摧残的连接。理论上，没有人会去主动建立坏连接，但是在现实工作生活中，人如其面、五花八门，我们很有可能会遇到这种坏连接。极端的坏连接就是陷入类似 PUA 的精神控制之中。在某种关系中，当事人如果总是被别人认为低人一等，总有人对当事人的任何行为都指手画脚、吹毛求疵，那么他就陷入了所谓的坏连接。陷入坏连接的原因通常有：误认为有连接总会比无连接好，担心失去"朋友"，甘于被别人呼来喝去。本质上，尊重是人际往来的基石，如果在人际交往中丧失了最基本的尊重和尊严，那么这种往来还不如无往来。因此，摆脱坏连接的唯一方法就是敢于维护自己的尊严，敢于同对自己缺乏基本尊重的"朋友"断交。天下好人很多，一个人只要愿意追求上进，遇到好人的机会确实很多，没必要保持和维护坏连接。

3. 假连接

假连接是指那种既无益于提高个人素质和素养，也无益于增加"幸运表面积"、仅是表面热闹和风光的连接。在现代商业社会，每个人都面临很多诱惑，随时随地都有交易性连接。假连接除了耗费一个人的时间和金钱之外，对自己的成长和成功没有任何益处。孔子定义的"损友"就是典型的假连接，它意味着花天酒地、阿谀奉承、炫耀吹捧、声色犬马，等等。在假连接中被人吹捧和放纵自我的感觉确实能够让人感觉良好，但是假连接会让自己越来越浅薄和放纵，越来越脱离修身立命的正道。毕竟，感官享受和物质堆积根本无法满足精神的匮乏。关于如何脱离这种假连接，《尚书•旅獒》讲得非常好："不役耳目，百度惟贞。玩人丧德，玩物丧志。志以道宁，言以道接。"

4. 真连接

真连接是指那种可以让当事人成为完整的自己和真实的自己，可以将自己的身心、思想、灵魂和激情带到其中的连接。在真连接中，关系双方都完全呈现，彼此相知和相互投入，任何一方都能坦诚地与对方分享自己真正的想法、感受、信仰、恐惧和需求。"真自我"与"假自我"是心理学领域的经典概念，人生最大的挑战就是在"真自我"与"假自我"之间拉扯。在真连接中，彼此展示的都是"真自我"，相互成全的也是"真自我"。

孟子说过"可欲之谓善，有诸己之谓信，充实之谓美"，意思是说，合理正当的需要称之为善（真自我），将心比心地把他人的合理正当的需要放在自己心里称之为信（真诚实），用实际行动填补"善和信"称之为美（真优秀）。需要是生命得以运行的根基，但是，它又是我们不愿意拥抱的状态，这恰恰是每个人一生中最大的两难困境。就人的成长和发展而言，真连接像氧气、水和食物一样不可或缺，这本来是再正常不过的事情，也是一种善。但是在现实中，当事人往往不肯取用它们，更别说开口争取真连接所提供的那些关键养料了。人们往往困在底面的三个角落里（无连接、坏连接、假连接），找不到那些真正帮助自己成长的东西。当事人不肯认可自己依赖他人支持和帮助的需要。心理学家称之为"需要恐惧"两难困境。因为拥抱自己的需要会让当事人自曝弱点，所以人们不敢拥抱需要。越是需要他人帮自己什么，当事人越是害怕开口求助。当事人试着用其他方式来管理这种需要，逛来逛去，除了让自己更加受限之外，都没有好结果。只有真连接才是人们可以展现"真自我"的地方，一旦到了这个地方，人们就能够得到他们所需要的资源，能够用这种资源满足自己的需要。而且，在自我成长过程中当事人还可以帮助其他人，大家一起变得优秀。

人的需要林林总总，五花八门，但是满足这些需要的方法却非常狭窄，那就是必须谦卑而坦诚地拥抱需要，向"他人的力量"伸手求助，除此之外，别无他法。事实说明，那些敢于向其他人救助的人往往成就最高、做得最好、克服的难题也最大。汉高祖刘邦曾经说："夫运筹策帷帐之中，决胜于千里之外，吾不如子房。镇国家，抚百姓，给馈饷，不绝粮道，吾不如萧何。连百万之军，战必胜，攻必取，吾不如韩信。此三者，皆人杰也，吾能用之，此吾所以取天下也。"（《史记·高祖本纪》）像刘邦这样知道自己需要什么而且能够坦然表白的，往往是很有成就的人。

二、嵌入真连接

一个人无论在哪里，都需要怀抱谦卑之心，迈向真连接，请求能够帮助自己的人满足需要。无论这种需要是情绪上的支持、专业、勇气、智慧，还是其他，每个人都必须把自己嵌入到真连接之中并保留在那里。当然，在嵌入真连接之前，还要识别出自己目前处在哪个角落里（无连接、坏连接、假连接）。只要细心反省，无连接状态很容易被识别出来，它就是没有连接，是孤单无援；坏连接的标志性信号是"我不够好"，害怕遭受谴责，害怕让他人不快，害怕不能达到标准，因此畏首畏尾、裹足不前；假连接的标志性信号是"找乐子"，沉迷于不良嗜好。底面的三类连接不具备势能，建立时也不需要消耗太多动能，但是如果陷入这三类连接之后，我们往往要徒劳地消耗大量的时间和生命能量。除非刻意追求真连接，人们往往会在底面的三类连接之间打转，由一个极端跳跃到另一个极端，循环往复，深陷其中而不能自拔。

只有处于人际连接四面体顶点的真连接，既有利于提高个人的内在素质和素养，又有利于扩大个人的"幸运表面积"，还有利于增加自己的获得感和幸福感。例如，在投资界大家喜闻乐道的几位投资家的"好连接"，巴菲特结交到本·格雷厄姆，李录结交到巴菲特和查理·芒格，张磊结交到大卫·斯文森，这些"好连接"不仅滋养他们的理念、方法和品格的提升，而且也扩大他们的"幸运表面积"。张磊（2020）认为："我们应当考虑的是，如何与高质量的人花足够多的时间，做一些高质量的事情。选择与价值观正确的长期主义者同行，往往能让你躲避许多重大风险，并获得超预期的回报。"[①]

但是建立这种真连接需要消耗很多动能，包括：活力、自我控制、承担责任、开阔胸襟、力争上游、信任，等。总而言之，人际连接遵循"同声相应、同气相求"的基本规律，优秀往往吸引优秀。我们选择要成为什么样的人，与什么样的人在一起，最终就会成为什么样的人。关于如何使自己优秀，参见第四章《投资自己》，本章不再赘述。

第二节　融入好系统

《荀子·劝学》云："登高而招，臂非加长也，而见者远；顺风而呼，声非加疾也，而闻者彰。假舆马者，非利足也，而致千里；假舟楫者，非能水也，而绝江河。君子生非异也，善假于物也。"这段话的意思是说，君子的资质与一般人没有什么区别，君子之所以比一般人高明和有成就，是因为他能善于利用外物。人类文明发展到今天，积累最丰硕的成果就是制度和系统，而且它们中的多数都属于取之于民用之于民和源于生活服务于生活的"公器"。

从社会制度的角度看，人类文明史就是制度演化和创新的历史。举个例子，《易·系辞下》云："日中为市，致天下之民，聚天下之货，交易而退，各得其所"。可见，我国很早就建立了市场集中交易制度，据此记载它是由神农氏创建的。随着社会劳动分工演进和生产力发展，市场体系也日益发展完善，

---

① 张磊. 价值：我对投资的思考 [M]. 杭州：浙江教育出版社,2020:105.

迄今，世界上绝大多数国家和地区都实行市场经济体制，即由市场决定资源配置的经济体制。从人类文明看，"嘉之会"最现实的含义和最强大的功能是制度创新和完善，古人把"嘉之会"归类为"礼"的范畴，认为"嘉会足以合礼"，从本质上看，现代的制度与古代的"礼"有很多重叠的内容。现代社会的标志性特征就是有各式各样的现成系统和制度可供我们融入进去获取滋养。

一、好系统的标准

马克思主义唯物史观认为，生产力决定生产关系，生产关系一定要适应生产力发展的客观要求。因此，生产力标准是检验一个系统好坏的理论武器。人类历史的客观发展规律实际上就是社会个人的主体活动的规律，即人类历史发展的客观规律必然要求代表先进生产力和先进生产关系的阶级或者集团，自觉或不自觉地形成反映先进生产力发展要求的价值标准，用它指导自己的行动，建立符合先进生产力发展要求的生产关系，从而推动生产力的不断发展。

根据生产四要素模型，生产力的发展体现在生产四要素（质能、空间、时间和数据）中至少一个要素的显著节约，而不是各生产要素之间简单的相互替代。例如，电子邮件与传统信件相比，电子邮件传递的速度为光速，而传统信件传递的速度不会超出运载它的交通工具（汽车、火车、轮船、飞机、马）的速度，因此，电子邮件系统的生产力比传统邮政系统要先进得多。又比如，电子图书馆与实体图书馆相比，比如同样储藏 1000 万册图书，前者几乎不占用物理空间，而后者需要占用显然的物理空间，因此电子图书馆的生产力比实体图书馆要先进得多。再例如，电机与内燃机相比，目前内燃机的最高热效率是 43%（其实在 20 世纪 50 年代，内燃机的热效率就达到了 30% 左右，但是在随后的 70 年其热效率仅仅提升了 13%），而电机的效率可以说是出道即巅峰，主流的永磁同步电机的效率都在 90% 以上，最高效率超过 97%，两者在效率方面存在一倍的差距，因此电机的生产力比内燃机要先进得多。从经济社会发展的角度看，代表先进生产力的系统趋于繁荣昌盛，代表落后生产力的系统趋于衰落灭亡。总体而言，身处经济社会变迁之中的个人能够真切地感受到这种变化，投资成功的关键在于尽量在早期阶段投资代表先进生产力发展的系统，以便获取先进生产力发展所带来的丰硕经济成果。

在明白判断好系统的生产力标准的基础上，有必要从个人成长和事业成功的角度探讨什么是恶系统。一个人绽放生命的修身立命四面体是志于道、据于德、依于仁和游于艺，凡是阻碍和损害一个人在这四个方面进步的系统就是恶系统。它往往使人沉迷于感官刺激和虚幻妄念，在错误的方向上浪费时间，损害君子四德。目前，有很多东西会让当事人在错误的方向上陷入沉迷而空耗生命能量，例如网络游戏、低俗娱乐、传销、购物成瘾、赌博投机等，都属于"无益害有益，异物贱用物"的恶系统。

二、主要的好系统

本节着重从投资自己、投资资本市场和投资实体经济等方面，简要介绍一些目前可供我们利用的好系统。

1. 教育系统

百年大计，教育为本。于人于己，于国于家，教育和学习都是最好的投资。我国历来都有尊师重教的优良传统。子曰："学而时习之，不亦说乎！"《礼记·学记》云："君子如欲化民成俗，其必由学乎。玉不琢，不成器。人不学，不知道。是故古之王者，建国君民，教学为先。"南宋的陈俊卿的"地瘦栽松柏，家贫子读书"，响彻宋廷，遍传天下。现在，随着知识经济和数字化的深入发展，在终身学习成为个人和组织应对变化的基本生存策略的背景下，学习是提高自己核心竞争力的基本手段，从长期看也是最基本的制胜策略。

新中国成立后，党和国家高度重视教育，采取各种措施优先发展教育，成效十分显著。迄今，我国高等教育进入普及化阶段，为每一位公民科学文化素质的提高奠定了坚实基础。

现实中，人如其面，千姿百态，但依据其学习能力和学习态度，判定其最终人生高度，特别是在变化剧烈的现代经济社会，通常不会有太大偏差。因此，我们不仅要做善于学习的人，而且也要注意挑选善于学习的人做朋友，远离不学无术的人。当然，"学习"一词，在这里要作广义的理解，不能仅仅局限于学历教育体系内的学习，而是泛指"三人行必有我师焉，择其善者而从之，不善者而改之"式的学习。孔子说："生而知之者，上也；学而知之者，次也；困而学之，又其次也；困而不学，民斯为下矣。"（《论语·季氏》）孔子还说过"唯上智与下愚不移"（《论语·阳货》），即只有"生而知之"和"困而不学"的两类人是改变不了的。当然，生而知之者毕竟是少数，可以忽略不计。多数人属于"学而知之"或"困而学之"，只要真正学习起来，效果都是一样的，因此"及其知之，一也"。但是在现实中也有"困而不学"的人，这种人有两个极端：一类是聪明反被聪明误，自我感觉良好，自吹自擂，自我封闭；一类是怨天尤人，自暴自弃，人穷志短。最终他们殊途同归，不学无术，孤陋寡闻，生活工作一团糟，人人避而远之。

2. 指数基金

指数基金（Index Fund），顾名思义就是以特定股票指数（如沪深300指数、标普500指数等）为标的指数，并以该指数的成份股为投资对象，通过购买该指数的全部成份股构建投资组合，以追踪标的指数表现的基金产品。约翰·伯格是美国指数基金之父，1975年他创建世界第一只股票指数基金——先锋标普500指数基金。他指出：1970年至2005年36年间，99%的主动型基金输给标普500指数。几十年来，他一直敦促投资者投资超低成本的指数基金。约翰·伯格说："我的想法很简单，在投资中，你得到了你不用付费的东西。成本很重要。随着时间的推移，聪明的投资者将使用低成本的指数基金来构建多样化的投资组合；他们不会愚蠢到认为自己能够持续胜过市场。"[1]

虽然约翰·博格创立的指数基金在最初的五年里只获得区区几百万美元的投资，但是人们最终还是注意到了指数基金的优势。鉴于超过85%的主动基金经理在任何五年内的投资回报都无法战胜标准普尔500指数，博格需要时间来证明自己的观点。在十年内，业绩落后于股票指数的主动基金经理占比更高。更糟糕的是，大多数主动基金经理对其表现很差的研究还要收取昂

①Bogle, John.*Bogle on Mutual Funds: New Perspectives for the Intelligent Investor*.John Wiley & Sons, 2015, p.177.

贵的费用。不难理解，随着时间的推移，击败股票指数基金的主动基金经理必然越来越少。博格用他可验证的、不断扩大的记录来证明他的批评者完全错了。事实证明，试图击败市场的主动基金经理并不是好的受托人。博格的指数基金在整个 20 世纪 80 年代和 90 年代都在增长，在全球金融危机之后，增长速度不断加快。截至 2021 年年底，他的第一只指数基金的市值已超过7500 亿美元。先锋集团目前的总资产超过 7 万亿美元。指数投资在许多方面已经成为资产管理标准，而不是例外。1995 年，股票指数基金占美国股票基金市值的 5%，这一比例至 2020 年却达到 50%。

巴菲特从不给投资者提具体的投资建议，但是指数基金却是一个例外，他早在 1996 年致股东信中就指出："大部分投资者，包括机构投资者和个人投资者，迟早会发现：持有股票的最佳方式是购买成本低廉的指数基金。"此后，巴菲特多次强调超过 99% 的投资者应该购买指数基金，而不是直接购买股票或者购买主动型股票基金。巴菲特在 2017 年致股东信中说：如果要树立一座雕像，用来纪念为美国投资者作出重大贡献的人，毫无疑问应该选择约翰·博格。

为何巴菲特、芒格和伯格都认同低成本市场指数基金的投资价值呢？因为这两个显而易见的事实：（1）所有投资者作为一个整体，在不考虑交易成本的条件下，其收益率必然等于市场收益率；（2）所有投资者作为一个集体，扣除其交易成本，其收率必然低于市场收益率。结论：几乎所有的投资者的收益率都会低于市场收益率。但是，如果投资者购买指数基金，那么他们就可以避免这种可怕而又可预测的命运。市场的回报是相当可观的。巴菲特（2002）说："我们不会被骗，我遇到的骗子长得就像骗子 —— 他们总是把事情说得天花乱坠，根本不像真的。他们最擅长做这种事。"

关于"战胜市场"的实证研究，可以追溯到阿尔弗雷德·考尔斯三世（Alfred Cowles III，1891—1984）。1932 年他在考尔斯经济研究基金会的会刊《计量经济学报》的第一期，发表《股市预测者能预测吗？》一文。文章有一个简洁的介绍性摘要："值得怀疑。"他的研究结论令人震惊，虽然没有证据表明最好的时事通讯作者有技巧，但最差的人似乎有一种特殊的无能。这是投资者将反复遇到的一种模式：在金融专业人士中，最好的结果很容易用偶然性来解释，但表现最差的人似乎保持着近乎不可思议的无能。1944年他又发表《股市预测》一文，得出与之前相同的结论：投资咨询建议败给股票指数。[①] 考尔斯经过潜心调查历史数据，发现购买股票指数比听从专家的投资建议进行投资收益率更高。几十年后，大卫·德雷曼（David Dreman）在《逆向市场策略：股市成功的心理学》一书中，煞费苦心地追踪了1929年以来的市场策略专家的观点，发现他们的共识在77%的时间里是错误的。[②] 这是几乎所有"共识"或"专家"观点研究中反复出现的主题：约四分之三的时间里，它们的表现落后于市场。

2007年12月19日，巴菲特在Long Bets网站上发布"十年赌约"，以50万美金为赌注，指定Girls Inc.of Omaha这个慈善组织为受益人，若巴菲特赌赢则该组织可获得其赢得的全部赌金。他主张，2008年1月1日—2017年12月31日的十年间，如果对业绩的衡量不包含手续费、成本和费用，那么，标普500指数的表现将超过对冲基金的基金组合表现。只有Protégé Partners的联合经理人泰德·西德斯（Ted Seides）出来应战。他选择了5只"基金中的基金（FOF）"，期望能超过标准普尔500指数的业绩。结果，在约定的十年间，标普500指数基金产生了高达125.8%的累计收益，而5只基金中表现最好的对冲基金组合累计收益则为87.7%，最差的只有2.8%，指数基金完胜。

3. 市场体系

不论实业投资还是金融投资，市场思维和市场逻辑都是底层支撑。实践证明，迄今为止，在市场经济条件下，尚未发现任何力量比市场的作用更广泛、更有效率、更可持续。因此，在市场经济体制下，我们就必须尊重市场在资源配置中的主体地位和决定性作用，其他任何力量都不能代替市场的作用。市场决定资源配置的机制主要包括：价格机制、供求机制、竞争机制以

---

①Cowles, Alfred."Stock Market Forecasting." *Econometrica*, Vol.12, No.3/4, 1944, pp.206—214.

②Dreman, David.*Contrarian Investment Strategies: The Psychological Edge*.Simon and Schuster, 2012, p.15.

及激励和约束机制。市场体系的作用主要体现在，以利润为导向引导生产要素流向，以竞争为手段决定商品价格，以价格为杠杆调节供求关系，使社会总供给和总需求达到总体平衡，生产要素的价格、生产要素的投向、产品消费、利润实现、利益分配主要依靠市场交换来完成。

投资家与企业家的职能本身就是合二为一的，他们的职能都是找到市场机会，提出价值主张，创新商业模式，然后通过商业行为把商业模式和价值主张拿到市场上进行检验。完成市场检验之后，根据发现的问题和弊端对价值主张和商业模式进行修改和完善，以此类推，持续迭代创新。在资本市场中，技术分析派认为"市场永远是正确的"。虽然行为金融学揭示出很多市场参与者的非理性行为，以及由此导致的市场的非理性，但是从长期和总体来看，无论产品市场还是金融市场，还是比较有效率的。因此，投资者要真正融入市场，持续提高关于市场的场景智力，把握市场变化带来的投资机遇。现实中，不存在不懂市场的企业家，也不存在不懂市场的投资家。

在研究市场变化趋势和把握市场机遇时，可以把本书的生产四要素模型作为一种基本分析工具。"节俭原理"也可以作为预判各种创新活动将来在市场中是否有机会成功的基本依据。如果一种创新活动能够在质能、空间、时间和数据等四要素的任何一方面带来不可抗拒的"节俭"，那么它在市场中成功的概率极高；反之，如果一种创新活动没有给任何一种生产要素带来显著"节俭"，仅仅停留在现行的要素替代范式上，那么将注定其市场前景堪忧。市场变化的总趋势是：从横向看，市场趋于用相对丰裕的生产要素替代相对匮乏的生产要素；从纵向看，市场趋于用增长快的生产要素替代增长慢甚至不断枯竭的生产要素。

4. 政策体系

社会主义市场经济体制的本质特征，是把坚持社会主义制度与发展市场经济结合起来，兼顾效率和公平是社会主义的本质和优势。兼顾效率和公平，一个很重要的原因就是政府在参与资源配置过程中作用更加积极全面，更能发挥保持宏观经济稳定、弥补市场失灵、熨平经济波动的作用。政府不仅仅是充当"守夜人"的角色，而且要通过以国家发展战略和规划为导向、以财政政策和货币政策为主要手段的宏观调控体系对经济进行宏观调控。市场化改革越深化，社会主义市场经济体制越完善，越要发挥好政府在保持宏观经济稳定，加强和优化公共服务、保障公平竞争、加强市场监管、维护市场秩序、推动可持续发展、促进共同富裕、弥补市场失灵等方面的职责和作用。

中国特色社会主义事业的领导核心是中国共产党。党的宗旨是全心全意为人民服务，是否实现人民的利益和得到广大人民群众的拥护，是衡量党的路线、方针和政策是否正确的最高标准。这决定党在任何时候都把群众利益放在第一位，同群众同甘共苦，保持最密切的联系，坚持权为民所用、情为民所系、利为民所谋。创业者、企业家和投资者，生产经营和投资的底线是不能损害广大人民群众的利益。无论什么企业、什么行业，无论规模大小，凡是挤兑和绑架民生、影响社会公平正义、造成民怨沸腾之时，就是其走向衰败之日，这是由我们党的性质和我们社会主义国家的性质决定的。近几年，网络游戏、K12 教育、P2P 和房地产等行业和公司的衰落甚至崩盘事件，均验证了此道理。因此，我们在做投资决策时，除了考虑市场因素之外，务必考虑投资给广大人民群众的福祉带来的各种影响。

第七章　有容乃大

《尚书·君陈》云："必有忍，其乃有济；有容，德乃大。"意思是说，一定要忍耐，才能把事情办好；能够宽容，德行才能光大。在实践主体与实践客体之间存在一个界面，这个界面属于主体与客体交接的灰色地带。它不同于人们通常所接触和界定的主体客体化（实践）或客体主体化（认识或同化），而是主体在未来可选行动集的库存缓冲，它是一个流动的界面，具有模糊性和变易性的显著特征。这个界面在时间维度的衡量是"忍"，在空间维度的衡量是"容"。

第一节　时间之容

在嵌入"真连接"和融入"好系统"之后，在确保行动方向和操作方法正确的前提下，个人还要在时间维度上提升忍耐力。投资成功就是在正确方向上忍耐，多一份忍耐就多一份成功的希望。爱因斯坦说："耐心和恒心总会得到报酬的。"列夫·托尔斯泰说："天下勇士中，最为强大者莫过于两个——时间和耐心。"[1]《易·恒卦》云："君子以立不易方；不恒其德，或承之羞，贞吝；振恒在上，大无功也。"意思是说：君子应立身守节不改变正道；不能持久地保持自己的美德，时或受到别人的羞辱，做事会遇到困难；摇摆不定，不能坚守长久之道，但是又高高在上，终将一无所成，不会有所建树。纳瓦尔说："随着年龄和阅历的增长，我逐渐发现，只要有足够的耐心，优秀的人就会成就一番大事业。"[2]

---

①[俄] 托尔斯泰L. 战争与和平 [M]. 草婴，译. 北京：北京联合出版公司 , 2014:835.

②[美] 埃里克·乔根森. 纳瓦尔宝典：财富与幸福指南 [M]. 赵灿，译. 北京：中信出版社，2022:60.

一、坚忍不拔

投资是跨期配置资源的经济行为。经济学揭示，单位财富给人们所带来的效用，今天的大于明天的，这就是人们的财富时间偏好，它也是货币时间价值的根源。不仅如此，行为经济学进一步揭示，人们的时间偏好具有动态不一致性，也就是说，一个人在今天对明天的关心程度和他在第1000天对第1001天的关心程度是不一致的，这更增加了人们在处理时间问题上的复杂性。

毕竟每个人的生命是有时间限制的，妄想通过赚快钱实现短期暴富是投资者强烈的本能冲动。许多人在做决策时满脑子都是今天、本周或者本月能否赚到钱的妄念，经常不屑于考虑十年后乃至三十年后的投资结果。因此，不难理解，为什么A股自1990年有记录以来投资者平均持股期限仅为3.73个月，美股投资者平均持股期限仅8个月。常识告诉我们，收获一季庄稼通常需要等待半年，收获一季树上的水果（如苹果、桃子、荔枝、龙眼）需要等待一整年，难道投资收获周期真的可以缩短到几个月甚至几天吗？

大家都熟悉拔苗助长的寓言故事，它出自《孟子·公孙丑上》。文献记载："宋人有悯其苗之不长而揠之者，芒芒然归，谓其人曰：'今日病矣，予助苗长矣。'其子趋而往视之，苗则槁矣。天下之不助苗长者寡矣。以为无益而舍之者，不耘苗者也。助之长者，揠苗者也，非徒无益，而又害之。"事实上，人类在时间维度上的不忍耐行为往往会造成"拔苗助长"恶果。

柏拉图说：耐心是一切聪明才智的基础。法国思想家蒙田说："构成精明的因素颇多，唯耐心足矣。"[①] 所谓的耐心，就是甘于把时间投入简单、枯燥但是最终会意义非凡的重复当中去，耐心在本质上就是时间投入。格雷厄姆（1949）说："等待一年之后股票会上涨的这一想法，是不会被投机者接受的。然而，这样一种等待期对投资者来说算不了什么。"[②] 投资成功不容易，并不是

---

①[法]蒙田.蒙田随笔全集（上中下卷)[M].潘丽珍，王论跃，丁步洲，等译.上海：译林出版社，2021:561.

②[美]格雷厄姆B.聪明的投资者（原本第4版)[M].王中华，黄一义，译.北京：人民邮电出版社，2011:126.

因为它很复杂，而是因为它需要耐心和毅力。2000年，亚马逊创始人杰夫·贝佐斯专门打电话向巴菲特请教：你的投资体系这么简单，为什么你是全世界第二富有的人，别人却不和你做一样的事情？巴菲特回答说：因为没人愿意慢慢地变富。巴菲特（2014）说："查理和我一直都知道我们会有很多钱，但是我们不急于求成。即使你是一个稍微好一点的收入大于支出的普通投资者，历经一生最终也会很有钱，只要你有耐心。"可见，耐心对成功投资至关重要。柯立芝（Calvin Coolidge）说："这个世界上没有什么东西能够取代坚持。才智不能取代它：没有什么事情比怀才不遇更司空见惯了。天才不能够取代它：成功不属于天才几乎是一个真理。教育不能够取代它：世上到处都是受过教育而又被遗弃的人。只有坚持和决心是无所不能的。"[①]

其实，投资成功并不需要愚公移山式的决心和坚持，在一定程度上只需要切实可行的坚持就可以了。以价值投资为例，通常它要求的时间界限略大于五年即可，也就是说只要有足以拒绝没有耐心的投资者进行套利的门槛就可以了。试想，如果有一种时时处处都稳赚的投资方法，那么它一定会因为被套利而彻底失效。因此，乔尔·格林布拉特（Joel Greenblatt）说：第一，价值投资是有用的；第二，价值投资不是每年都有用；第二点是第一点的保证。[②] 也就是说，正因为价值投资不是每年都有用，所以它长期才是有用的；如果它每年都有用，未来就不可能继续有用。在进行价值投资时，延长时间界限和提高忍耐力是获取高回报和降低风险的基本策略。

二、守正待时

其实"等待"是人生进取中不可或缺的行为。南宋理学家吕祖谦曾说："大抵天下之事，若能款曲停待，终是少错。"《孙子兵法》云："昔之善战者，先为不可胜，以待敌之可胜。不可胜在己，可胜在敌。故善战者，能为不可胜，不能使敌之可胜。"意思是说，要打败敌人，不能光靠自己，还得靠敌人帮助；

---

① 参见：http://www.quotes-inspirational.com/quotes/coolidge/.

②Greenblatt, Joel.*The Little Book That Beats the Market*.John Wiley & Sons, Inc., 2006, pp.75—76.

敌人不犯错误，不好办，一旦犯错误，千万别错过；这个机会，在敌不在我。可见，克敌制胜的关键一环是"待"，即"以待敌之可胜"。

目标明确、计划清晰、准备充分是等待的应有之义，否则就是无所事事或碌碌无为而不是等待。所谓守正待时，就是强调在等待过程中目标明确、立场坚定、原则清晰，以区别于无所事事或碌碌无为。《庄子》曰："不困在早图，不穷在早预。非所宜言勿言，以避其患。非所宜为勿为，以避其危。非所宜取勿取，以避其咎。非所宜争勿争，以避其声。"（《庄子·齐物论》）意思是：要想不陷于困境，就须要早有谋划；要想不落入穷途，就须要预先准备；不是所当说的就不说，以避免招来祸患；不是所当做的就不做，以避免引来危险；不是所当取的就不取，以避免留下罪愆；不是所当争的就不争，以避免坏了名声。《中庸》云："凡事预则立，不预则废。"

《荀子》曰："先事虑事，先患虑患。先事虑事谓之接，接则事优成；先患虑患谓之预，预则祸不生。事至而后虑者谓之后，后则事不举；患至而后虑者谓之困，困则祸不可御。"（《荀子·大略》）意思是说：在事情发生之前应考虑到，在祸患发生之前就应意识到；在事情发生之前考虑到叫作迅速，迅速就会圆满完成；在祸患发生之前就意识到叫作预防，预防及时则祸患就不会发生。事情发生了然后才考虑就叫作落后，落后了事情就完不成；祸患发生了然后才意识到叫作困窘，困窘了那么祸患就不可防御。

常言道"君子报仇十年不晚"，说的是一个人要能忍耐，只要善于等待时机，即便等待十年也不算晚。现代社会，随着变化节奏加快，机会降临的节奏也在变快，在有充分准备的前提下通常不需要等待十年，往往等待两三年就能够遇到梦寐以求的重大机会。以沪深300指数（399300）的安全边际[1]所指示的投资机会为例，2007年12月底安全边际为-2.25，意味着1元钱的东西被市场标高到3.25元，市场处于过度亢奋状态，理性投资者此时肯定不会参与股票投资，但是安全边际提高到值得购买的水平需要等多久呢？事实上，2008年10月底，安全边际就提升至0.29，意味着1元钱的东西，市场已经

---

[1] 关于安全边际的详细计算方法，请参考本书第八章《见几而作》。

甩卖到 0.71 元，距离 2007 年 12 月底不到 1 年时间。可能有人又怀疑，2008 年全球金融危机已经蔓延开来，不知何时才是危机的尽头，即使安全边际为 0.29，此时买股票，不知要等待多久股票市场才能够止跌回升，恢复到正常状态。岂不知，2009 年 7 月底，沪深 300 指数不仅上涨了而且上涨又过度了，安全边际为 -0.21，即 1 元钱的东西抬高到 1.21 元，这距离 2008 年 10 月底仅仅 9 个月而已。

当然，人们又会说，2007—2009 年中国股票市场不成熟，其实这种看法也有一定道理。2011 年 12 月底，沪深 300 的安全边际为 0.30，意味着 7 角钱买 1 元钱东西的机会到了，但是投资者还是不知道中国股票市场的慢慢熊途拖延到何时才会结束。事实上，到 2014 年 12 月底，沪深 300 的安全边际为 -0.27，意味着 1 元的东西已经标高到 1.27 元，前后也就三年时间而已。接着是 2015 年的股灾，安全边际在市场的顶部（2015 年 5 月底）为 -0.66，接着到 2018 年底上升至 0.25，在这三年期间，市场泡沫不断被释放。接着，2021 年 1 月底，安全边际又降低到 -0.19。这两年多时间内股价在不断上涨。然后，2022 年 9 月底，安全边际又提高到 0.24，意味着 1 元钱的东西，又甩卖到 0.76 元的价格。尽管现代社会重大机会出现的时间间隔已经缩短到 3 年左右，但是人们的忍耐能力下降的幅度更是令人痛心，很多人连等待 3 个月的耐心也没有了，对他们来说，等待 3 年时间根本不值得考虑。因此，很多人根本没有能力等到机会的垂青，他们在机会降临之前已经改变主意很多次了。对这些没有耐心等待的人来说，再多的机遇也仅仅是与他们擦肩而过而已，因为他们根本没有足够的耐心抓住任何机遇。

三、《需卦》易理

周易中专门论述等待的卦是《需》，它在六十四卦中排列第五，卦体是"乾下坎上"，坎为水，乾为天，水天需。"需"字本义为等待，引申有"需要""索取""求取"等含义。需卦的取象比较复杂，由于人们很难弄懂它的复杂取象，迄今仍见仁见智。众所周知，《易》的基本单位是"卦"，而卦的要素包括卦名、卦符、卦象、卦辞。每一卦的各要素之间相互补充、相互联系，组成完整有机的统一体。如果对一个卦的解释结果像梦游一般支离破碎、几个要素之间互不相关甚至相互矛盾，那意味着解卦人没有读懂此卦。虽然每一卦都是"天书"，允许有不同的解释，这也是《易》的魅力和生命之所在，但是一个卦在同一个解释框架之内，它的各要素之间必须相互支撑和相互印证。《需》的卦象是"天上云在飘，前面河在流"，它怎么就蕴含着等待的意思呢？《序卦》云："物稚不可不养也，故受之以《需》；需者，饮食之道也。"这又是怎么回事呢？演化心理学认为，现在人类的各种社会和心理特征早从农业时代之前就已经开始形塑，想要理解许多社会文化和社会心理背后的原因，就需要深入研究狩猎采集者的世界，因为那个世界其实现在还牢牢记在我们的潜意识里。

图7-1 水天需卦

《需·大象》云："云上于天，需，君子以饮食宴乐。"这是由雨之润物引申到食之润身，因此也就将"需"界定为"需要"。需要是主体为了特定目的而产生的对它物（资源）的追求。"需要"因物我之分而产生，表现为目的与现实的差距，又因物我之合而消失，表现为目的与现实的趋同。这说明，等待不是空洞抽象的，等待的客体是有价值（能够满足主体需要）的对象；等待也不是无限期、没有时间尽头的，等待随着客体出现和主体需要得到满足而结束。

西方哲学之父、古希腊哲学家泰勒斯认为"水是万物之源"。《老子》曰："上善若水。水善利万物而不争，处众人之所恶。故几于道。"现代科学揭示，水是地球上所有有机体的内部介质，是生命物质的基本组成成分，通常占60%～80%；水是有机体生命活动的基础，生物新陈代谢及各种物质的输送必须在水溶液中进行；水作为外部介质，它是水生生物获得资源和栖息地的场所，陆地上水量的多少又影响到陆生生物的生长与分布。人类历史揭示：农业革命是人科动物成为真正的人类之后所取得的第一项重大成就，它使古代大河流域文明在底格里斯河和幼发拉底河流域、尼罗河流域、印度河流域以及黄河流域发展起来。历史上，中国是一个农耕文化为主体的民族，古人对"水"的渴望胜过其他。《管子》曰："凡立国都，非于大山之下，必于广川之上。"(《管子·乘马》)因此，《需》描绘的"天上云在飘，前面河在流"的场景是中国古代农耕社会的一个基本生产生活情景，也是一个桃花源式的理想生活景象。

因此，人们不难把"天上云在飘，前面河在流"的场景与人类文明建立起逻辑联系。在人类发展历史中，有河流贯穿的冲积平原既有利于农业生产，又有利于水运交通，经济社会发展到一定程度必然沿着河流出现城市。亚里士多德说："城市的建立是为了生活，为了能过上好的生活。"当然，城市随着社会分工的产生而产生，并且城市的产生和发展又进一步促进了社会分工，文明也随之进一步发展。人类学者指出了古代文明的一些特征，包括：城市中心、以国家为形式的政治权威、纳贡或税收、文字、社会分为阶级或等级、纪念性的建筑物、各种专门的艺术和科学，等等。但是，关于地表上的河流和大气层之间的水循环问题，迄今人类对其直接控制能力依然很微弱，即使在今天，人们对降雨等自然现象，除了等待之外，仍然无能为力，3000多年前的先民更是如此。其实，先秦时期的屈原在《天问》中就明确提出："东流不溢，孰知其故……萍号起雨，何以兴之？"降雨既是人类生产生活所需要的基本场景，又是不能直接控制的场景，甚至迄今我们在预报天气方面还不能做到百分之百准确（仅是一个概率问题），在会不会降雨、何时降雨、何时雨过天晴等方面，也只能耐心等待。

需卦启示：人们会产生各种各样的需要，正是这种需要促进了人类的进步和社会的发展，但也正是这种需要带来了许多烦恼和危机。那么，当我们有需要时，应该注意些什么？又该如何正确地对待需要呢？其实，很多有价值的东西包括机遇在内，都属于风云际会的场景，在它们出现之前，人们只能像等待云在天上凝结为雨那样耐心等待。此外，水多则为灾为患，消除水患和迎接雨过天晴也需要一个等待过程。另外，需要（欲望）像水一样，"水能载舟亦能覆舟"，需要的水平越高，满足需要的代价也就越大，付出的时间（包括等待的时间）和精力也就越多，其中蕴含的风险也越大。因此，一个人在管理和控制自己的欲望时，等待是一种基本策略，也是一种信念和诚实。宋代项安世说："需非终不进也。抱实而遇险，有待而后进也。"[1]明代林希元说："凡人作事，皆责成于目前，期间多有阻碍而目前不可成者，其势不容于不待。然不容不待者，其心多非所乐。其待也，未必出于中诚，不免于急迫觊望之意，如此则怀抱不开，胸中许多暗昧抑塞，而不光明豁达，故圣人特发有孚之义。盖遇事势之未可为，即安于义命，从容以待机会，而不切切焉以厚觊望，则其待也，出于真实而非虚假矣，如此则心逸日休，胸襟洒落而无滞碍，不亦光明豁达乎？然使心安于需而事或未出于正，则将来亦未必可成，必也所需之事，皆出于正，而无行险侥幸之为，则功深而效得，时动而事起，向者之所需，而今皆就绪矣，故吉。"[2]《杂卦》云："需，不进也。"《杂卦》实乃强调不可躁进，须积蓄力量，审时度势，顺时而进。

第二节　空间之容

尼采说：毒害年轻人最好的方法，就是让他们尊重和自己想法一样的人，而不是去尊重和自己意见相左的人。《同人卦》揭示：同人于宗，不若于门，于宗吝道，于门无咎；同人于门，不若于郊，于门无咎，于郊无悔；同人于郊，不若于野，于郊无悔，于野道亨。然而，自以为是和党同伐异是人类非常顽固的心理倾向。约翰·肯尼斯·加尔布雷斯（1965）说："当面临要么改变想法、要么证明无需这么做的选择时，绝大多数人都会忙于寻找证据。"[3]

①[清] 李光地. 周易折中 [M]. 成都：四川出版集团巴蜀书社, 2014:122—128.

② 同上。

③ 参考：https://quoteinvestigator.com/2018/05/17/change-view/

一、给自己机会

斯坦福大学著名心理学教授德韦克（Carol S.Dweck, 2008）在其著作《心态：成功的新心理学》(*Mindset: The New Psychology of Success*)提出，归根结底心态不同决定了成败，成功者是成长型心态，而失败者是固定型心态。固定型心态的人，习惯于给自己设限；成长型心态的人，总是抱着试一试的心理；固定型心态的人，总把失败原因归于外界；成长型心态的人，总能含笑和挫折过招；固定型心态的人，喜欢纠缠不值得的烂事；成长型心态的人，只专注于自己的目标。一言以蔽之，成长型心态者，认为万事万物通过自己的参与都可以改变。因此，心智也在不断迭代强化，从而造就非凡人生。而固定型心态者，认为可控因素少得可怜，自己不过是洪流中的一片树叶。因此，心智在年纪尚轻就停止发育，一直守至终老，才与身体一起埋藏。

《荀子》曰："自知者不怨人，知命者不怨天，怨人者穷，怨天者无志。失之己，反之人，岂不迂乎哉！"(《荀子·荣辱》)通常，越是有自知之明的人，越可能取得大的成功；缺乏自知之明的人，即使事业上有所收获，也只是小胜即止，难以有大的建树。德韦克（2017）说："事实上，研究表明，人们很难估计自己的能力。人们大大低估了自己的表现和能力。但几乎所有的错误都是由那些固定型心态的人造成的。具有成长型心态的人对自己的认识非常准确。当你仔细考虑它时，这是有道理的。如果，像那些具有成长型心态的人一样，你相信自己可以发展，那么你就可以接受关于你当前能力的准确信息，即使这并不令人满意。更重要的是，如果你是以学习为导向的，那么你需要准确地了解你当前的能力，以便有效地学习。然而，如果一切都是关于你宝贵特质的好消息或坏消息，就像固定型心态的人一样，人们的扭曲几乎不可避免地会出现。有些结果被放大了，有些被解释掉了，在你知道之前，你根本不了解自己。"[1]

---

[1]Dweck, Carol.*Mindset: Change the Way You Think to Fulfill Your Potential*.Hachette UK, 2017, p.20.

给自己机会必须从不重要的事中解放出来。根据价值投资逆向思维的原则，给自己机会就不能在无意义的琐事上浪费太多宝贵时间和生命能量。吴军（2022）总结出对人生成功不太重要的九件事情，并建议把它们从自己的关注或花钱的清单中删掉，分别是：服装和购物、饮食、八卦、社交媒体、新闻资讯、别人对自己的看法、过度思考和总想让自己正确、买东西时花过多时间去挑选、对明天的担心。如果要再补充下去，那就是嫉妒和借口。①

给自己机会必须在重要的事情上投入大量时间。现实中，重大突破往往来源于诸多不同学科的交叉性研究，这往往需要古今中外各行各业的经验和知识的浇灌。查理·芒格说：真正的重大效应、好上加好的效应，往往只会来自多个因素的大联合。② 投资者需要持续学习，他人、企业、行业、书本等都是投资者学习的对象。投资者需要摒弃"铁锤人"心态，广泛阅读和深入思考，尤其是对长期重要课题的深度阅读与前瞻性思考。具备成长型心态的人才会密切关注能够拓展他们知识的信息，对他们来说学习和成长才是第一要务。《中庸》云："人一能之，己百之；人十能之，己千之。果能此道矣，虽愚必明，虽柔必强。"

二、给别人机会

由于人性的复杂，一旦涉及如何处理社会上人与人之间的关系时，情况必然也变得十分复杂，很难在实践意义上做到有效的简化处理。即使是圣人在处理这类问题时，也仅仅能够做到确保自己无害于社会而已，根本无法要求别人什么。当子贡向孔子请教有没有一个字是可以终身奉行的时候，孔子答曰："其恕乎！己所不欲，勿施于人。"（《论语·卫灵公》）注意，孔子对"恕"的解释也只是确保自己无害于社会而已，即"己所不欲，勿施于人"。孟子曰："万物皆备于我矣。反身而诚，乐莫大焉。强恕而行，求仁莫近焉。"意思是：所有事情对我来说都已经具备了；就是让我扪心自问，我也觉得自己是忠诚

---

① 吴军. 软能力 [M]. 北京：新星出版社，2022:228—235.
②[美] 考夫曼 P. 穷查理宝典：查理·芒格智慧箴言录 [M]. 李继宏，译. 北京：中信出版社，2019:487.

可靠的，没有什么事情能够比这件事情更让人快乐的了；按照每件事都要推己及人的恕道去做的话，那么，获得仁德的道路就没有比这个更接近的了。关于如何正确对待别人，在《论语·宪问》中，孔子给出"以直报怨，以德报德"的直白答案。文献记载，或曰："以德报怨，何如？"子曰："何以报德？以直报怨，以德报德。"（《论语·宪问》）孔子提供的这种"以牙还牙"策略被现代博弈论证明是无限期重复囚徒困境博弈的最优策略。

战国时期尸佼曰："恕者，以身为度者也。己所不欲，毋加诸人。恶诸人，则去诸己；欲诸人，则求诸己。此恕也。农夫之耨，去害苗者也；贤者之治，去害义者也。虑之无益于义而虑之，此心之秽也；道之无益于义而道之，此言之秽也；为之无益于义而为之，此行之秽也。虑中义，则智为上；言中义，则言为师；事中义，则行为法。射不善而欲教人，人不学也；行不修而欲谈人，人不听也。"（《尸子·恕》）这里，尸佼以"身"（自己）为起点、以"义"为准则，来考察人们的思想言行。

根据"以牙还牙"的直道博弈策略的推演，对于不可靠的人不能给他第二次机会，吴军（2022）认为这是人一辈子提高效率的最重要的战略之一。[①]从投资者的角度很容易理解这个战略的实践意义：要想过好一生，我们其实不需要识别出一辈子遇到的人中的所有的好人，只要找到几个真正的好人就可以了，这个道理与股票投资一模一样——我们不需要识别出五千多家上市公司中的所有好公司，只要我们能够识别出其中的几家真正的好公司就可以了。吴军（2022）认为，不必因自己没有给不靠谱的人第二次机会而有负罪感，因为那些没有从你这里得到第二次机会的人并不会因为你没有选择他们就变得悲惨，他们有自己的人生，也许这次错过会给他们带去新的缘分，甚至反倒让他们遇见自己生命中的贵人。对有的人来说，你不给他第二次机会，他反而会变得更好；你给他 N 次机会，他反而不思改变，总等着第"N+1"次机会。何况，我们都是平凡人，没能力拯救每一个人，与其把时间和情感花在那些不确定的人身上，还不如用心把身边的好人照顾好，跟他们培养更深的感情，

---

① 吴军. 软能力 [M]. 北京：新星出版社，2022:213.

这样我们交往的效果和效率就提高了。

辩证地看，不给不靠谱的人第二次机会，就是给好人预留更多的机会，也是给自己更多的机会。即使像孔子这样的圣贤，其时间和精力也是很有限的，也必须考虑自己的时间成本。《论语·宪问》记载孔子骂原壤的故事，孔子一边痛骂他"幼而不孙弟，长而无述焉，老而不死，是为贼"，一边以杖叩其胫。投资的精髓在于把核心资源押在确定程度高且有价值的事情上，而不是去侥幸赌什么无价值的小概率事件。《中庸》云："故君子居易以俟命，小人行险以徼幸。"钱钟书说："不必花些不明不白的钱，找些不三不四的人，说些不痛不痒的话。"[①]

三、警惕偏见入心

思考是件累人、痛苦的事，选择一种简单的、既定的、低能量的思维模式去判断和应对，是大脑的本能选择。如果不警惕，久而久之，偏见就会像杂草那样在一个人的心中疯长。有个故事说，有个人丢了一把斧子，他怀疑是他的邻居家的儿子偷去了，他看到那人走路的样子，像是偷斧子的；看那人脸上的神色，像是偷斧子的；听他的言谈话语，像是偷斧子的；一举一动，没有一样不像是偷斧子的人。不久，他挖掘山沟时却找到了自己的斧子。之后有一天又看见他邻居的儿子，就觉得他的行为、表情、动作，都不像偷斧子的人。人的心理有个倾向，在先入为主地树立一个观点之后，接下来看到的一切都是为巩固这个观点而服务。在《疑邻盗斧》故事里，主人公首先认定是邻居偷了斧子，随后便把后面看到的一切都认为是小偷的行为。偏见的害处非常明显，它会蒙蔽人的理性，让人目光短浅、心胸狭窄、决策错误、怨天尤人、作茧自缚。偏见，是一剂固化偏激的药，既毒害他人又伤害自己。

如何警惕和克服偏见入心呢？这里可以借鉴综卦的原理进行换位思考。所谓综卦，就是把原卦作旋转180°得到的卦，综卦与原卦之间是地位互换，意味着站在对方的立场、从对方的角度来看问题，通过换位思考来看待一件

---

① 徐泓. 钱钟书与杨绛埋首书斋淡泊名利 [J]. 工会信息，2016（05）：24-25.

事物。俗话说，人生不如意之事十有八九。根据这种"不如意规律"，可以打造各种场景来逼迫自己克服偏见。越是鄙视或痛恨某类职业，将来你越有可能从事这类职业，你该怎么办？越是不喜欢或仇视某一类型的人，将来你越有可能遇到这种类型的人作为上司，你该怎么办？越是讨厌某一门课程，将来你越有可能靠这一门课程的技艺工作一辈子，你该怎么办？越是轻视或厌恶某个地方，将来你越有可能在那个地方成家立业并终身到老，你该怎么办？想通并处理好了类似的问题，必然会警惕偏见入心，久而久之也能够提升自己的外缘，感悟到"一切都是最好的安排"的美妙。

第八章　见几而作

《易·系辞下》云："几者，动之微，吉之先见者也。君子见几而作，不俟终日。"孔颖达说："几是离无入有，在有无之际，故云动之微也。若事动之后乃成为吉，此几在吉之先，豫前已见，故云吉之先见者也。此直云吉不云凶者，凡豫前知几，皆向吉而背凶，违凶而就吉，无复有凶，故特云吉也。"[①] 这里，"几"既不同于纯粹的可能性，也不同于已完成的现实，而是表现为可能向现实转换的最初形态。可能向现实的转化，既基于内在的根据，也取决于多方面的条件，这些条件何时形成、如何形成，则往往事先难以预定。但是，在把握事物初显的端倪之后，可以由此推知其未来的发展趋向。张载说："学必知几造微，知微之显，知风之自，知远之近，可以入德，由微则遂能知其显，由末即至于本，皆知微知彰知柔知刚之道也。"[②]"几"作为可能向现实发展的初始形态，同时展示了其正面或负面的价值，在"知几"的同时，应当使具有积极或正面价值的发展趋向化为现实。张载说："君子见几而作，不俟终日，苟见其几，则时处置不欲过，何俟终日？几者，动之微，吉之先见。特言吉者，事则直须求向吉也。"

第一节　极数明理

中国哲学有个概念叫"数"，如天数、定数。《易传》云："极数知来之谓占，通变之谓事。极其数，遂定天下之象。"《易经》中的"数"，本身就包含着普遍必然性，故可"定天下之象"。所谓"极数知来"，也就是通过从本质层面把握"数"，以预料未来。"极数"与"通变"的联系，则体现洞悉实物的变迁、

---

① [魏] 王弼，[晋] 韩康伯，[唐] 孔颖达.周易正义 [M].北京：中国致公出版社，2009:194.
② [宋] 张载.张载集 [M].北京：中华书局，1978: 209—210.

变异趋势与把握必然规律的统一。包括金融投资、实业投资、人力资本投资和 ESG 投资在内的广义投资均存在相通之理和相通之数。本节以金融投资中的股票指数投资为例，抛砖引玉，以演示"极数知来"的底层逻辑。

一、股票指数基金

股票指数基金是金融市场中一项伟大创新。伯格（John Bogle）是指数基金之父，1975 年他创建世界第一只股票指数基金，即先锋标准普尔 500 指数基金。他指出：在 1970—2005 年的 36 年期间内，99% 的主动型基金输给标准普尔 500 指数。几十年来，他一直敦促投资者投资成本低廉的指数基金。巴菲特从不给投资者提具体的投资建议，但是指数基金却是一个例外，他早在 1996 年致股东信中就指出："大部分投资者，包括机构投资者和个人投资者，迟早会发现：持有股票的最佳方式是购买成本低廉的指数基金。"此后，巴菲特又多次强调超过 99% 的投资者应该购买指数基金，而不是直接购买股票或者购买主动型股票基金。为了证实自己观点的正确性，2007 年 12 月 19日，巴菲特在 Long Bets 网站上发布"十年赌约"，以 50 万美元为赌注，主张：2008 年 1 月 1 日—2017 年 12 月 31 日的十年间，如果对业绩的衡量不包含手续费、成本和费用，那么，标准普尔 500 指数的表现将超过对冲基金的基金组合，结果巴菲特完胜。巴菲特在 2017 年致股东信中说：如果要树立一座雕像，用来纪念为美国投资者作出重大贡献的人，毫无疑问应该选择约翰·博格。

为什么只要相信和选择股票指数基金，就能够长期战胜绝大多数投资者呢？主要原因有四：（1）避免选股错误，指数成分公司是经过严格筛选的好公司，定期更替的个别成分公司也是按照严格的标准进行的，因此指数基金避免投资者择股方面的非理性；（2）指数基金公开透明，交易成本和管理费用可以降到最低；（3）指数基金的纪律打消投资者自己管理投资组合时伴随的择时妄念，避免非理性择时行为带来的错误；（4）股票指数随着时间推移具有自我优化功能，表现为绩效差不符合标准的成分股被剔除，而符合标准的优质非成分股票被纳入指数。难怪巴菲特说："通过定期投资指数基金，'一无所知'

的投资者实际上可以超越大多数投资专业人士。股票投资的悖论是，当傻钱领悟到自身的局限性之后，就再也不傻了。"[①]

二、西格尔常量

美国沃顿商学院的西格尔（Jeremy J.Siegel），对 1802 年以来美国资本市场的历史数据进行大量的研究，发现：过去 200 多年，股票、债券、票据、黄金、美元等五类投资工具，在剔除通货膨胀之后，股票的实际年均收益率长期稳定在 7% 左右，其他资产的收益率都无法达到这个水平。这一重大发现，受到投资界的广泛认可，从而也成为长期投资最有说服力的依据。因此，它被称为"西格尔常量"。进一步研究表明，股票在金融资产中的巨大优势，不限于美国市场，在全球其他 16 个主要国家的资本市场历史统计中也得到了验证。根据《乐观主义者的胜利：101 年全球投资回报》，在 1900—2000 年的 100 年间，16 个发达国家的股票市场的年均收益率，尽管实际收益率在 2.5% ~ 7.6% 之间，但是名义收益率在 7.6% ~ 12.5% 之间，且在国别分布上具有更高的趋同性。

根据博迪等（Zvi Bodie et al,2022）《投资学精要（第 12 版）》的研究，在 1927—2018 年期间，美国股票的年均名义收益率为 11.72%，短期国库券的年均名义收益率为 3.38%，长期国债的年均名义收益率为 5.83%，相对于短期国库券（无风险证券），股票的风险溢价为 8.34%，长期国债的风险溢价 2.45%。根据巴菲特《2021 年致股东信》，1964—2021 年间，标准普尔 500 指数包含股息的年均复合收益率为 10.5%，其间的总回报为 30,209%。

目前各国均实行信用货币制度，金融资产也都采用信用货币进行报价和核算收益率，因此名义收益率在现实中应用得更加广泛。众所周知，根据费雪公式，名义收益率 = 实际收益率 + 通货膨胀率。西格尔常量所揭示的长期内股票投资的年均实际收益率为 7% 左右。从长期看，各国的年均通货膨胀率会主动地盯住一个目标区间，在实行通货膨胀目标制的国家更是如此。根据

---

①[美]格里芬 T. 查理·芒格的原则 [M].黄延峰，译.北京：中信出版社,2017:13.

主要国家的历史统计和理论研究，年均通货膨胀率维持在 3% 左右对经济发展比较有利，偏高和偏低都会干扰经济社会正常运行。因此，长期股票投资的年均名义收益率约为 10%。这个年均 10% 的收益率，构成我们在信用货币制度下进行股票投资决策的机会成本，也是评估一定时期的股票市场冷热的内在基准。

三、长期视野框架

北宋文学家王安石在《登飞来峰》中写道："不畏浮云遮望眼，自缘身在最高层。"值得强调的是，长期视野框架才是投资者观察资本市场的绝佳视角，是在资本市场破浪前行的北斗导航系统。张磊（2020）说："长期主义不仅仅是投资人应该遵循的内心法则，而且可以成为重新看待这个世界的绝佳视角。于个人而言，长期主义是一种清醒，帮助人们建立理性的认知框架，不受短期诱惑和繁杂噪声的影响。"[1] 如果投资者忽略长期视野框架，那么华尔街的谶言"市场保持非理性的时间长于人们保持不破产的时间"就会发生在他身上。

长期视野框架具有调节器功能和复利杠杆功能。调节器功能是指时间框架所具有的能够让投资者在认识和实践上摆脱随机性的愚弄、看清和把握股票市场确定性的长期趋势的功能。随着时间框架的延长，股票市场长期上涨的趋势将清晰地凸显出来，市场年均投资收益率将变得确定和稳定，波动率和亏本的可能性也将急剧降低乃至最后下降到可以忽略不计的水平。时间长度对积累终值具有复利杠杆功能。复利效应取决于两个要素，即收益率和时间长度。72 法则的原理揭示：两个要素对积累终值都具有杠杆效应。在收益率保持不变的条件下，延长积累期限能够以收益率的速度增加积累终值；在时间期限保持不变的条件下，提高收益率能够以时间期限的幅度增加积累终值。

---

[1] 张磊. 价值：我对投资的思考 [M]. 杭州：浙江教育出版社, 2020:4.

第二节　擒贼擒王

投资机会的识别必须有一个逻辑严谨的体系做支撑，否则投资者将会在关键时刻失去信念，导致功亏一篑，沦为股票市场的牺牲品。本节以定期定额投资（定投）策略和股票指数基金的长期年均收益率为基础，推导出衡量股票指数冷热的动态安全边际（dynamic margin of safety，简写为 dms）指标。

一、指数基金定投

巴菲特说：通过定投指数基金，一个什么都不懂的业余投资者，往往能够战胜大部分专业投资者。定投，顾名思义就是定期定额将资金投入标的资产的一种投资方法。定投策略又称为成本平均法，不管标的资产的价格如何，每次都投资相同的金额，它是一种自动市场择时机制，自动实现低价多买高价少买，消除了对积极的市场择时需要。定投也是一种降低风险的方法，它让投资者在时间上进行分散化。股票指数基金是一种费率低廉、清晰透明的投资工具，它充分消除了股票投资的非系统风险。因此，股票指数基金是搭配定投策略的最理想标的资产。股票指数基金定投同时兼顾了风险的横向分散和纵向分散，长期而言能够有效地帮助投资者抵御通货膨胀，是进行财富管理的较好方式。

实证研究显示，从长周期来看，无论是定投频率还是定投时点，对于定投收益率都没有显著的影响。无论哪种频率（周频、双周频、月频和季频）的定投，对于最终的收益率并没有显著影响。无论是选择几号或星期几进行定投，对最终的收益率影响均不显著。

在逻辑上，指数基金是投资者能够源源不断地享受到的地球上客观存在的唯一免费午餐。在人类经济社会实践中，只有在资本市场上投资指数基金，投资者不再需要付出其他方面的任何代价，从统计学角度看，就能够排在中

位数上，战胜 50% 的市场参与者。从实际投资结果看，由于指数基金的独特
优势，投资指数基金在长期内可以战胜多数主动策略的投资，准确地讲能够
战胜 99% 的市场参与者。这种无为策略带来的奇迹只有在资本市场上才能确
定性地存在，而在其他领域是不能够确定性地存在的。所以，从一定意义上讲，
这是地球上真实存在的仅有的免费午餐。再加上定投在时间上分散投资风险
和摊低购买成本的独特优势，从长期和全局来看，指数基金定投的年均内部
收益率（IRR）至少为股票指数的长期收益率（10%）。

二、定投的价值框

我们可以把定投策略下有规律的支出流看作一支年金。如上所述，从长
期和全局来看，股票指数基金定投的年均内部收益率至少为 10%。因此，我们
可以用年收益率 10% 来测算定投所对应的年金在每个考察时点的终值，并称
之为定投的价值框，简写为 V。相应地，把定投在每个考察时点的市值记为 Q。

可以证明，Q 不恒等于 V。如果 Q 恒等于 V，那么就存在无风险套利的
机会。因为 V 对应的现金流的年收益率（IRR）为确定的 10%。如果 Q 恒等于 V，
那么也意味着每笔定投资金的年收益率为确定的 10%，而确定的年收益率 10%
明显高于长期国债、银行存款甚至银行贷款的年收益率，在这种情况下就可
以进行无风险套利，即只要在做多股票指数基金的同时做空长期国债、银行
存款或银行贷款，就可以稳定赚取确定的利差。根据金融的无套利原则，这
种明显的套利机会不可能在金融市场上长久地确定性地存在。因此，Q 不能
恒等于 V。

推论：资本市场不存在可持续的、确定（无波动）的高收益策略。借此
推论，我们很容易识别出麦道夫式的骗局。麦道夫声称其管理的投资组合月
收益率至少为 1%，如果有人真能够把投资做到这个确定的高收益率水平，他
根本没必要接受任何客户的一分钱，直接以自己的名义去银行借款，然后利
用银行借款以自己的名义进行投资才是实现财富最大化的最优策略。当然，
麦道夫式的骗子会狡辩说自己是出于利他动机才凭"高超技艺"帮助客户积
累财富的。其实，这个谎言也很容易被证伪，如果一个人真这样"身怀绝技"，

用套利积累起的财富的一部分做去慈善，岂不是更能够直接造福社会和扬名立万。

　　只要 Q 不恒等于 V，那么就意味着两种场景：要么 Q<V，要么 Q>V。当 Q<<V 时，在逻辑上，这意味着此时的股票指数被低估了，原因是：如此稳健的投资策略，年收益率却远远低于 10%，显然是市场出错了，准确地说，此时的股票市场被低估了。相反，当 Q>>V 时，意味着此时股票指数被高估了，原因是：这么简单的投资策略，年收益率却远远高于 10%，肯定是市场出错了，即股票市场被高估了，这种泡沫不可持续，股票指数必然下跌。

三、动态安全边际

　　安全边际是指一项资产的内在价值与市场报价之间的顺差。在测试股票指数时，我们用股票指数基金定投三年的价值框 V 作为内在价值，用自考察日起向以前倒推三年的股票指数基金定投的市值 Q 作为市场报价，动态安全边际（dms）的计算公式为：$dms = \dfrac{V-Q}{V} = 1 - \dfrac{Q}{V}$。因为定投的频率对投资绩效没有显著影响，所以，我们在测试时可以设定每月一次或每季度一次。

　　如果按月份进行定投测试，设考察日（t）股票指数基金的收盘价为 C_t，那么：

$$Q_{月度} = C_t \times \left(\sum_{i=0}^{35} \frac{1}{C_{t-i}} \right)$$

$$V_{月度} = \sum_{j=1}^{36} \left(1 + \frac{0.1}{12} \right)^j = 41.78$$

dms = $1 - Q_{月度} / 41.78$

　　如果按季度进行定投测试，设考察日（t）股票指数基金的收盘价为 C_t，那么：

$$Q_{季度} = C_t \times \left(\sum_{i=0}^{11} \frac{1}{C_{t-i}} \right)$$

$$V_{季度} = \sum_{j=1}^{12} \left(1 + \frac{0.1}{4} \right)^j = 13.8$$

dms = $1 - Q_{季度} / 13.8$

【例 1】沪深 300ETF 的动态安全边际

用股票交易软件导出沪深 300ETF（510300）前复权的月度数据，得到 2012 年 5 月至 2022 年 9 月每月最后一个交易日的收盘价。由于计算动态安全边际（dms）需要过去 36 个月份的收盘价数据，因此根据这组数据计算出的第一个 dms 对应于 2015 年 4 月 30 日，其数值为 -0.854，意味着价值 1 元钱的东西被市场标高至 1.854 元，从回顾过去的角度，我们知道这个时刻正处于 2015 年牛市的顶部区域，不久在 6 月份就爆发了股灾。2015 年 4 月 30 日沪深 300ETF 的收盘价为 4.319 元，2016 年 2 月 29 日为 2.496 元，下跌 1.824 元，跌幅为 42.2%，其实 -0.854/1.854=-46.1%，可以说跌幅接近恰到好处。2022 年 9 月 30 日的 dms 为 0.243，意味着价值 1 元的东西，被市场抛售至 0.757 元，恢复到 1 元的正常水平，投资收益率为 32.1%。关键问题是：目前购买沪深 300ETF，有什么样的机制能够保证将来至少能够赚到相当于 dms/(1−dms) 的利润？大约需要多长时间？

如图 8-1 所示，动态安全边际围绕 0 上下波动，在 2015 年 4 月至 2022 年 9 月之间的 90 个月份内，有 7 次改变符号，其平均值为 -0.03，很接近 0，说明存在动态市场机制使得长期内的 dms 平均值趋于 0。动态安全边际不断地由正转负或由负转正而改变符号，这个规律就是以动态安全边际为导向的套利策略得以成功的强制机制。不难理解，安全边际由大到小、由正转负的转变过程就是股票市场价格上涨的过程。通过这个上涨的过程，低估的股票或股票指数实现了价值回归，以安全边际为导向的套利策略也兑现了盈利。安全边际由负转正、由小到大的转变过程就是高估的股票或股票指数释放泡沫的过程。在这个过程中，标的资产的价格不断下跌，直至调整过度而产生很大的安全边际为止。在整个考察期间，两次改变符号之间的时间间隔，最长为 28 个月（2018 年 3 月至 2020 年 7 月），最短为 2 个月，平均为 11.8 个月。因此，投资者即使在安全边际很高的条件下进行投资，也需要为未来预留 3 年左右时间以兑现盈利。

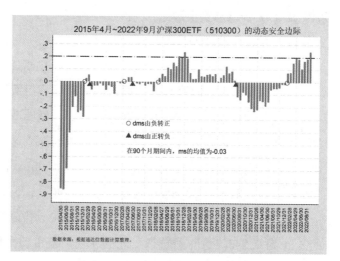

图 8-1 沪深 300ETF 的动态安全边际

【例2】沪深 300 指数的动态安全边际

也可以直接利用股票指数测试其动态安全边际。用股票交易软件导出沪深 300 指数（000300）的月度数据，得到 2005 年 1 月至 2022 年 9 月之间各月份最后一个交易日的收盘价。由于计算动态安全边际（dms）需要过去 36 个月份的收盘价数据，因此根据这组数据计算出的第一个 dms 对应于 2007 年 12 月 28 日，其数值为 -2.248，意味着价值 1 元钱的东西被市场标高至 3.248 元，从回顾过去的角度，我们知道此时正处于 2007 年牛市的顶部区域，2008 年发生了 A 股迄今为止最严重的股灾——2008 年沪深 300 指数从 5261 点跌至 1820 点，以 65.4% 的跌幅创下最大的年跌幅，其实根据 dms 测算，-2.248/3.248=-69.2%，市场下跌 65.4% 并不夸张，而是一种必然，甚至可以说天经地义。2022 年 9 月 30 日的 dms 为 0.266，与沪深 300ETF 测试的结果（0.243）接近，意味着价值 1 元的东西，被市场抛售至 0.734 元，回复到 1 元的正常水平，投资收益率为 36.3%。

如图 8-2 所示，在 2007 年 12 月至 2022 年 9 月的 213 个月内，沪深 300 指数的动态安全边际有 19 次穿过 0 线，其平均值为 0.014，也很接近 0，再次证明市场上必然存在着一种固有的强制机制使得长期内的 dms 的平均值趋于 0。连续两次穿越 0 线之间的时间间隔，最短 1 个月，最长 44 个月（2011

年 3 月至 2014 年 11 月），平均为 8.8 个月。在实际投资操作中，dms 由正转负意味着价格回归价值，投资者能够赚到相当于 dms/（1-dms）幅度的收益率。

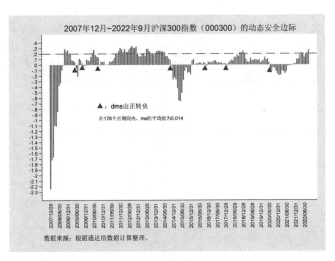

图8-2　沪深300指数的动态安全边际

【例3】上证指数（999999）的动态安全边际

用股票交易软件导出上证指数（999999）的季度数据，得到 1990 年 12 月至 2022 年 9 月每季度最后一个交易日的收盘价。由于计算动态安全边际（dms）需要过去 12 个季度的收盘价数据，因此根据这组数据计算出的第一个 dms 对应于 1993 年 9 月 30 日，数值为 -1.693，意味着价值 1 元钱的东西被市场标高至 2.693 元，从回顾过去的角度，我们知道这个时刻正处于 1993 年小牛市的顶部区域，当时的上证指数为 890.27 点，1994 年 6 月 30 日跌至 469.29 点，下跌 420.98 点，跌幅为 47.3%——其实根据 dms 测算，-1.693/2.693=-62.9%，其实市场下跌 47.3% 根本就不算过分。2022 年 9 月 30 日的 dms 为 0.193，意味着价值 1 元的东西，被市场抛售至 0.807 元，回复到 1 元的正常水平，收益率为 23.9%。

如图 8-3 所示，在 1993 年 9 月至 2022 年 9 月的 117 个季度内，上证指数的动态安全边际有 15 次穿过 0 线，其平均值为 -0.027，也很接近 0，再一次证明在市场中必然存在着一种内在强制机制使得长期内的 dms 的平均值趋于0。连续两次穿越0线之间的时间间隔，最短1个季度，最长25个季度（2008年第三季度至2014年第四季度），平均需要7.8个季度。

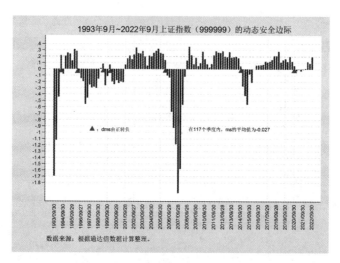

数据来源：根据通达信数据计算整理。

图8-3 上证指数的动态安全边际

【例4】深证成指（399001）的动态安全边际

用股票交易软件导出深圳成指（399001）的季度数据，得到1991年6月至2022年9月每季度最后一个交易日的收盘价。由于计算动态安全边际需要过去12个季度的收盘价数据，因此根据这组数据计算出的第一个dms对应于1994年3月31日，dms的数值为-0.040，意味着当时指数略微高估，总体上处于合理范围内。2022年9月30日的dms为0.235，意味着价值1元的东西，被市场抛售至0.765元，回复到1元的正常水平，收益率为30.7%。

如图8-4所示，在1994年3月至2022年9月的116个季度内，深证成指的动态安全边际有23次穿过0线，其平均值为-0.075，略接近0，再次证明市场上必然存在着一种动态强制机制使得长期内的dms的平均值趋于0。连续两次穿越0线之间的时间间隔，最短1个季度，最长17个季度（2015年第四季度至2020年第一季度），平均需要5.2个季度。

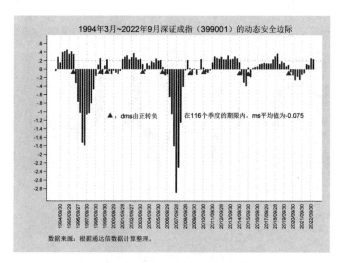

图8-4　深证成指的动态安全边际

【例5】标准普尔500指数（SPX）的动态安全边际

从 investing.com 数据库中导出标准普尔 500 指数的月度数据，得到 1970 年 2 月至 2022 年 10 月每月份第一个交易日的收盘价。由于计算动态安全边际需要过去 36 个月度的收盘价数据，因此根据这组数据计算出的第一个 dms 对应于 1973 年 3 月 1 日，其数值为 -0.036，意味着当时指数略微高估，总体上处于合理估值区域。2022 年 10 月 1 日的 dms 为 0.169，意味着价值 1 元的东西，被市场抛售至 0.831 元，回复到 1 元的正常水平，收益率为 20.4%。

如图 8-5 所示，在 1973 年 1 月至 2022 年 10 月的 598 个月内，标准普尔 500 的动态安全边际有 77 次穿过 0 线，其平均值为 0.022，很接近 0，再次证明即使在美国，股票市场上仍存在着一种固有的强制机制使得长期内的 dms 的平均值趋于 0。连续两次穿越 0 线之间的时间间隔，最短 1 个月，最长 43 个月（1973 年 3 月至 1976 年 10 月，1977 年 8 月至 1981 年 3 月），平均需要 7.7 个月。

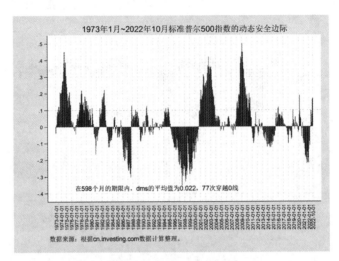

图8-5 标准普尔500指数的动态安全边际

综上，无论是股票指数基金还是股票指数，无论采用按照月度还是采用季度进行测试，无论是中国股票市场还是美国股票市场，根据公式 dms=1-Q/V 测算的动态安全边际都频繁穿越 0 线而改变符号。表面上看，股票市场是如此桀骜不驯和高深莫测，而从动态安全边际（dms）看，股票市场确实是一位知错必改的"乖孩子"，只不过他经常处于犯错—改错—再犯错—再改错的循环往复中，并且总是矫枉过正。这里揭示的惊人秘密是，股票市场一定知道什么东西是正确的。当 dms 偏离 0 线太远时，股票市场一定会把 dms 纠正过来，通过让 dms 穿越 0 线而修正自己上一期犯下的错误。动态安全边际由大变小、由正转负的过程，就是股票指数由底部不断上涨的过程，也是以动态安全边际为导向的价值投资者不断兑现投资收益的过程。动态安全边际由小变大、由负转正的过程，就是股票指数由阶段性顶部不断下跌和股市泡沫持续释放的过程，也是那些违背动态安全边际的赌徒不断亏损的过程。掌握住动态安全边际，投资者根本就不需要预测股票市场（其实也根本没有人能够预测股票市场），投资者只需要根据动态安全边际的大小进行投资决策就足够了，至于其余的事情，股票市场自己会照顾好自己的。

四、价格回归价值

射人先射马，擒贼先擒王。动态安全边际（dms）精确地刻画出了股票市场波动的内在规律，dms 有助于投资者判断出股票市场在投资决策时刻是被低估了还是被高估了，从而帮助投资者"见几而作"。其实，投资成功的真正秘诀就是在动态安全边际很高时大量购置股票或股票型基金（包括股票指数基金），对普通投资者而言强烈建议优先考虑购买股票指数基金，然后耐心等待价格向价值回归以兑现投资收益。当然，对于有资金和胆量进行做空的投资者而言，也可以在安全边际为负且绝对值很大时，即股票市场被严重高估时，做空股票指数，然后耐心等待泡沫释放和动态安全边际由负值向 0 回归。至于何时回归到 0，则是投资中唯一的不确定性，这个问题需要投资者借助长期视野和耐心等待来解决。

本质上，动态安全边际向 0 回归就是价格向价值回归。如前所述，这里的价格是指一族价格，即连续三年定投股票指数的市值 Q，价值也是一族价值，即连续三年定投的资金根据年收益率 10% 计算的终值 V。股票指数基金定投是非常保守的投资策略，本质上它已经消除了对市场主动择时的需要，如果坚持这种策略三年还不能赚取股票市场的长期平均回报（10%），即 Q<<V，只能证明此时的股票市场被低估了。从另一个角度看，股票指数基金定投也是很容易操作的投资策略，如果仅仅坚持这种策略三年就赚取远远超过股票市场的长期平均回报（10%），即 Q>>V，只能证明此时的股票市场被高估了。因为 Q 和 V 都是从各个考察时点向过去三年连续计算的，如果 Q 持续小于 V，那么就意味着即使股票指数基金定投也永远不能赚取股票市场的长期回报（10%），这意味着股票市场失去投资价值，最终导致投资者纷纷逃离股票市场，股票价格持续低迷，但股票的背后是上市公司，股票市场背后是实体经济，只要实体经济持续向前发展，股票的股权本质迟早会支撑 Q 向 V 回归。相反，如果 Q 持续大于 V，那么就意味着采用简单的股票指数基金定投策略就能够赚取远高于股票市场的长期回报（10%），意味着投资股票是发财捷径，大量资金将竞相离开实体经济部门而转战于股票市场，最终导致实体经济凋敝，股票市场将丧失进一步上涨的基础，最终会导致股票市场崩盘，通过崩盘式股灾，强制实现价格回归价值。

第三节　应机而动

《易·文言传》云："知至至之，可与言几也。知终终之，可与存义也。"这句话对投资的启示：知道投资机会到了就马上入场投资，具备这种知行合一特质的人，才可以一起探讨投资玄机；知道离场撤资时机到了毫不犹豫撤资，具备这种知行合一特质的人，才可以一起保住财富和声誉。本节以动态安全边际为导向，演示三种股票指数基金的投资策略，以抛砖引玉，让投资者领悟到动态安全边际在实际投资操作中的应用逻辑。

一、安全边际坚守策略

本策略是指在动态安全边际为正时购买并持有股票指数基金，在 dms 由正转负时全部清仓，耐心等待至下一次出现正的 dms 时再购买并持有股票指数基金，以此类推。为演示该策略的长期投资效果，这里就以众所周知的上证指数（999999）为例，满足 dms>0 测试条件的期间跨度为 1994 年 6 月 30 日至 2020 年 12 月 31 日。假设最初投入 100 万元，在动态安全边际（dms）为正的期间均衡投入以便消除购买的随机性，在 dms 由正转负时全部清仓卖出，资金在等待期间内不计利息，也不考虑股息收入。测试的结果为：1994 年 6 月 30 日投入的 100 万元增加到 2020 年 12 月 31 日的 792.5 万元，年均收益率为 8.1%。同期上证指数由 469.29 点上升至 3218.05 点，后者为前者的 6.86 倍，年均收益率为 7.5%。安全边际坚守策略的年收益率（8.1%）高于简单的购买持有策略（7.5%）。然而，它是一个极端保守的策略，它只是强调"守正"，没有做到"用奇"，即彻底放弃了 dms 为负阶段的收益以及 dms 从 0 到 0 之间的正常收益（年均收益率 10%），因此安全边际坚守策略的年收益率（8.1%）不算高，但是 8.1% 的投资收益率也高于大多数理财产品（如保险、国债、混合基金）的收益率。

二、恒定市值策略优化

恒定市值策略是指事先设定一个固定市值，每隔相等的时间间隔对持仓进行再平衡，使每次再平衡后的市值等于设定的固定市值。如果本期市场价格上升，那么再平衡时就高价卖出一部分股票以兑现本期盈利；如果本期价格下跌，那么再平衡时就低价买入一部分股票以弥补本期亏损。由于市场永远是波动的，每期都有低价买或高价卖的机会。这里仍用上证指数（999999）进行测试。为便于用动态安全边际对策略进行优化，取 1993 年 9 月 30 日至 2022 年 9 月 30 日的季度数据，合计 117 个季度。假设恒定市值为 100 万元，不考虑交易费用，也不考虑股息收入。测试结果为：截至 2022 年 9 月 30 日，累积净投入为 -172.81 万元（注意投入是负值，说明全程贵卖的收入大于贱买的支出），恒定市值 100 万元是白赚的，盈利总额为 272.81 万元。考虑到每期的现金流入流出，年均内部收益率（IRR）为 12.23%。同期，上证指数（999999）期初为 890.27 点、期末为 3024.39 点，在考察期限内上证指数本身的年均收益率仅为 4.27%。

进一步用动态安全边际对恒定市值策略进行优化。具体步骤是：在恒定市值策略的基础上，附加上若干单位的动态安全边际，以充分进行低价多买和高价多卖。设原来的恒定市值为 CMV，经过 dms 修正后的 CMV'$=(1+k \times dms) \times$CMV，k 为附加 dms 的系数。用 1993 年 9 月 30 日至 2022 年 9 月 30 日的上证指数的季度数据进行测试，结果发现：如图 8-6 所示，附加的 dms 系数越大，该投资策的 IRR 就越高。这说明，在类似恒定市值策略的投资场景中，越是遵循动态安全边际进行投资操作，即真正做到贱买贵卖，投资收益率就越高；相反，越是违背动态安全边际进行投资操作，即越是追涨杀跌，投资收益率就越低。

恒定市值策略优化的原理可以引申过来用以指导投资者进行股票仓位控制。所谓股票仓位，是指在股票市值与现金资产之间的数量比例关系。根据图 8-6，例如，当 k 取 1 时，设固定市值 CMV=1，则 CMV'=1+dms，令股票市值 S=CMV'=1+dms，现金 C=x-dms，其中，x 为应对市场波动的专门机动资金，dms<x<1，总资产 A=S+C=1+x，股票持仓水平（S/A）为：S/A=(1+dms)/(1+x)。由于 dms<x<1，因此 (1+dms)/2<S/A<1，即持仓水平大于 0.5+dms/2 而小于 1。具体的持仓水平高低还取决于投资者对现金（流动性）的偏好程度，投资者越保守则 x 越大，相同的 dms 下其股票持仓水平越低；反之，投资者越激进则 x 越小，相同的 dms 下其股票持仓水平越高。

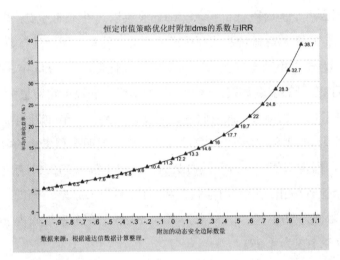

图8-6 恒定市值策略优化时附加dms的系数与IRR

三、目标市值策略优化

目标市值策略，这里特指以股票市场的长期年均收益率（10%）来编制持仓市值的预算线，每隔相等的时间间隔（比如每月或每季度）对持仓进行再平衡，使每次再平衡后的持仓市值等于预算线上的价值。如果本期市场价格上升，那么再平衡时就以预算线为基准少买甚至高价卖出一部分股票；如果本期市场价格下跌，那么再平衡时就以预算线为基准低价买入一部分股票。目标市值策略是成本平均（定投）策略的改进版，它能够自动显示出买入或卖出信号，对市场波动以预算线为基准进行等比例的资金应对，对机会的把握更为深厚。以沪深 300ETF（510300）为例，假设每季进行再平衡，期限为 2012 年 6 月 29 至 2022 年 9 月 30 日，预算线的每季支付额（PMT）假设为

3000 元。结果发现：截至 2022 年 9 月 30 日，全程的累计净投入为 163720 元，目标市值为 218519 元，盈利总额为 54799 元，年均收益率（IRR）为 7.7%。

　　可以用动态安全边际（dms）对目标市值策略进行优化。具体步骤为：设原来的预算线为 B，新预算线为 B'，则 B'=(1+kdms)×B，其中 k 为 dms 的附加系数。为充分利用沪深 300ETF 的数据，这里用沪深 300 股票指数计算的 dms 来替代同期的沪深 300ETF 的 dms，这样就避免损失沪深 300ETF 最初三年的数据。结果发现：如图 8-7 所示，在 2012 年沪深 300ETF 上市以来的 42 个季度内，运用 dms 对目标市值策略进行优化之后，投资的年收益率（IRR）与附加的 dms 数量（k）之间几乎完全正相关，当 k 取由 -7 到 7 取整数时，k 值与对应的 IRR 之间的相关系数高达 0.9985。在现实中的股票市场是如此波动不定和高深莫测的情况下，目标市值投资策略竟然蕴藏着关于 k 与 IRR 之间如此完美的线性关系，这个发现非常值得进一步讨论。图 8-7 的基本启示就是：投资收益率（IRR）关键取决于投资者对待动态安全边际（dms）的态度，在投资操作中越是遵循 dms 则收益率就越高，越是违背 dms 则收益率就越低而亏本的可能性就越高。也许，图 8-7 是对 dms 在投资中的功能作用和重要性的最为直观的写照。

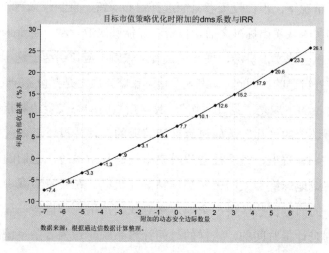

图8-7　目标市值策略优化时附加dms的系数与IRR

四、dms 策略投资启示

上述三个动态安全边际策略本质上都是择价（Pricing），即在股票市场被低估时大量购买廉价股票，它们很显然也都是逆向投资策略。在恒定市值优化策略和目标市值优化策略中，动态安全边际不仅指导投资者在市场低迷时（dms>0 时）多购买，市场越低迷购买得越多，而且也指导投资者在市场高涨（dms<0 时）多抛售，市场越高涨抛售越多。动态安全边际的附加系数（k）代表投资者善用动态安全边际（dms）的程度，k 越大代表投资者越能够善用动态安全边际。动态安全边际策略清晰地展示了价值投资逻辑：用 7 毛钱购买价值 1 元钱的东西，然后耐心等待市场回心转意，再以 1 元以上的价格卖出。套用"若到江南赶上春，千万和春住"的说法，"若到股市赶上底，千万要守住"，只不过前者所带来的是可以直接感受得到的短期利益，后者所带来的是必须用理性才能搞懂的长期利益，前者更容易被接受，后者不容易被接受。

动态安全边际策略不属于择时（Timing）。虽然投资者根据动态安全边际的计算公式 dms=1-Q/V 可以计算出投资决策日各类股票指数的动态安全边际，但是计算出的 dms 未必符合理性的买入或卖出标准。在 dms 不符合理性的买入或卖出标准的情况下，理性投资者只能选择耐心等待，直到未来有一天，在 dms 符合理性的买入或卖出标准之后，投资者才能够采取行动。至于未来哪一天才会出现买入机会或卖出机会，理性投资者从来就不应该纠结于这个问题，市场自己会照顾好自己的。因此，动态安全边际策略本质上是择价（Pricing）策略。

本章讨论的主题是"见几而作"，股票指数的动态安全边际指标生动地追踪着股票市场中的"几"是如何运行和演变的，理性投资者如何根据此指标"见几而作"。本质上，经济社会和股票市场是复杂系统，它们的演化不可能像地球自转或地球绕着太阳公转那样精确而机械。在投资实践中，最好对关于"何时"的问题留些敬畏和余地。迄今我们是用地球自转一周和地球绕太阳公转一周来计量时间的，这样的时间计量系统与作为复杂系统的经济社会和股票市场在本质上有云壤之别，它们根本就不是同一个层面的问题。因此对于经济社会和股票市场来说，"何时"这个问题，以目前公认的时间计量方法，根本就无法给出任何提示性答案。推论：任何给出准确时间点的经济预测和股市预测都是错误的。在不纠缠"何时"的情况下，"见几而作"不仅更容易操作，而且更容易见效。

在中国传统文化中，有一个"守中"的概念，启示我们如何利用动态安全边际蕴含的"几"。孟子说："中道而立，能者从之。"（《孟子·尽心下》）爻象在解释"贞吉"时，多次使用"中"字，如中不自乱、中心得、以中、以中正、得中道、位正中、中以行正（《需·九五》《履·九二》《谦·六二》《豫·六二》《大壮·九二》《解·九二》《巽·九五》《未济·九二》），足见"天下之理莫善于中"。关于如何守中，我们先看一个富有启发的案例。范蠡的老师计然说："夫粜，二十病农，九十病末。末病则财不出，农病则草不辟矣。上不过八十，下不减三十，则农末俱利，平粜齐物，关市不乏，治国之道也。"（《史记·货殖列传》）计然提出的政策建议是以价格"上不过八十，下不减三十"平粜齐物，依据是在这个价格范围内可以做到"农末俱利"，超出这个价格范围则"二十病农，九十病末；末病则财不出，农病则草不辟矣"。这个例子启示我们，股票指数动态安全边际在一定范围内的波动是无害的，超出一定范围的波动则是会造成经济社会不可挽回的伤害，投资者要顺应客观规律，坚持在无伤害的波动范围内低吸高抛，助力资本市场达成内在的价格发现、资源配置和财富分配功能，投资者本人最终也会获得丰厚的回报。

根据主要股票指数的测试结果，当动态安全边际达到 0.2 以上时可以进行低价买入，这意味着用不到 8 角钱购买价值 1 元钱的东西，潜在投资收益率在 25% 以上；当动态安全边际为 -0.34 以下时，可以进行高价抛售，这意味着价值 1 元钱的东西市场已标高至 1.34 元，潜在投资亏损幅度至少为 25%（-0.34÷1.34=-25.4%）。因为动态安全边际迟早要改变符号穿越 0 线，这样坚持下去就比盲目折腾的随机性市场参与者多了很多积累财富的机会。套用查理·芒格的"捕鱼原则"，捕鱼的第一条原则是在鱼多的季节捕鱼，捕鱼的第二条原则是千万不要忘了第一条原则。在股票指数的动态安全边际足够大时就是鱼多的季节，投资者只要注意适当分散投资（业余投资者最好投资指数基金以充分分散非系统风险）和耐心等待，投资就一定能获取良好收益。

第四篇　义之和

　　本篇包括《见利思义》和《本质价值》两章内容，侧重于从实业投资、金融投资和自然环境投资的角度分析在全面建成社会主义现代化强国的新征程上的价值内涵和价值追求，进一步阐述整全投资的财道辅义本质。程颢说："天下之事，惟义利而已。"在中华文明史上，义利之辨经久不衰，各流派纷繁芜杂，但是在总体理念上反对见利忘义和唯利是图，"重义"在中国传统文化中始终占据着主流地位。其中，以孔孟为代表的儒家学派论述最为深刻全面，迄今对中国社会仍具有广泛深远的影响。

冯友兰认为："义者宜也，即一个事物应有的样子。"① 张岱年认为："所谓利，即是能维持或增进人之生活者，亦即能满足人之生活需要者。然则利有公利与私利的区别。凡仅能满足一人之生活需要，或且损害人群之生活者，谓之私利。凡能满足大众之生活需要的，则谓之公利。墨家所谓利，概指公利。而儒家所反对之利，则概指私利。儒家并不反对公利，然而亦不讲公利，其所注重，乃在发挥人之所以为人者。"②1996 年发布的《中共中央关于加强社会主义精神文明建设若干重要问题的决议》旗帜鲜明地指出："反对见利忘义、唯利是图，形成把国家和人民利益放在首位而又充分尊重公民个人合法利益的社会主义义利观。"

柯林斯（2022）说："我们的研究表明，高瞻远瞩的企业会摒弃这样一种思想：企业的唯一目的就是股东财富的最大化；高瞻远瞩的企业追求的核心理念是超越只知赚钱的使命感。它们不仅要赚钱，还要创造可观的财富。"③

张磊（2020）认为："进入 21 世纪，越来越多的人开始反思资本的属性，在人、社会、自然和资本之间，应该做出怎样的平衡？一条可行的新法则，应该致力于整体的繁荣发展，不应该以牺牲一些人而有利于他人作为结果，不能是零和游戏。最好的资本配置，应该是坚持长期主义，为有利于社会普遍利益的创新承担风险，以实现社会福祉的整体进步。回归人文关怀，是我们在价值投资实践中所必须遵循的最高准则。我们所做的投资，不见得是赚钱最快的方式，也不见得是赚钱最多的路径，但这是让我们获得心灵宁静的

---

① 冯友兰 . 中国哲学简史 [M]. 北京：新世界出版社 ,2004:37.

② 张岱年编 . 中国哲学史 [M]. 南京：江苏教育出版社 ,2005:354.

③ [美] 柯林斯 J, 拉齐尔 B. 卓越基因 [M]. 陈劲，姜智勇，译 . 北京：中信出版集团 ,2022:227.

道路。获得心灵宁静以后，奇迹就会因此而生，我们就能不断创造价值，回馈社会。这不仅是为了实现个人的初心，也是在开启知识与财富相互促进的良性循环的开端。"①

---

① 张磊. 价值：我对投资的思考 [M]. 杭州：浙江教育出版社, 2020:318.

第九章 见利思义

见利忘义最终害人害己。爱因斯坦说："金钱只能唤起自私自利之心，并且不可抗拒地会招致种种弊端。"[1] 马克思在为"资本来到世间，从头到脚，每个毛孔都滴着血和肮脏的东西"的结论作注释时，引用 1860 年《评论家季刊》中的一段话："资本害怕没有利润或利润太少，就像自然界害怕真空一样。一旦有适当的利润，资本就胆大起来。如果有 10% 的利润，它就保证到处被使用；有 20% 的利润，它就活跃起来；有 50% 的利润，它就铤而走险；为了 100% 的利润，它就敢践踏一切人间法律；有 300% 的利润，它就敢犯任何罪行，甚至冒绞首的危险。如果动乱和纷争能带来利润，它就会鼓励动乱和纷争。走私和贩卖奴隶就是证明。"[2] 令人遗憾的是，马克思引用的论断"如果动乱和纷争能带来利润，它就会鼓励动乱和纷争"，在 160 多年后的今天依然是国际社会中反复应验的场景。

庆幸的是，中国有见利思义的优秀文化传统。孔子说："见利思义，见危授命，久要不忘平生之言，亦可以为成人矣。"（《论语·宪问》）意思是说，看见利益能想到道义，遇见危难能献出生命，平日与人的约言历久不忘，也可以说是完人了。目前，我国新时代最大的义就是实现中华民族伟大复兴和全体人民共同富裕，见利思义是全面社会主义现代化建设的本质要求和应有之义。我们须秉持义所当为、毅然为之的坚定信仰和豪情壮志，自觉地投入全面社会主义现代化建设的伟大事业之中。纵观历史，唯有社会主义现代化事业，才能够使利与义的交汇面提高到最大限度，才能够为贯彻落实"义以为质、义以生利"的良性循环提供最全面的经济基础、社会条件和政治保证。

---

①[美] 爱因斯坦 A. 我的世界观 [M]. 方在庆，译. 北京：中信出版社，2018: 22.

②马克思. 资本论（第一卷）[M]. 中共中央马克思恩格斯列宁斯大林著作编译局，译. 北京：人民出版社，2004: 871.

"义以生利"原则不再是道德家的空谈，而是有远见的投资者的理性选择和坚定信仰。

第一节　义以为质

孔子说："君子之于天下也，无适也，无莫也，义之与比。放于利而行，多怨。"（《论语·里仁》）意思是说：君子对于天下之事，没有必定要这样做的，也没有必定不这样做的，所做唯求合乎义；依据个人利益行事，必定招致很多怨恨。孔子又说："群居终日，言不及义，好行小慧，难矣哉！"（《论语·卫灵公》）意思是说：与人聚集一整天，所谈论的却没有涉及道义的事，只喜欢卖弄小聪明，这种人真难有出息呀！孔子还提到："君子义以为质，礼以行之，孙以出之，信以成之。君子哉！"（《论语·卫灵公》）意思是说：君子以义作为立身之本，用礼加以推行，用谦逊的言辞来表达，用诚实的态度去完成，这就是君子啊！孟子说："大人者，言不必信，行不必果，惟义所在。"（《孟子·离娄下》）可见，孟子也主张一切行为以义为准绳。那么，究竟什么是义呢？

一、义利考证

义，繁体字为"義"，最早见于商代甲骨文，上部是"羊"，下部是"我"。在古代，羊"是聪明正直、公忠无私、极有理智的动物，所以古人也就以羊为美善吉祥的象征"[①]。徐锴《说文解字系传》云："羊者，美物也。羊，祥也。此与善同意，故从羊。""我"本来是指一只有棱有角、有锯齿状的刀刃的长柄兵器，后假借作第一人称的代词，指自己。"我"这种兵器在战场上不太灵便顺手，但在仪仗队里用得上，所以在部族祭祖时，除了供上羊头之外，还有手握"我"的武士作仪仗队。义的本意是：以"我"的力量捍卫正直公平、善良美好的事物及其所代表的价值，后来，义又被引申为"己之威仪"。许慎

---

① 丁山. 中国古代宗教与神话考 [M]. 北京：龙门联合书局, 1961:287.

曰:"义,己之威仪也。"① 东汉的《释名》云:"义,宜也。裁制事物,使各宜也。"断事合宜、恰当便是"义",这种定义影响甚为深远,它意味着"义"是一种对"事物应该如何"正当性的理性反思。从词源看,"义"体现行为主体对美好事物保护的强烈愿望,代表对主体行为的合理性和价值性的严谨反思。通俗地讲,"义"就是要求人们在遇事时要采取最恰当的行动、做出最合理的处置。例如,"惟德惟义,时乃大训。不由古训,于何其训。"(《尚书·周书·毕命》)这段话的意思是说:只有德义才是伟大的古训,不依照古训,依照什么训诫呢?

另外,据有关考据,"义"也可能是从"仪"转化而来。《诗经》云:"人而无仪,不死何为?"(《诗经·国风·鄘风》)后来"仪"逐渐变成了概括人的行为原则和规范的"义"②,在这种语境下,义又可做"宜"讲。韩愈解释为"行而宜之之谓义"③,即,思想和行为合宜就是义。在古代哲人心目中,任何其他德只有行而合宜,才有道德意义,例如"君子有勇而无义为乱,小人有勇而无义为盗"(《论语·阳货》)。综上,"义"是"合宜、合理"的意思。所谓"合宜"就是符合当时社会政治、经济发展的需要;所谓"合理"就是符合社会发展的规律和人类全面发展的需要。

本文从投资学视角,把"义"界定为:主体的行为在合理预期下带给整个社会的永久性正面影响。其中,正面影响是对损人利己甚至害人害己的负面影响的否定和排除,必须以正效应(善)为基础来考察"义"。考察范围是整个社会,而不是局限于事情的当事人(双方或多方),强调影响的全局性。考察时间是永久性的,不局限于行为发生的当时和短期。主体的行为是指主体自觉选择和主动谋划的行动,这里强调主体的主观能动选择的价值。合理预期,意味着经济社会是一个复杂系统,在特定场景下人的认识又具有相对的局限性,对全局性和永久性影响的判断不可能完全准确,因此对"义"的

---

① [东汉] 许慎. 说文解字 [M]. 北京: 中华书局, 1988:556.

② 陈瑛. 中国伦理思想史 [M]. 长沙: 湖南教育出版社, 2004:10.

③ [唐] 韩愈. 韩昌黎文集校注 [M]. 马其昶校注, 马茂元整理. 上海: 上海古籍出版社, 2018:33.

判断只能基于本义善良和勤勉尽责，也只能是合理预期。这样理解，"子贡拒金"行为的不义与"子路受牛"行为的义，就可以迎刃而解。在中国传统文化中，"义"是行为的当然之则，是君子所应履行的道德义务。

在甲骨文中，"利"的基本结构是用刀割禾。中国古代经济以农业为主，禾为重要收获物，收获为"利"，引申出获利、利益、有利、顺利等含义。在商周之际的卜辞中，利被引申为吉利之意，指特定活动获得成功、达到预期目的。在中国哲学中，利通常指物质财富。广义的"利"不仅指向具有实体形态的物质利益，也包括可以转化为物质利益的其他事物，如名声、地位、权利等。东汉王充指出："夫利有二，有货财之利，有安吉之利。"（《论衡·刺孟》）孔子说："富与贵，是人之所欲也；不以其道得之，不处也。贫与贱，是人之所恶也；不以其道得之，不去也。"（《论语·里仁》）这里虽然没有"利"字，但是"富与贵"是利，"贫与贱"是不利，几乎是公理化命题。司马迁说："富者，人之情性，所不学而俱欲者也。"（《史记·货殖列传》）迄今，中华文化还盛行"五福"之利，即长寿、富贵、康宁、好德、善终，五福概念最早出自《尚书·周书·洪范》。文献记载："五福：一曰寿，二曰富，三曰康宁，四曰攸好德，五曰考终命。"狭义的"利"是指有实体形态且适合于特定场景的物质利益。通常，人们对短期的、狭义的物质利益的理解比较容易达成一致，但是对长期的、广义的非物质利益在理解上容易出现分歧。其实，长期的广义利益才是最根本最重要的。例如，胡宏说："一身之利无谋也，而利天下者则谋之；一时之利无谋也，而利万世者则谋之。"①

关于义利之间的关系，据文献记载，西周初年就有"利者义之和也"的说法，赵衰（公元前633年）提出"德、义，利之本也"（《左传·僖公二十七年》），晏子（公元前532年）提出"义，利之本也"（《左传·昭公十年》）。其实，利是"人所欲"，无须过多强调，自古至今人人都会去追求，但人若过于求利乃至利欲熏心，必定会越界做出损人而利己甚至害人害己的事情。司马迁说："至若《诗》《书》所述虞夏以来，耳目欲极声色之好，口欲穷

---

① [宋] 胡宏. 胡宏集 [M]. 北京：中华书局，1987：24.

刍豢之味，身安逸乐，而心夸矜势能之荣。使俗之渐民久矣，虽户说以眇论，终不能化。故善者因之，其次利道之，其次教诲之，其次整齐之，最下者与之争……富者，人之情性，所不学而俱欲者也。"（《史记·货殖列传》）为维护每个人的正当利益，维护多数人的利益和国家利益，维护安定的社会秩序，孔子倡导君子"义以为上、见利思义"。孔子认为在遵守"义"的前提下追求利是合理的，他说"富而可求，虽执鞭之士，吾亦为之。如不可求，从吾所好"。孔子建议统治者要"因民之利而利之"（《论语·尧曰》）。孟子认为治理国家的关键在于富民，富民的关键在于解决百姓的生产和生活问题，"若民，则无恒产，因无恒心。苟无恒心，放辟邪侈，无不为己……明君制民之产，必使仰足以事父母，俯足以畜妻子，乐岁终身饱，凶年免于死亡……老者衣帛食肉，黎民不饥不寒，然而不王者，未之有也。"（《孟子·梁惠王》）

然而，义利之辨，自两汉至两宋，越来越走向贬低"利"而强调"义"的极端，越来越脱离人间烟火气息而陷入伪道学，比较典型的观点是董仲舒的"正其谊不谋其利，明其道不计其功"（《汉书·董仲舒传》）和朱熹的"存天理，灭人欲"。事实证明这种排斥功利的思想是极端错误的，在中国历史上它严重阻碍了经济社会发展和科技创新。近代资本主义工商业的发起者薛福成指出："圣人正不讳言利。……后世儒者不明此义，凡一言及利，不问其为公为私，概斥之为言利小人，于是利国、利民之术，废而不讲久矣。"[1] 明代的吴廷翰认为："舍义而言利者，必有人欲陷溺之危；舍利言义者，亦无天理自然之安。"[2] 明清时期的颜元在一定程度上恢复了孔子提出的义利观的本来面貌，认为"正谋便谋利，明道便计功；义中之利，君子所贵也"[3]，在一定程度上恢复了义利统一观。清末的陈炽指出："惟有利而后能知义，亦惟有义而后可以获利。"[4] 义说到底也是一种利，只不过不是某一个人的私利，而是一种整体的、长期的利，即"公利"。总之，义与利统一于"为公"。

①[清]薛福成.庸庵文别集[M].上海：上海古籍出版社,1985:153.
②[明]吴廷翰.吉斋漫录（卷下）[M]//《吴廷翰集》.北京：中华书局,1984:66.
③[清]颜元.颜元集[M].北京：中华书局,1987:163.
④[清]陈炽.陈炽集[M].北京：中华书局,1997:273.

二、义之民本

被誉为中华文明源头活水的《易经》，明确提出："天地之大德曰生，圣人之大宝曰位。何以守位？曰仁。何以聚人？曰财。理财正辞，禁民为非曰义。"（《易·系辞下》）在这段话的最后引出"义"的定义（理财正辞，禁民为非），并把"义"放在"生、位、仁、人、财"等人民须臾不可或缺的基本范畴下进行界定，其实践导向和问题意识十分鲜明，直接聚焦于人民群众的生产生活实践。"理财正辞，禁民为非"可以结合"民可，使由之；不可，使知之"（《论语·泰伯》）的辅助性原则进行理解，用现代语言来讲，就是：既要注重物质文明建设又要注重精神文明建设；对于在正当道路上发展生产创造财富的民众，要积极鼓励、让他们大胆去拼去闯；对于没有能力的民众，通过教育提升他们的人力资本，帮助他们掌握致富的本领；防范和禁止民众为非作歹，走歪门邪道。

《易·地天泰》云："后以财成天地之道，辅相天地之宜，以左右民。"在这句话中，"后"是指远古时代通过禅让继位之君王，如尧、舜、禹；"宜"是指义，与"道"对应；"财"是指财富，守位以人，聚人以财，故曰成天地之道；"左右"即"佐佑"，指治理。这句话是说：国君要通过劝勉民众创造财富以成就天地之道，鼓励百姓开发资源以助成天地之义，以富国安民。这句话也是围绕着民生现实来阐述"宜（义）"的。《尚书·虞书·大禹谟》记载："慎乃有位，敬修其可愿。四海困穷，天禄永终。"意思是：谨慎地对待你所得到的地位，恭敬地去做百姓企盼的事；如果天下百姓困顿穷苦，上天赐予的福泽就会永远失去。它强调了民愿和财富的决定意义。由《易经》作为源头，中国古代发展出非常成熟系统的理财思想，如"国无九年之蓄曰不足，无六年之蓄曰急，无三年之蓄曰国非其国也。三年耕，必有一年之食；九年耕，必有三年之食。以三十年之通，虽有凶旱水溢，民无菜色，然后天子食，日举以乐"（《礼记·王制》）。宋代王安石所提出的"聚天下之人，不可以无财；理天下之财，不可以无义"（王安石《乞制置三司条例》）思想，大概是源于《易经》的"理财正辞，禁民为非曰义"。

在中华传统文化中，"义"之所以历久弥新，一个重要原因是先哲们对历史变迁现象和社会现实的理性反思，"义"在本质上是人类理性反思的产物。事实上，古往今来始终有一条主线贯穿于中华传统文化，即，大义存于"民心"。《尚书·夏书·五子之歌》记载："民可近，不可下。民惟邦本，本固邦宁。"意思是说：百姓可以亲近，不可以疏远；百姓是国家的根本，根本巩固了，国家才会安宁。这是中国民本观念的最早源头。

《尚书·周书·泰誓》记载："同力，度德；同德，度义……商罪贯盈，天命诛之……天矜于民，民之所欲，天必从之……天视自我民视，天听自我民听……（商王）自绝于天，结怨于民……古人有言曰：'抚我则后，虐我则仇。'"这是公元前 1048 年武王伐纣之前，周武王姬发在诸侯誓师大会上表达的核心观点。周武王陈述讨伐商纣的基本依据主要是：力钧则有德者胜，德钧则秉义者强；商纣恶贯盈天，奉上天之命讨伐他；上天怜悯众民，众民的愿望上天一定会依从；上天的看法来自我们众民的看法，上天的听闻来自我们众民的听闻；商纣自绝于上天，自结冤仇于我们众民；古人有言说："抚爱我的就是我的君主，虐待我的就是我的仇敌。"《泰誓》体现了周王对民众力量的认识，达到了上古时期统治集团对民本重要性认识的最高水平。

孟子总结："桀纣之失天下也，失其民也；失其民者，失其心也。得天下有道，得其民，斯得天下矣；得其民有道，得其心，斯得民矣；得其心有道，所欲与之聚之，所恶勿施，尔也。"（《孟子·离娄上》）孟子认为："民为贵，社稷次之，君为轻。"（《孟子·尽心下》）"乐民之乐者，民亦乐其乐；忧民之忧者，民亦忧其忧。乐以天下，忧以天下，然而不王者，未之有也。"（《孟子·梁惠王》）荀子认为："天之生民，非为君也；天之立君，以为民也。"（《荀子·大略》）董仲舒建言汉武帝："天之生民非为王也，而天立王以为民也。故其德足以安乐民者，天予之；其恶足以贼害民者，天夺之。"（《春秋繁露·尧舜不擅移汤武不专杀》）《管子》记载："凡人者，莫不欲利而恶害，是故与天下同利者，天下持之；擅天下之利者，天下谋之。天下所谋，虽立必骤；天下所持，虽高不危。"《淮南子》记载，"治国有常，而利民为本"，"为治之本，务在于安民；安民之本，在于足用"。唐太宗意识到："君依于国，国依于民。刻民以奉君，犹割肉以充腹，腹饱而身毙，君富而国亡。故人君之患，不自外来，常由身出。夫欲盛则费广，费广则赋重，赋重则民愁，民愁则国危，国危则君丧矣。"（《资治通鉴》卷192）明末清初的黄宗羲认为："古者以天下为主，君为客，凡君之所毕世而经营者，为天下也。"（《明夷待访录·原君》）

上述民本思想与唯物史观高度契合，为马克思主义中国化提供了丰富的社会文化土壤。同时，马克思主义也推动着中华优秀传统文化根据时代发展的要求而不断进行创造性转化和创新性发展。在全面建成社会主义现代化强国的新时代，在理解"义"时，必须坚持人民至上，坚持"三个有利于"（有利于发展社会主义社会生产力、有利于增强社会主义国家的综合国力、有利于提高人民的生活水平）标准，把全心全意为人民服务作为出发点和落脚点。

三、义与四德

"元、亨、利、贞"是《易经》卦辞中最经常用的四个字，宋代大儒程颐称之为四德。本书称"元亨利贞"为易经四德（君子四德）的四面体。这个四面体是揭示世界运转规律和为人处世成功规律的密码系统，能够长期有效地应用于各种场景。《乾·文言传》曰："元者，善之长也；亨者，嘉之会也；利者，义之和也；贞者，事之干也。"如前所述，"义"是指以人民为尺度对主体行为的正当性的理性思考。从四德的角度审视"义"，分别派生出意义、公义、和义、正义。

意义是指一个事物之所以存在的原因、作用及其价值，即一个事物为什么可以存在。任何事物都不是孤立的，孤立的事物是不存在的，因此，意义就是一个事物对其他事物的正面影响。遵循中华文化的民本思想传统，凡是增进广大人民群众福祉的事物，就有意义或有价值；相反，凡是以牺牲广大人民群众福祉为代价而满足个别团体的利益的事物就是无意义或无价值。这样理解，就恢复了"义"的本义，即"义，宜也。裁制事物使合宜也"（《释名·释言语》）。现实中，每个人和每个组织都在寻求存在意义和成就感。陈淳认为："义就心上论则是裁制决断处。宜字乃裁断后字，裁断当理然后得宜。凡事到面前须有剖判是可是否。文公（朱熹）谓义之在心如利刃然，物来触之便成两片，若可否都不能剖判，便是此心顽钝无义了。"(《北溪字义·仁义礼智信》)义作为价值判断标准，与"元者，善之长也"的意蕴相合。两者蕴含的基本原则是：凡是符合人民群众利益和需要的事情，就可以放手去做，并且争取做好；相反，凡是违背人民群众利益和意愿的事情，就不必去做。在投资领域，我们必须把满足人民群众对美好生活的需要作为投资的终极目的。

公义是指弃恶扬善的道德追求和社会实践，相当于经济学上的帕累托改进。公义是价值原则（意义）在社会实践领域的贯彻落实和深化展开。关于弃恶，墨子提出亏人不义说，认为"苟亏人愈多，其不仁兹甚矣，罪益厚。当此，天下之君子皆知而非之，谓之不义"(《墨子·非攻》)；孔子提出不欲勿施说，主张"己所不欲，勿施于人"。从现实看，"不义"是一种害人害己的行为，因此在中华文化中有"多行不义必自毙"(《左传·隐公》)的古训。在一个人人都"弃恶"的社会，各类行为主体之间协作的风险成本和心理成本可以降到最低限度，因为每个人面临的场景是"零损失"，此时就不必担心其他主体会伤害到自己。关于扬善，就是"己欲立而立人，己欲达而达人"(《论语·雍也》)的正面追求。秉持"扬善"精神，将极大限度地提高经济社会系统中人与人之间的交往、交流、合作和劳动分工的广度和深度，推动技术进步、经济繁荣和社会发展，因为社会劳动分工水平的提高能够显著地提高劳动生产率。孟子说："古之人，得志，泽加于民；不得志，修身见于世。穷则独善其身，达则兼善天下。"(《孟子·尽心上》)因此，公义与"亨者，嘉之会也"的精神一脉相承。

和义是指在具体实践中使事物各得其宜，不相妨害。当然，"和义"也是一种理想状态，即经济学上的帕累托最优状态。儒家高度推崇"和"，认为"喜怒哀乐之未发，谓之中；发而皆中节，谓之和。中也者，天下之大本也；和也者，天下之达道也。致中和，天地位焉，万物育焉"(《中庸》)。在这段话中，喜怒哀乐表现出来时，没有太过和不及，都能恰如其分地符合于自然之理，就称作"和"；所谓"和"，是天下一切事物最普遍的规律。苏洵在"利物足以和义"的基础上，提出"义必有利而义和"的观点，认为："五色必有丹而色和，五味必有甘而味和，义必有利而义和。"① 可见，在现实中"和义"的前提条件是"义必有利"，孤立地谈义或孤立地谈利，都不可取。

正义是主体行为所具有的符合客观事实、规律、道理或某种公认标准的属性。意义是一种价值标准，公义是止恶扬善的实践，和义是实践中"义"的理想状态。但是，经济社会是复杂的，人性是复杂的，社会上难免有人会做出不义之事，因此就需要正义作为经济社会的纠错机制。此时维护正义与"贞者，事之干也"相对应。常言道"害人之心不可有，防人之心不可无"，因此，正义不是抽象的教条而是生动具体的生活实践。衡量正义的客观标准是主体行为是否促进社会进步，是否符合社会发展的规律，是否满足社会中绝大多数人最大利益的需要。马克思将正义的终极关怀设定为实现人的自由全面发展，认为：追求全人类的彻底解放，实现自由人联合体的正义，是人类社会真正的正义。

第二节　义以生利

孔子根据"利者义之和也"提出"义以生利，利以平民"（《左传·成公》）的治国思想。梁启超说："故善能利己者，必先利其群，而后己之利亦从而进焉。"② 本书把义界定为主体的行为在合理预期下对整个社会的永久性正面影响，此定义是从主体自觉的意义上审视自己的行为如何增进社会"公利"，它是一种微观、能动的社会赋能机制。在全面建成社会主义现代化强国和构建高水平社会主义市场经济体制的新时期，义以生利是社会主义市场各类经济主体的时代使命和责任担当。

一、义以分工

战国时期的墨子提出社会劳动分工学说并强调义是支撑劳动分工得以顺

①[宋] 苏洵. 嘉祐集 [M]// 文津阁四库全书：第 1108 册. 北京：商务印书馆, 2006:700.
②梁启超. 十种德性相反相成义 [M]// 汤志钧, 汤仁泽编. 梁启超全集：第二集. 北京：中国人民大学出版社, 2018:289.

利进行的基础。他说："欲恶同物，欲多而物寡，寡则必争矣。故百技所成，所以养一人也。而能不能兼技，人不能兼官，离居不相待则穷，群而无分则争。穷者患也，争者祸也，救患除祸，则莫若明分使群矣。"（《荀子·富国》）又说："（人）力不若牛，走不若马，而牛马为用，何也？曰：人能群，彼不能群也。人何以能群？曰：分。分何以能行？曰：义。故义以分则和，和则一，一则多力，多力则强，强则胜物，故宫室可得而居也。故序四时，裁万物，兼利天下，无它故焉，得之分义也。故人生不能无群，群而无分则争，争则乱，乱则离，离则弱，弱则不能胜物，故宫室不可得而居也，不可少顷舍礼义之谓也。"（《荀子·王制》）墨子的上述观点与古典经济学的分工理论高度契合。古典经济学认为：人的欲望是无限的而满足欲望的资源是相对稀缺的，因此需要解决稀缺资源的最优配置问题；劳动社会分工能够提高生产效率，但是分工又会导致单个生产者需求的多样性与自己在分工体系下所提供的劳动产品单一性之间的矛盾，因此生产者之间需要社会劳动协作。当前的社会劳动分工协作机制除了市场机制、法律法规等之外，仍然需要"义"，"同力度德；同德度义"的古训在社会主义市场经济体制中仍然适用。孙中山在《建国方略》中说："物种以竞争为原则，人类则以互助为原则。"[1]另外，孟子也提出劳动社会分工的思想，认为"一人之身，而百工之所为备，如必自为而后用之，是率天下而路也"（《孟子·滕文公上》），意思是说，一个人要用的东西，是要各种工匠才能备齐的，如果一定要自己亲自做的才用，这是领着天下人疲于奔命。

荀子将劳动分工理论运用于生产实践，认为通过实践积累使知识不断专业化，可以熟练地掌握其方法与要领。他说："故圣人也者，人之所积也。人积耨耕而为农夫，积斫削而为工匠，积反货而为商贾，积礼义而为君子。……是非天性也，积靡使然也。"（《荀子·儒效》）这与亚当·斯密的经济思想比较接近。亚当·斯密认为：个人之间天赋才能的差异，实际上远没有我们所设想的那么大，这些十分不同的、看来是从事各种职业的成年人彼此有区别的才赋，与其说是分工的原因，不如说是分工的结果。尽管劳动分工是破解

---

① 孙中山. 建国方略 [M]. 北京：中国长安出版社，2010:36.

人类社会发展的真正秘密，然而遗憾的是，由于劳动分工所带来的生产率链式提高很难用新古典经济学的供求分析模型进行模型化描述，因此新古典经济学直接放弃了对劳动社会分工的深入探讨。正如斯蒂格勒所说："无论是过去还是现在，几乎没有人运用分工理论。"[①]

可以证明，在不存在社会劳动分工、自给自足的自然经济条件下，即使其他资源是无限的，由于劳动时间有限，个人生产的产品种类数和产量的最优产出水平充其量是满足当期温饱需要（向国成等，2022）。[②]经济社会要想超越温饱而向更高水平发展，必须突破自给自足的生产方式，迈向劳动分工的发展道路。社会劳动分工必然会带来各主体之间的社会协调问题。纵观历史，人类文明史就是一部社会劳动分工的演化史。迄今，协调劳动分工的机制除了如法律、市场、行政等正规机制之外，还包括"义"。并且，内化于各行为主体内心的"义"是不可忽视的强大力量。社会劳动分工发展到一定程度，必然导致各行业领域的专业人士与接受专业服务的民众之间的信息不对称。在信息不对称条件下，信息优势方在不受约束的条件下很可能会选择损人利己的机会主义行为。一旦机会主义盛行，人们要么选择"亲自干"的逆社会分工逻辑，要么强化社会监督。不论"亲自干"还是强化社会监督，都会阻碍生产力发展和导致社会福利损失。在这种条件下，社会很难发展出高端的、无形的、信赖密集型的劳动产品或劳动环节。因此，劳动分工越发达、市场经济越繁荣、社会连接越密集，在各类行为主体的成败得失之中，"同力度德，同德度义"的原则越突显。

二、义以为公

从行为主体看，"公"泛指当事人之外的其他个人、团体、事物或环境。义以为公是指行为主体的行动决策的基准要为所有受其影响的人们的利益考

[①]Stigler, George."The Successes and Failures of Professor Smith." *Journal of Political Economy*, vol.84, no.6, 1976, pp.1199—1213.

[②]向国成,刘晶晶,罗曼怡.劳动分工充分发展促进全体人民共同富裕:基于超边际分析[J].湖南科技大学学报(社会科学版),2022,25(01):63—72.

虑，而不是仅仅限于为自己所属的小团体和当事人的利益服务。中华优秀传统文化一向崇尚"天下为公"的大同理想。孔子说："大道之行也，天下为公。选贤与能，讲信修睦，故人不独亲其亲，不独子其子，使老有所终，壮有所用，幼有所长，矜寡孤独废疾者皆有所养。男有分，女有归。货恶其弃于地也，不必藏于己；力恶其不出于身也，不必为己。是故谋闭而不兴，盗窃乱贼而不作，故外户而不闭。是谓大同。"（《礼记·礼运》）诚然，在生产力水平比较低下的传统农业社会，在广大劳动人民长期挣扎在维持生存的温饱线上的自然经济条件下，大同理想仅是中华民族的精神家园和遥不可及的梦想，无法在现实的经济社会生活中真正实现。目前，我们已经迈进全面建成社会主义现代化强国和实现中华民族伟大复兴的新时期，比历史上的其他任何时期更具备实现伟大梦想的条件和机遇。我们要继承和发扬"义以为公"的优秀文化传统，坚持人民至上的原则，坚持"三个有利于"标准，自觉地把自己全面融入中华民族伟大复兴事业之中。

今天，随着社会劳动分工的向纵深发展，可以清晰地感受到，每个人的行为所影响的范围也越来越广泛，同时每个人也越来越广泛地受到联系日益密切的其他人的行为的深刻影响。这种在劳动社会分工网络中的相互影响就是外部经济性。外部经济性可能是正面的，也可能是负面的。本书把"义"界定为"主体的行为在合理预期下对整个社会的永久性的正面影响"，强调的是正面影响，当事人只要秉持"义"的原则，主动抑制负面的外部经济性、增强正面的外部经济性，在现实中就可以近似地被视为坚守了"义以为公"。

目前，我们所遇到的很多公共问题乃至全球问题，需要每个社会成员特别是各类投资者秉持"义以为公"的原则来共同解决。其中，一些重大而亟待解决的公共问题被概括为 ESG&D 问题，分别指环境（environment）、社会（society）、治理（governance）、数据管家（data stewardship）。其中，广义的环境问题是指可持续发展，狭义的环境问题是指以碳排放为核心的气候变暖；社会问题是指社会不平等、社会排斥和阶层流动减弱；治理问题是指一个组织特别是公众公司如何在高层决策中正确协调各利益相关者之间的利益，这是距离"义"最近的议题；数据管家问题是指行为主体在收集、应用和存储相关数据的过程中所具有的潜在外部效应，包括正的外部效应或负的外部效应。值得注意的是，在这些敏感的公共问题上，奉行"义以为公"的主体最终将会积累起强大的社会声誉和社会资本，而践踏公义原则的主体将会很快遭到社会的共同声讨和严厉惩罚。

三、义以为久

善不积不足以成名，恶不积不足以灭身。义以为久是指主体要考虑到其行为的长期影响，自觉选择能够产生长期正面影响的行动方案，这样做才有利于自己的长期生存和发展。《战国策》里有一个脍炙人口的"买义"的故事，讲述冯谖矫命烧债券为孟尝君买义。在矫命赐债烧券之后，冯谖对孟尝君解释说："今君有区区之薛，不拊爱子其民，因而贾利之。臣窃矫君命，以责赐诸民，因烧其券，民称万岁。乃臣所以为君市义也。"（《战国策·齐策》）一年之后，孟尝君遭到新登基的齐湣王的弃用，只好回到原封的领地薛，在他距离薛还有百里的路上，乡民们扶老携幼，在半路上迎接孟尝君。孟尝君回头对冯谖说："先生所为文市义者，乃今日见之。"

在变化节奏越来越快而越来越浮躁的现代社会，"义以为久"显得弥足珍贵。其实，与短期主义作斗争是所有投资问题的核心。如果投资者深思熟虑地放眼未来30年，那么环境、社会、治理和数据管家问题势必成为重要议题。如果投资者运用"义以为久"的思考范式，那么他很可能会构思并实施更符合常识的长期解决方案。值得强调的是，2015年9月25日，联合国193个成员国在可持续发展峰会上正式通过了17个可持续发展目标（SDG），旨在以综合方式彻底解决社会、经济和环境三个维度的发展问题，使人类转向更具包容性、更可持续的经济增长道路，并且计划于2030年实现所有这些目标。[①]2015年12月，196个国家承诺支持《巴黎气候协定》，其核心目标是与工业化前水平相比，将全球变暖控制在2摄氏度以下，最好是控制在1.5摄

---

① 参见：https://www.un.org/sustainabledevelopment/zh/sustainable-development-goals/.

氏度以下。①

另外，2006 年 4 月，由联合国环境署金融倡议（UNEP FI）和联合国全球契约（UN Global Compact）联合发起负责任投资原则（PRI）的国际组织在纽约证券交易所成立。截至 2021 年 12 月，来自 86 个国家的 3700 多名投资经理和 650 名资产所有者签署了 PRI。总的来说，致力于 PRI 投资的机构管理着 120 万亿美元的金融资产。2021 年 9 月 7 日，中国责任投资原则（CNPRI）正式启用，根据 CNPRI，责任投资指投资过程中不仅关注财务、业绩方面的表现，同时关注企业社会责任的履行，以及在环境保护、社会道德以及公共利益等方面的考虑，是一种更全面更科学的考察企业投资的方式。

雷锋说："一滴水只有放进大海里才永远不会干涸，一个人只有当他把自己和集体事业融合在一起的时候才能最有力量。"② 投资是资源的跨期配置，在投资决策时，投资者理应通盘考虑那些跨度 20～30 年且事关人类前途命运的重大问题，因为良好的投资回报取决于未来长期内经济、环境和社会可持续发展。古语有言："不谋万世者，不足谋一时；不谋全局者，不足谋一域。"为什么一些名噪一时的名流大款，还没来得及说声再见就已经被时代洪流所反噬了呢？根本原因还是"义"。那些只顾自己发财而对忽视其给社会带来的潜在问题的个人或企业，注定会被社会民意和资本市场所抛弃。

四、义然后取

据《论语·宪问》记载，公明贾在评价公叔文子时说："夫子时然后言，人不厌其言；乐然后笑，人不厌其笑；义然后取，人不厌其取。"义然后取是指在义的全局性、永久性正面影响充分发挥作用后，按照社会认可的标准、根据贡献大小获取属于自己应得的那部分利益。从总体和长期来看，人类社会之所以不断向前发展，根本原因在于它能够不断迭代出越来越有效的机制以奖励那些为"义"作出贡献的行为，惩罚那些损害公义的行为。以资本市

---

① 参见：https://unfccc.int/process-and-meetings/the-paris-agreement.

② 雷锋. 雷锋日记：1959-1962[M]. 北京：解放军文艺出版社，1963:14.

场为例，它从总体和长期来看是高度有效的，那些阻碍资本市场达成资产定价功能和资源配置功能的投资者，注定以严重亏损的方式被驱除出资本市场，那些遵循市场规律和促进资本市场功能充分发挥作用的投资者在长期内注定持续繁荣昌盛。

在实践中，义然后取有四层含义：

第一，义然后取意味着自己的选择确实符合"义"的本质要求，随着时间的推移能够为利益相关者和整个社会带来实实在在的正面影响。孔子说："君子不以辞尽人。天下有道，则行有枝叶；天下无道，则辞有枝叶。"（《礼记·表记》）意思是说，君子不会根据言辞来评价一个人的好坏，天下有道的时候，人们会注重实际行动；天下无道的时候，人们就会看重言辞的漂亮。

第二，义然后取的大前提是整个社会的评价机制和奖惩机制是有效的，这也正是人类社会持续向前发展的前提。孔子说："邦有道，贫且贱焉，耻也；邦无道，富且贵焉，耻也。"（《论语·泰伯》）意思是说，国家有道，却生活贫困而且地位卑贱，是一种耻辱；国家无道，却生活富裕而且地位尊贵，也是一种耻辱。为什么这样说呢？在"邦有道"的条件下，社会的评价和奖惩都是公正的，在这种条件下却生活贫困且地位低贱，根本原因是自己行事错误；相反，在"邦无道"的条件下，社会的评价和奖惩是错误的，却生活富裕而且地位尊贵，无非是不够坚守善道而做多了助纣为虐的事情。

第三，义然后取意味着主体需要耐心等待，直到"义"充分发挥出正面效应之后，再取也不迟。耐心等待是人生进取中不可或缺的行为，就像农民把小麦种子播种在田地里，即使在气候和土壤特别适合小麦生长的条件下，也要等待种子经历生根、发芽、成长、抽穗、开花、结实和成熟的过程，才可以收获金灿灿的麦子。任何拔苗助长的急功近利行为都是错误的。

第四，义然后取意味着取之有道和取之有节，反对贪得无厌和巧取豪夺。金钱是人性的放大器，它会把一个人的最深层的本质特性放大很多倍，让深邃的人会更深邃，让浅薄的人则更浅薄。现代社会考评和奖励机制是有效的和奇妙的，套用"一个人赚不到认知范围之外的钱"的说法，从总体和根本上看，任何组织或个人最终都收获不到"义"之外的福报。

第十章　本质价值

关于价值，不同的人往往有不同的理解，很难达成一致。这也不足为奇，因为每个人对价值理解的深浅（本质程度）、宽窄（反馈层次）、远近（主体范围）、久暂（时间框架）等维度各不相同。马克思主义认为，价值的本质是生产关系，它反映社会再生产过程中形成的人与人之间的实际利益关系。在市场经济条件下，企业是社会生产的具体组织方式之一，企业价值是嵌入这种具体组织方式之中的社会生产关系。

从全球看，19世纪后半期主要资本主义国家由自由竞争走向垄断，在这些国家都出现创办股份公司的高潮，于是股份公司在经济社会中取得主导地位。但股份公司也不断地把源于资本主义基本矛盾的各种问题更清晰地暴露出来。在社会思潮上，针对当时暴露出的各种问题，主张国家积极干预的凯恩斯主义和主张减少国家干预的自由主义轮番登场，争论不休。在公司财务理论上，股东至上主义、利益相关者主义、影响力投资理论、可持续价值理论等也争论不已。但是，即使在发达资本主义国家，囿于生产资料私人占有制为前提的经济基础，西方学者不可能充分挖掘出企业价值的深刻本质。

在社会主义市场经济体制下，企业是社会主义生产关系的实现形式。在人民至上的社会主义现代化理念引领下，我国企业的本质价值就是为人民服务，实现好、维护好、发展好人民群众的根本利益。任何一家企业，只要它的经营有助于实现好、维护好、发展好人民群众的根本利益，那么它注定有灿烂的未来。反之，不管它过去曾如何辉煌，如果胆敢侵害、破坏、阻碍人民群众根本利益的实现，那么注定将沉没于社会主义现代化事业的汪洋大海之中。

第一节　股东价值

西方经典财务理论信奉"股东至上"理念和股东价值最大化的方法论。股东价值理论的优点是模式化、直观易懂，缺点是过度强调股东利益和企业短期利润，眼界狭隘，不重视对影响企业可持续发展的利益相关者及企业运营环境的利益的保护和改善，在复杂多变的现代经济社会环境中，企业容易被外部反噬。

一、理论概述

股东价值理论认为，公司管理层的首要目标是使股东价值最大化。股东是公司的所有者，他们购买股票是希望在没有过度风险的条件下获得良好的投资回报。在大多数情况下，股东选举董事，组成董事会，由董事会选聘管理者来管理公司日常事务。因为管理者为股东利益而工作，所以应该追求提高股东价值的政策。

企业价值，是指一家企业在未来存续期间全部收入的折现值。在评估企业价值时，需要估算未来期限内的全部收入及其时点分布和折现率等三个因素。实际上，这三个因素中的任何一个因素都很难进行精确衡量。因此，企业价值评估既是科学又是艺术。科学的方面在于，只要把估值的三个要素确定下来，就可以计算出任何一项收益性资产的内在价值。艺术的方面在于，在展望未来时，三个因素中的任何一个因素都缺乏客观的测量方法，需要评估人员根据经验和判断自行赋值。因此，即使在同一时刻对同一项资产的内在价值进行评估，不同的人往往会得出不同的，甚至差异很大的评估值。

正是因为不同投资者对同一家企业价值评估的结论各不相同，所以才需要建立健全资本市场体系，尽最大可能把社会上各类投资人的观点汇集起来，形成尽可能公允合理的市场交易价格。在资本市场上，企业市场估值（市值）是企业内在价值的外部表现形式，股票价格是股票价值的外部表现形式。关于股票市场能否充分反映企业价值的问题，学术界提出了有效市场假说，具体包括：弱式有效市场、半强式有效市场、强式有效市场。多数实证研究发现，资本市场长期是有效的而短期则是无效的，即资本市场长期看是称重机而短期看是投票机。

关于股东至上主义和利益相关者主义之争，亨利·福特的经历富有戏剧性。福特信奉利益相关者主义，他公开宣称："我的抱负是雇佣更多的人，尽可能地将这个工业体系的好处推广到更多的人身上，帮助他们建立自己的生活和家园。要做到这一点，我们必须把最大的利润投入业务之中去。"但是福特公司的另外两位少数股东，即，约翰·弗朗西斯·道奇和霍勒斯·埃尔金·道奇（他们是亲兄弟），坚决反对福特的做法。道奇两兄弟认为，在公司产量几乎无法跟上订单的情况下，继续降价是没有意义的。他们起诉到法院，坚持要求董事会继续从公司的资本盈余中向股东支付特别股息，而不是建造更多工厂或削减利润率。值得注意的是，密歇根州最高法院于1919年2月7日做出了不利于福特的判决，不仅否定了亨利·福特的利益相关者主张，而且有助于将股东主要利益编纂成法律和商界惯例。自那时开始，股东至上的标准在不同程度上获得或明或暗的支持。根据法院多数法官的意见，"商业公司的组织和经营主要是为了股东的利益。董事的权力必须运用于此目的。董事的自由裁量权将在选择实现这一目的的手段时行使，但不能延伸到目的本身的变化，即，减少利润或不把利润分配给股东。"[1]

但是亨利·福特绝不是一个知难而退的人，他最终买下了道奇两兄弟的全部股份，继续扩大自己的工厂和领地。在福特汽车公司的大部分传奇历史中，公司始终关注员工的生活质量和经营所在的社区。1926年，福特汽车公司成为第一家宣布员工每周休息两天的美国大型公司，这在当时是一个很激进的主意。几年后，每周休息两天才成为美国企业的标准。福特底层商业模式的强大让他的公司在机会、工资和其他福利方面变得更加慷慨，从而形成了一个有效的良性循环。在亨利·福特去世时，他已经积累了相当于2000亿

---

[1]Stout, Lynn.*The Shareholder Value Myth: How Putting Shareholders First Harms Investors, Corporations, and the Public.*Berrett-Koehler Publishers, Inc., 2012, p.26.

现价美元的财富。

20 世纪 70 年代，股东价值最大化作为董事会最重要的受托责任模式在美国进一步流行起来。它受到两篇具有开创性的文章以及支撑它们的学术研究的影响。首先是米尔顿·弗里德曼（Milton Friedman）于 1970 年在《纽约时报》杂志发表的《企业的社会责任是增加利润》，对企业社会责任的理论和实践提出挑战。另一篇是 1976 年由迈克尔·詹森和威廉·梅克林在《金融经济学杂志》发表的《企业理论》。这一观点也得到了商业领袖和组织的支持，如商业圆桌会议于 1978 年发布了第一份《公司治理原则》。从美国开始，股东至上主义推动着越来越多的国家或地区的公司治理实践和信托责任的法律解释。20 世纪 80 年代末和 90 年代，在大规模经济自由化、全球化和私有化的推动下，股东至上主义获得更多发展动能，并随后将其影响力扩大到全球。

二、主要优点

股东价值运动获得如此迅速和广泛接受的一个原因是它很容易被衡量。在 20 世纪 90 年代蓬勃发展的股市中，几乎所有大型上市公司都开始在年报中自豪地宣布，在过去一年为股东创造了多少价值。但是，一家大型上市公司要做的事情远不只是让股价再创新高。为公司创造财富包括：管理技术，以确保公司在未来保持其技术优势；它需要在竞争的任何市场上保持甚至增强客户特许权，以便让今天的客户继续保留为明天的客户；它需要忠诚尽责的员工和供应商愿意付出额外的努力，帮助公司取得成功并维持下去。

股东价值作为商业道德的第二个原因是通过扩大股票期权的使用，将管理者和股东的利益紧密结合起来。一旦经理人获得股票期权，他们很快会发现，可以通过推高当前股价来为自己赚快钱。这种策略对他们来说几乎没有什么不利之处：如果股价暴跌，他们的期权奖励将重新定价，以确保他们保持适当的激励水平。但是，这些激励计划并没有将管理层的利益与股东的利益有效地进行匹配，因为管理者没有风险资本。此外，对一名经理的全部激励措施都是为了在短期内大赚一笔，而不是像对大多数投资者一样，为计划中但仍很遥远的退休带来收益。这只是目前大多数高管激励计划中一个急需解决的结构性问题。

第三个原因是资本市场对股东价值的传销式吹捧。对于时间跨度非常有限的企业所有者（股权炒作者）来说，股东价值最大化是一个合适的目标。如果投资者的唯一目标是以低价购买并尽快以更高的价格抛售一家公司，那么股东价值对他来说是正确的。从全球资本市场看，在20世纪80年代和90年代，专门进行企业买卖的公司和杠杆并购专业机构积累了大量财富，是股东价值实践的鲜活证据。这些机构知道自己想要什么，在做了足够多的正确行动之后就能够得到他们想要的东西，最终也获取到丰厚的收益。这也是华尔街长期推崇股东至上主义和股东价值理论的主要原因。从全球来看，20世纪80年代至21世纪第一个10年是金融资本主义时代，华尔街金融机构主导着全球经济，呼风唤雨，作为其理论支撑的经济思潮恰恰是自由主义和股东至上主义。

三、主要缺点

事实上，股东价值思维会带来很多社会问题。许多追求股东价值目标的公司实际上抵押了他们的长期命运和前途，以实现更高的眼前利润。股东价值的倡导者忽视了一个事实，即上市公司不仅是一个逐利实体，也是一个社会有机体。加之金融业要求提高短期业绩的压力，对利润的专注导致股东至上主义与实体经济越来越脱节。为了追逐股东价值最大化，公司的管理者就会采取很多有悖于长期价值的投机主义行为，甚至孤注一掷。例如，做假账、偷工减料、拖延投资、盲目举债，等等。公司几乎不考虑他们将要做的事情的长期后果，所以公司在追求股东价值最大化方面会遇到很大麻烦。如果要确保公司持续成功，目标必须是股东以及他们所直接联系的全部其他主要群体的长期价值最大化。

股东价值运动对许多公司的长期前景造成了损害。它严重损害了公司利益相关者的利益，公司需要依靠他们的支持和许可才能拥有一个前途可期的未来。长期以来，公司以狭隘的股东价值视角来衡量价值创造，在泡沫中争取最佳的短期财务业绩，忽视最重要的客户需求，忽视对行业未来前景至关重要的自然资源的逐渐枯竭的趋势，忽视关键供应商的生存能力，导致企业生产和销售所在社区的经济困难。为了回到正确的方向，公司需要弄清楚各种利益相关者的立场，以及需要采取哪些补救措施才能修复和提升彼此之间的关系。

四、理论反思

目前，20世纪70年代在美国兴起的股东至上主义仍是现代公司理财的主导范式。但是，股东至上主义支持者忘记了上市公司不仅是营利组织，也是一种社会有机体。越来越多投资者意识到，股东至上主义很难继续发展下去了。即使不彻底推翻股东价值理论，股东至上主义范式对价值的理解明显过于狭隘，很显然它忽略了受其影响并通过多重反馈通道最终必然反作用于企业长期价值的利益相关者的愿望和力量。其实，公司的利润不是天生平等的，狭隘短视的资本市场早已忘记了这一点。具有社会意义的利润代表更高水平的资本体制，社会在这个体制下也进步得更快，公司也会有更大的成长空间，公司与社会共同繁荣的良性循环由此而生，公司利润可以持续更长时间。

近年来，人们越来越觉得企业是社会、环境和经济问题的制造者，越来越认为现代企业普遍采用的模式是以牺牲公众利益为代价来谋求自己发展的。在制定一个新的、更合适的议程时，管理者应该确保它的设计是为了企业及其利益相关者的长期繁荣，即真正做到"见利思义、义以生利"。为此，管理者的首要任务是确定公司的宗旨，阐明公司存在的根本理由。公司的宗旨应该是以盈利的方式解决人类和地球问题，而不是通过制造问题而从中谋求私利。

第二节 相关者价值

在1971年首届达沃斯论坛上，创办人克劳斯·施瓦布（Klaus Schwab）公开提出利益相关者的概念，主张企业不只为股东服务，也要为客户、员工、社区和整个社会服务。第一部《达沃斯宣言》于1973年发布，正式引入"利益相关者"概念，此后成为世界经济论坛的核心议题。但是，半个世纪以来，股东至上主义主导着现代经济。2020 年达沃斯论坛的主题为"凝聚全球力量，实现可持续发展"，并推出新版的《达沃斯宣言》，重新阐述"利益相关者"理念。

一、理论概述

"利益相关者"一词首次出现在 1963 年斯坦福研究所（现为 SRI International，Inc.）的内部备忘录中的管理文献中，斯坦福大学最初对利益相关者的描述包含了一个实质性条件：利益相关者是组织生存所必需的群体。弗里曼（R.E.Freeman，1984）把利益相关者定义为"任何能够影响公司目标的实现，或者受公司目标实现影响的团体和个人"，此定义排除了实质性、直接性和合法性的所有标准。考虑到现代生活的日益全球化，以及交通、电信和计算能力的提高使全球联系成为可能，受一个组织（至少是迂回或间接地）影响的对象几乎包括任何人、任何事、任何地方。利益相关者主义认为公司的出资不仅来自股东，而且来自公司的雇员、供应商、债权人、客户等，这些主体提供的是一种特殊的人力资本。在知识经济和数字经济时代，人力资本与物质资本的相对地位正在慢慢改变，人力资本在公司治理中的作用和地位越来越重要。既然人力资本对企业的投资的专用性越来越强，承担的风险越来越大，人力资本逐渐成为企业发展的关键资源，那么人力资本所有者理应分享企业剩余。利益相关者主义将企业视作利益相关者的联合体，强调企业必须为所有的利益相关者服务。

利益相关者主义认为，公司作为一种社会组织而不是纯粹的金融结构，公司的宗旨是创造可持续企业价值，而不仅仅是提高短期的盈利能力和市场估值。创造可持续企业价值意味着公司为全部利益相关者创造价值，以保证公司的价值创造活动在财务、社会和环境上都是可持续的。衡量企业成败得失的标准是全部利益相关者的利益诉求是否得到满足，企业必须承担社会责任，并且只有当企业为全部利益相关者谋取共同利益时，企业才算是尽到社会责任。企业不仅仅是股东的"赚钱机器"，它首先是各种资源提供者的联合体，企业宗旨应该是为全部利益相关者创造财富。利益相关者主义的支持者不承认股东比其他利益相关者对公司有更优先的利益诉求，只有承认全部利益相关者的利益诉求，才能够将更多价值引入企业关切和追求的范围。

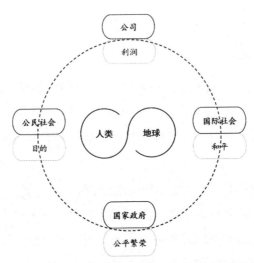

图10-1 人类和地球为中心的全球利益相关者模型

资料来源: Klaus Schwab and Peter Vanham, 2020.

如图 10-1 所示，从全球视角看，目前处于核心位置的两大利益相关者分别为地球和人类。他们是天然的利益相关者：地球是我们共同的自然环境，人类是指地球上的每一个人。地球是全球经济体系的核心利益相关者，所有其他利益相关者做出的决定都应该优化地球的健康状况。经济全球化和数字化使人类的命运不可分割地联系在一起，全球公平概念在人类历史上首次被考虑。当人类和地球的福祉成为事务的中心时，剩下的四个关键利益相关者群体将为这两个中心问题的改善作出贡献。它们是：政府、公民社会、公司、国际社会。值得注意的是，政府注重为最多的人创造尽可能大的繁荣；公民社会的存在是为了促进其成员的利益，并为其成员赋予意义或目的；公司追求利润并追求长期价值创造；国际社会的首要目标是维护和平。需要注意的是，这些利益相关者都是相互关联的：公司在政府规定的监管框架内运营；公民社会对政府和公司施加压力，并有助于提高他们的整体复原力；国际组织确保考虑到世界某一地区的决定对另一地区的影响。在利益相关者模型中，所有这些群体及其目标都是相互关联的，如果其他主体失败了，那么自己也不会成功。

克劳斯·施瓦布（Klaus Schwab，2021）认为，应该以辅助性原则来推动全球利益相关者模型的落实，即，当地利益相关者能够自行决定行动方案时，就由他们自行决定，除非他们做不好或无法做的事情，才需要上一层组织来辅助解决。很明显，在目前的经济体系中，股东至上主义和经济体系金融化使得公司的价值被高估了，其他利益相关者的贡献被低估了，利益相关者的经济平衡需要恢复。为此，必须确保：全体利益相关者都需要在与他们相关的决策会议中占有一席之地；存在适当的衡量系统，不仅在财务方面而且在实现环境、社会和治理目标方面，计算任何利益相关者的真实价值创造或价值破坏；存在必要的制衡机制，以便每个利益相关者都能补偿其从社会中获得的利益，并在当地和全球获得与其贡献相称的份额。[1]

波尔曼和温斯顿（Paul Polman，Andrew Winston，2021）指出，以责任为中心的五项核心原则将使公司业绩达到一个新的水平。[2]他们帮助企业领导人拓宽视野，重新思考自己的工作，重塑企业在社会中的角色。这五项原则分别是：（1）全部影响和后果的所有权，无论是否有意；（2）为企业和社会的长期利益而运营；（3）为全部利益相关者创造积极回报；（4）推动股东价值只是结果而不是目标；（5）合作推动系统变革。采用这五条原则作为核心经营原则是激进和困难的，但它们相互强化，使创建一家付出大于索取的高绩效公司变得更加容易。对于一个组织来说，没有什么比找到它存在的根本原因，然后实现这一宗旨更强大的了。它波及整个公司，并与消费者、供应商、社区和其他利益相关者建立信任。拥有一颗清晰的宗旨（北极星）是建立复原力、决定成功而不是失败、参与而不是冷漠、尊重而不是鄙视的潜在因素。

---

①Schwab, Klaus.*Stakeholder Capitalism: A Global Economy that Works for Progress, People and Planet*.John Wiley & Sons, Inc., 2021, pp.13, 173, 175—198.

②Polman, Paul, and Andrew S.Winston.*Net Positive: How Courageous Companies Thrive by Giving More than They Take*.Harvard Business Review Press, 2021, pp.30—42.

二、主要优点

利益相关者主义不是对股东至上主义的彻底否定，而是对 20 世纪 80 年代以来盛行的股东至上主义和经济体系金融化所带来的社会问题、环境问题、全球问题的批判性反思和建设性倡议。首先，利益相关者主义是问题导向的，它始于对日益严峻的地球和人类问题的慎重思考，这两个问题是不容忽视和亟待解决的，即使股东至上主义的坚定支持者，也都承认目前存在的地球和人类问题日益严峻。其次，利益相关者主义没有否定公司价值和股东价值，主张除了关注股东价值，还要关注其他利益相关者的价值，这是对股东价值的拓展，是对走向泛滥的股东至上主义的严肃提醒，因此即使信奉股东价值理论的人也容易理解和接受利益相关者价值理论的某些警告。第三，利益相关者主义在不触犯资本主义私有制的前提下为日益突显的社会、经济、环境等问题给出了比较具体的解决方案，有利于缓和社会矛盾。第四，利益相关者主义与"见利思义、义以为质"的中国传统价值观高度契合，容易为中国企业家和投资者所理解和接受。

三、主要缺点

平衡利益相关者利益是不可行的目标。首先，由于利益相关者是全部能够影响公司或受公司影响的个人或单位，因此需要考虑的人数是无限的。为了达到平衡，他们的数量必须受到限制。但是，利益相关者主义并没有为如何选择合适的个人或单位提供指导。此外，个人通常是多个利益相关者群体的成员，利益相关者主义没有指出他们将以何种能力被纳入计算。第二，即使可以确定利益相关者群体并将其限制在一个可管理的数量范围内，利益相关者主义也不能解释为了平衡利益，什么应该算作利益。利益相关者认为有益的是否都包含在计算之中？管理层如何知道利益相关者认为什么是利益？第三，即使相关利益能够以某种方式确定，利益相关者主义也没有提供如何实现平衡的指导。考虑到不同利益相关者群体的不同利益，使一个群体受益的利益往往会损害另一个群体。利益相关者主义并没有指明这些利益中的哪一个是优先考虑的，也没有指明如何平衡利益冲突。第四，利益相关者主义难以实施问责制。一个对每个人都负责的组织实际上对任何人都不负责，分散的问责制实际上是不存在的。只有当所有相关人员都接受明确的共同目标时，多重的问责制才能发挥作用，但共同目标又恰是利益相关者主义明显反对的。

四、理论反思

马克思主义认为，生产资料所有制是生产关系的基础，不同的生产资料所有制形式决定人们在生产中的地位及其相互关系；生产资料所有制形式和人们在生产中的地位及其相互关系，又决定劳动产品的分配形式。面对全球性环境、社会、经济等问题时，即使来自西方国家最有洞见的经济学家也不敢提出动摇或削弱资本主义私有制根基的解决方案。其实，这些全球性问题产生的根源正是资本主义的基本矛盾，即社会化大生产和私人占有生产资料的矛盾。股东价值理论只不过是资产阶级真实关切的直接理论反映；利益相关者主义只不过是资产阶级在遭遇威胁到自身生存的全球问题时对现实的一种反思，鉴于资本逐利的本性，资产阶级只能在有限范围内做出一定程度的妥协和让步，很难根本抑制资本的贪婪本性来落实利益相关者主义提出的各种解决方案。但是，中国是以生产资料公有制为基础的社会主义国家，更容易落实利益相关者主义提供的解决方案。不仅如此，中国投资者必须坚持人民至上的投资理念，只有这样才能够创造最大最持久的经济价值和社会价值。

第三节　ESG价值

ESG（环境、社会和治理）价值观的核心是投资和商业行为不应只考虑财务指标，也要考虑环境、社会和治理等因素，以实现企业和利益相关方的可持续发展。近年来，越来越多的公司在其投资活动中采用了ESG目标。资产管理公司、银行、保险公司和其他金融机构在这方面发挥了带头作用，对其投资的社会和环境影响表示关注，并促进其与联合国可持续发展目标（UN SDGs）和气候变化巴黎协定的一致性。ESG 的本质在于认识到环境和社会可持续性与公司治理之间不可分割的联系。自 2004 年明确提出以来，资本市场正在经历巨大变化，ESG 理念逐渐成为一股全球性的潮流，ESG 标志着金融体系演变的转折点。利用 ESG 数据推动投资决策的全球资产价值在四年内增长 1 倍，在八年内增长 2 倍，2020 年超过 40 万亿美元。[①] 目前 ESG 已成为企业的必选动作。ESG 与我国倡导的新发展理念、高质量增长和"双碳"目标等战略高度一致，也是企业实现可持续发展、做大做强的有力工具。

一、理论概述

ESG 意为环境保护、社会影响和公司治理的集合。环境保护方面，公司应当提升生产经营中的环境绩效，以尽可能降低公司运营对外部生态环境质量的影响。社会影响方面，公司应当秉持较高的商业伦理、社会伦理和法律标准，重视对地方社区的影响和公司员工的保护。公司治理方面，公司应当完善自己的企业制度，形成科学的管理体系。ESG 理念旨在推动实体经济和资本市场的可持续发展，提升投资和经营中的企业社会责任，从而在更大的范围内实现人类命运共同体以及人与自然和谐共生的目标。

如今，投资者广泛使用 ESG 资料来筛选投资标的。一些投资者会淘汰 ESG 业绩较低的企业，认为导致企业 ESG 评级较低的因素也会造成财务业绩疲软。一些投资者会寻找具有优异 ESG 评级的公司作为投资目标，希望那些 ESG 模范行为能够推动卓越的财务业绩，或者出于道德考虑，他们只投资"绿色基金"。一些投资者将 ESG 数据纳入基本分析框架之内。一些人利用这些数据成为行动主义投资者，在投资后监督企业的行为是否正常。

对于采纳 ESG 框架的企业来说，需要在其运营中展示一套标准，以表明对 ESG 相关风险进行了有效管理。具体有：（1）环境标准，包括能源利用、

---

① Bradley, Bill. *ESG Investing for Dummies*. John Wiley & Sons, Inc., 2021, p.209.

废物、污染和自然资源保护，强调它作为自然管理者的表现；（2）社会标准，包括它如何管理与员工、供应商、客户及其运营社区的关系，强调它如何与利益相关者互动；（3）治理标准，包括公司如何使用准确和透明的会计方法，并让股东有机会就重要问题进行投票，强调公司领导层如何运作，并可以通过其关于审计、高管薪酬、非法行为、内部控制和股东权利的政策进一步调查。

现在，有多种因素驱动着投资人日益重视 ESG 问题。第一，投资公司规模越来越大。随着资产管理行业的集中度越来越高，头部投资公司规模日益庞大，使得其管理的资产面临着日益严峻的全球性系统风险，即，他们已经大到无法逃避 ESG 带来的风险，显然他们也不想让自己随着地球走向末日而同归于尽。再说，他们已经大到不得不采用长期视野，动辄需要为接下来的一百年做认真规划。另外，高净值人士也秉持长期视野寻求保护和增长世代财富——据《视觉资本家》（*Visual Capitalist*, 2021）[1] 推断，净资产高于 100 万美元的个人虽然仅占世界人口的 1.1%，但他们的财富总额为 191.6 万亿美元，占全球财富总额（418.3 万亿美元）的 45.8%，他们坚定地支持 ESG 投资。第二，可持续投资不损害财务收益。越来越多实证研究表明，实质性 ESG 议题的高绩效表现与卓越的财务绩效之间显著正相关。在三类因素中，治理与财务绩效表现出最强的正相关性。除了对基金业绩产生积极影响外，ESG 还可以发现非金融风险，这些风险可能会在未来对公司造成巨大损失。第三，社会对可持续投资产品需求的增长。养老基金等资产所有者越来越多地要求资产管理人提出可持续的投资策略。第四，受托人责任观的演变。越来越多的资产管理人认为，未能整合 ESG 问题就是未履行受托人责任。第五，投资公司内部的涓滴效应。高级领导正在确保将 ESG 分析纳入分析师和投资组合经理执行的基本财务活动。这一变化将改变投资者与公司互动的方式以及高管看待可持续性的方式。第六，投资者的 ESG 行动主义的蓬勃兴起。金融市场中的股东行动主义正在兴起，ESG 越来越成为这些干

---

[1]https://www.visualcapitalist.com/distribution-of-global-wealth-chart/.

预措施的焦点。第七，联合国可持续发展目标（UN－SDGs）是 ESG 投资的刺激因素。UN－SDGs 旨在消除贫困、保护地球、确保所有人都享有和平与繁荣。

全球监管生态系统正在快速发展，许多国家在监管中坚持 ESG 要求。最近的一项研究表明，在过去十年中，各国政府在全球范围内颁布了 500 多项新措施，以倡导 ESG 问题。许多市场参与者认为，监管发展是助推 ESG 投资的关键驱动因素。尽管许多自愿披露机构通过推动更大程度的披露并创建框架和标准，从而促进了 ESG 数据可用性的提高，但是进一步强制披露要求也许是必要的。

2021 年 3 月国际评估准则理事会发布了引导文件《ESG 和企业估值》，标志着国际评估准则理事会作为评估行业的国际性组织在探讨 ESG 对企业估值的影响上迈出了第一步。在学术界，许多学者已经开始了对 ESG 要素与企业估值之间关系的探索，但总体上尚处于概念性的探索阶段。

二、主要优点

ESG 是一个框架，它使用基于规则的方法，根据公司对正面 ESG 因素的承诺来评估公司，并已成为投资分析的基本部分。投资者越来越多地应用这些非财务但实质性因素来识别和减轻 ESG 相关风险。因此，ESG 符合管理者的受托责任和投资尽职调查流程，即考虑所有相关信息，超越传统财务指标，以便更好地了解其 ESG 相关风险。我们生活在一个透明的时代，利益相关者要求围绕这些 ESG 问题加强公司问责制，更多的最终投资者希望他们的投资能够有所作为。由于 ESG 框架提供了异常丰富的非财务信息，使用基础研究方法将定性分析与 ESG 因子的定量评估相结合，有助于投资者对证券的内在价值作出更为明智的评估。

公平地说，没有一家公司能够通过每一个类别的每一项标准；然而，投资者应该确定他们认为哪些因素与他们的价值观最相关，并利用公司的任何参与活动来验证他们的 ESG 标准。从积极的方面来看，对 ESG 标准的日益认可和接受迫使公司遵守 ESG 评级的要求。企业如何管理财务和非财务风险已成为机构投资者决策的一个越来越重要的因素。此外，无数研究表明，具有令人信服的 ESG 实践的公司会带来更好的公司财务业绩。

应用 ESG 原则使投资者更好地与更广泛的社会目标保持一致。此外，机构投资者有义务为其受益人的最佳长期利益行事。为了遵循既定的联合国负责任投资原则（PRI），他们在其投资政策声明中阐明如何解决 ESG 问题，同时支持开发与 ESG 相关的工具、指标和分析。许多积极的投资者以 ESG 偏爱"选股"，例如，购买同类中 ESG 评级最突出的股票，使用正面筛选，而不仅仅是排除特定股票。在债券投资领域，人们对绿色和可持续性债券更感兴趣。对于被动投资者而言，主要基准上的 ESG 对应指数的出现使得交易所交易基金（ETF）能够复制或覆盖 ESG 风险敞口。同时，交易所上市的 ESG 期货和期权合约的种类及规模也显示出明显的增长趋势。

三、主要缺点

第一，缺乏强制性统一 ESG 标准。目前，在影响企业的实质性 ESG 问题上仍缺乏一致意见，区域 ESG 方法缺乏统一性，关键 ESG 评级和数据点缺乏标准化。同时，需要考虑的大量披露和报告要求，以及出台的进一步强制性法规。另外，不同的资产所有者和管理者参与程度和投票参与程度不同。

第二，资本市场的热情难以扭转实体经济的冷漠。目前，在实体经济中拥抱并执行 ESG 的标准的企业数量有限，资本市场上的投资机构所做的只是按照自己对 ESG 问题的意愿重新给实体经济中的所有企业换一个标签。换标签之后，投资机构对所谓的 ESG 公司跟风式地进行一番炒作。短期内的炒作确实能够给提前进入的投资者带来所谓的超额收益，但是所谓的 ESG 企业是否真的能够对 ESG 有贡献则要另当别论。更重要的是，如果实体经济中的消费者对所谓的 ESG 公司的产品不买账，那么在资本市场上，公司市值最终也会回落到由其长期净收益决定的内在价值。

这个道理可以从反例来看，不少有道德信念的投资人很早就意识到烟草、酒精饮料、赌博、枪支弹药等行业无益于整个社会，视其为"罪恶行业"而禁止投资，但是在消费者对"罪恶行业"提供的产品或服务趋之若鹜的条件下，

"罪恶公司"也照样赚得盆满钵满，公司股价不断创出新高，设法避开这类"罪恶公司"，投资者反而失去不少机会。因此，ESG 价值最终来源于实体经济中最终消费者的认可和支付意愿，而不是来源于资本市场中的投资机构一厢情愿式的标签化炒作。2008 年美国金融危机启示我们，即使在标签化处理后评级最高的资产支持证券（ABS），当其底层资产的债务人纷纷违约时，它们的价值也很快归零。投资终极目的是满足消费者偏好，只有通过技术的、教育的手段将消费者偏好向 ESG 良性循环方向引导，ESG 价值才会日益彰显。

四、理论反思

从形式上看，ESG 框架是发达国家倡导的针对环境、社会、治理等领域的全球性问题而提出的综合解决方案。实际上，造成目前全球问题的根源很多，诸如西方盛行的征服自然的偏执文化、企业价值最大化的贪婪追求、技术统治主义、霸权主义和强权政治，而 ESG 框架并不打算去纠正这些造成全球问题的根源。如果对症下药，那么就要敬天保民，倡导天人合一的文化、放弃贪得无厌的短期利润最大化、携手构建人类命运共同体。问题的关键在于，又有多少西方人能够提出或愿意接受这些根本性解决方案呢？例如，胖东来超市在中国商超是神一样的存在，但是没听说有其他人真正复制了它，因为胖东来本质上已经变成了一个社会文化实体——店面不搞扩张，彻底从顾客视角进行经营，真心对待所在的社区，利润的 90% 返还给员工和社会，公益从不缺席，既出钱又出人。这种真心换真心的社会企业模式，至少目前显得曲高和寡，人们还是愿意信奉股东价值最大化的华尔街主义。

第四节 本质价值

根据马克思主义和中华优秀传统文化中的"利者义之合""理财正辞禁民为非"，结合股东价值、利益相关者价值和 ESG 价值的科学成分，可以谨慎地概括：单向看，价值是客体能够满足主体需要的效益关系；多向看，主体与客体之间具有迭代互换性、积累反馈性、层级无限性和自觉能动性。借用柯维（Stephen R.Covey）提出的关注范围和影响范围，行为主体（政府、企业、组织或个人）一定要自觉保持关注范围与影响范围的相称性，才能够积极主动地发现、创造和维护价值。在现代市场经济体制和社会化大生产条件下，行为主体的影响范围与其关注范围往往不一致，多数情况下是影响范围大于关注范围导致对公共问题冷漠，有时影响范围小于关注范围导致手足无措，这是造成 ESG 问题的主要原因。在中华优秀传统文化中，天人合一的世界观、见利思义的价值观、民为邦本的政治观、强本节用的理财观和资富能训的发展观，都有利于转换人们思考范式和构想针对 ESG 问题的终极解决方案。前面章节已介绍了见利思义和民为邦本，以下简要介绍天人合一的世界观、强本节用的理财观、资富能训的发展观。

一、天人合一

"天人合一"是中国哲学的基本特征，其贯穿于中国传统文化的绵绵历史长河之中。这是中国文化与西方文化的不同之处：西方的认识论将人置于世界之外看待世界，人与世界是对立的，割裂了人与世界的关系；中国文化则将人融入世界之中，人是自然的一部分，你中有我，我只有你，人和世界不能彼此孤立而存在。王阳明说："大人者，以天地万物为一体者也，其视天下犹一家，中国犹一人焉。"[①]《易·系辞下》曰："《易》之为书也，广大悉备。有天道焉，有人道焉，有地道焉。兼三材而两之，故六。六者非它也，三材之道也。"这段话是说，每一卦的六爻都载有天地人三才之道。确切地说，六爻自下而上，初爻二爻象地，而载"柔刚"之道，三爻四爻象人，而载"仁义"之道；五爻上爻象天，而载"阴阳"之道。天地人不可相离，人道受到天道和地道的约束，所以处于人道的爻位"三多凶""四多惧"；而与人道（三爻四爻）最接近的地道（二爻）和天道（五爻）的价值最容易彰显出来，所以"二多誉""五多功"；与人道距离最远的初爻和上爻，则处于两极，"初难知，上易知"。其实，把六爻分为下卦和上卦之后，二爻则是下卦的人道，五爻则是

---

①[明] 王阳明 . 王阳明全集（下）[M]. 上海：上海古籍出版社，1992: 967.

上卦的人道，"二多誉""五多功"的结论启示我们，事情成败的关键还是取决于人道，取决于人道与天道、地道的契合。荀子曰："天有其时，地有其财，人有其治，夫是之谓能参。舍其所以参而愿其所参，则惑矣。"（《荀子·天论》）意思是说，天有它的时节变化，地有它的财富资源，人有他的治理方法，这就叫作人道能与天道地道相匹配，舍弃相匹配的治理方法而期望达到相匹配的功能，那就太糊涂了。

《易·说卦》曰："昔者圣人之作《易》也，将以顺性命之理。是以立天之道，曰阴与阳。立地之道，曰柔与刚。立人之道，曰仁与义。兼三才而两之，故《易》六画而成卦。"这段话是说，圣人创作《易》是指用它来顺应人性天命的规律，分别用阴阳、仁义和刚柔确立天道、人道和地道，把兼备了天、地、人的三才加以重叠，就产生了六画的卦形。《易·系辞上》曰："六爻之动，三极之道也。"这句话是说，六爻的变动，包含了天地人变化的道理。《易》的核心精神是"推天道以明人事者也"。通晓三极之道，就可以"与天地相似，故不违。知周乎万物，而道济天下，故不过。旁行而不流，乐天知命，故不忧。安土敦乎仁，故能爱"。放眼当前面临的全球问题，特别是ESG问题，只有秉持天人合一宇宙观，通晓三极之道，才有可能天地之道则不违，为人处世则不过、不忧、能爱。

二、强本节用

强本节用的思想来自荀子，他认为："天行有常，不为尧存，不为桀亡。应之以治则吉，应之以乱则凶。强本而节用，则天不能贫；养备而动时，则天不能病；循道而不贰，则天不能祸。故水旱不能使之饥渴，寒暑不能使之疾，祅怪不能使之凶。本荒而用侈，则天不能使之富；养略而动罕，则天不能使之全；倍道而妄行，则天不能使之吉。故水旱未至而饥，寒暑未薄而疾，祅怪未至而凶……天有常道矣，地有常数矣，君子有常体矣……君子敬其在己者，而不慕其在天者；小人错其在己者，而慕其在天者。"（《荀子·天论》）这段话的中心思想是把关注范围调整至与影响范围相匹配的水平，养备修道，则足以富足安康。

《大学》云："生财有大道。生之者众，食之者寡，为之者疾，用之者舒，则财恒足矣。"意思是说，生产财富有道可循，就是生产财富的人多，消费财富的人少，生产经营要快捷，消费耗用要缓慢，那么财富就会经常充裕富足。这是强本节用原则的具体展开。《礼记》云："三年耕，必有一年之食；九年耕，必有三年之食。以三十年之通，虽有凶旱水溢，民无菜色，然后天子食，日举以乐。"（《礼记·王制》）意思是说：耕种三年，一定要有可供一年食用的余粮；耕种九年，一定要有可供三年食用的余粮；以三十年国家收入的平均数来制定国用，即使国家发生旱涝灾害，百姓也不会有那种只吃野菜的饥饿面色，这样天子才能安心吃饭，每日餐饮时演奏着音乐。

三、资富能训

"资富能训"出自《尚书》，其含义是物质文明建设与精神文明建设兼顾，做到富而有德、富而有义，只有这样方能真正做到可持续发展，反对为富不仁、为富不义。文献记载："资富能训，惟以永年。惟德惟义，时乃大训。不由古训，于何其训。"（《尚书·周书·毕命》）意思是说，拥有财富而又能遵守古训，这样才可以长久。只有德义才是伟大的古训，不依照古训，依照什么训诫呢？"资富能训"理念与《易经》的"理财正辞、禁民为非"思想相互印证，二者之间是一脉相承的关系。因此，在我国古代社会，很多大户人家都把"积善之家必有余庆，资富能训惟以永年"作为家训和楹联。美国钢铁大王卡耐基有一句名言，"在富贵中死去是一种耻辱"[1]，意思是说，富人从社会获取的巨大财富应该以明智的方式回报给社会，财富是提高生命质量的手段而不能作为最终目的。

财富无常而德义永恒，从长期投资的角度看，不论个人、家庭、企业、单位还是国家，在积累一定财富之后，应该及时地把它转化为德义，因此有"仁者以财发身，不仁者以身发财"（《礼记·大学》）之说。孟子说："分人以财谓之惠，教人以善谓之忠，为天下得人者谓之仁。是故以天下与人易，为

---

[1] [美] 安德鲁·卡内基. 财富的福音 [M]. 杨会军，译. 北京：京华出版社，2006：35.

天下得人难。"(《孟子·滕文公上》)《史记》记载："(范蠡)十九年之中三致千金，再分散与贫交疏昆弟。此所谓富好行其德者也。后年衰老而听子孙，子孙修业而息之，遂至巨万。故言富者皆称陶朱公。"由此可见，范蠡被世人所敬仰，根本原因是他"富好行其德"。关于"资富能训，惟以永年"的最好注解，就是司马迁总结的"居之一岁，种之以谷；十岁，树之以木；百岁，来之以德。德者，人物之谓也"(《史记·货殖列传》)。

第五篇　事之干

　　《易·乾文言》曰："贞者，事之干也。贞固足以干事。"这里的"干"，指古代防御兵器（盾牌），引申为防御、治理和整饬；"事"指事物的败坏趋势（熵增）。《序卦传》："以喜随人者必有事，故受之以蛊。蛊者，事也。"《蛊卦》是对"事之干"的具体阐释。《蛊卦》的卦辞主张"先甲三日，后甲三日"，其中"甲"也是指古代防御兵器（铠甲），引申为防御和治理；"三日"指的是三爻，一卦共有六爻，"先甲三日，后甲三日"意味着全程的风险防御和治理。本篇侧重于从风险管理的角度阐述如何正确处理整全投资中所面临的威胁和机遇，具体包括《风险管理》和《风险利用》两章内容，阐释如何保障整全投资的财道辅义。

柯林斯（Jim Collins）总结道："卓越企业缔造者的特别之处在于，他们能在企业处于高峰和低谷时始终保持高度的警觉。无论是顺境还是逆境，他们都会居安思危，未雨绸缪。他们会提前做好准备，建立储备，预留安全空间，限制风险，砥砺纪律。这样一来，他们可以有力、灵活而从容地处理动荡的局面。"[①] 安德森（Steve Anderson, 2021）写道："在研究商业风险35年之后，我认识到，实际情况中只有两种商业风险：接受委托所需承受的风险和遗漏的风险。换句话说，即你承担的风险和未承担的风险……我已经意识到，风险与业务增长之间存在着不可或缺的联系，很多人却忽视了这一联系。从这个有利的角度来看待风险，我们可以让风险发挥非常积极的作用。"[②] 张磊（2020）说："创业活动本身最大的风险其实就是保持不变、不敢去冒险，如果创业者不去冒险的话，投资人就在冒最大的风险。"[③]

---

① [美] 柯林斯, 拉齐尔. 卓越基因 [M]. 陈劲, 姜智勇, 译. 北京: 中信出版集团, 2022: 235—236.

② [美] 史蒂夫·安德森. 贝佐斯致股东的信 [M]. 汤文静, 译. 北京: 北京联合出版公司, 2021: 14.

③ 张磊. 价值: 我对投资的思考 [M]. 杭州: 浙江教育出版社, 2020: 213.

第十一章　风险管理

随着经济社会的发展、科学技术的进步和人类活动活动范围的扩大，人类的决策和行动对自然界和社会本身的影响力也大大增强，人类面临的风险结构从自然风险占主导逐渐演变成人为的不确定性占主导，从而标志着人类进入风险社会。贝克（Ulrich Beck，1991）在《解毒剂》一书中提出"有组织的不负责任"概念。这个概念是指：在资本主义国家，公司、政策制定者和专家结成的联盟制造了当代社会中的危险，然后又建立一套话语来推卸责任。这样一来，他们把自己制造的危险转化为某种"风险"。"有组织的不负责任"实际上反映了现代治理形态在风险社会中面临的困境。由于资本主义生产关系的局限性，这种"有组织的不负责任"所带来的风险不仅很难得到缓解，而且存在愈演愈烈的趋势。

我国全面社会主义现代化事业需要应对各种严峻复杂局面，这要求各类投资者必须常怀忧虑、居安思危，勇敢应对各种风险考验，主动防范和化解各类风险。在社会主义中国，广大人民群众的根本利益是一致性的，从而决定着中国有条件从根本上消除"有组织的不负责任"问题。目前，风险管理是一门发展得比较成熟的学科，我们可以运用其成熟的原则、方法和技术，提高各类投资实践的风险管理能力。传统风险管理的基本理念是以最小的成本获得最大的风险保障，最新的发展成果是通过明智地承担风险以抓住蕴含在风险中的机会。

第一节　无恒安息

我们在追求目标时所做的每一个选择都有风险。孔子说："作《易》者，其有忧患乎？"（《周易・系辞下》）不仅先民面临着极为险恶的生存环境，即使在今天，人们的忧患也不曾减少，如前面提到的严峻的 ESG&D 问题。《周易》堪称我国最早的风险著作，在中国古代经济思想宝库中极具价值，至今仍极富魅力。风险的本质是自然状态的不确定性、人的主观行为以及两者结合所蕴含的潜在结果。《周易》对不确定性的强调与叙述俯拾即是，最具代表性的是《雷风恒卦》。《恒》论述的主题是恒久，而其卦象构成竟然是世界上最变动不居、最转瞬即逝的"雷"和"风"。《恒》告诉我们，"恒久"寓于变化之中，非变则无"恒"，彰显"穷则变，变则通，通则久"的内涵。此外，《周易》还专辟《坎为水卦》演示风险，喻示人们要懂得风险的普遍性和谨慎管理风险。在《周易》的卦爻辞中关于风险的告诫和提醒不胜枚举。

在古今中外的风险管理文献中，《周易》最突出的亮点是强调人格准备。《周易》认为：没有人格准备，就没办法抵御风险，人格的缺失是灾祸的根源；君子能做到逢凶化吉，而小人则弄巧成拙、诸事不顺。古语说"多行不义必自毙"（《左传·郑伯克段于鄢》），"得道多助，失道寡助"（《孟子·公孙丑下》），"自天佑之，吉无不利"（《易·系辞上》）。例如，《史记》详细记载了陶朱公（范蠡）的二儿子（次男）因杀人被楚国囚禁，范蠡准备派小儿子（少男）去营救，而大儿子（长男）以死相逼央求着要去参与营救，结果弄巧成拙反而杀死次男的故事。最终，在长男带着次男的尸体回到家之后，他母亲和陶邑的人都感到很悲伤，唯有陶朱公（范蠡）一个人发笑。范蠡解释说："吾固知必杀其弟也！彼非不爱其弟，顾有所不能忍者也。是少与我俱，见苦，为生难，故重弃财。至如少弟者，生而见我富，乘坚驱良逐狡兔，岂知财所从来，故轻弃之，非所惜吝。前日吾所为欲遣少子，固为其能弃财故也。而长者不能，故卒以杀其弟，事之理也，无足悲者。吾日夜固以望其丧之来也。"（《史记·越王勾践世家》）

这个故事的幕后主导人物庄生做得也无可挑剔。庄生本打算在办成事之后把一千镒黄金原封不动地退还给范蠡，暂时收下黄金算是让委托人放心的信物，并且明确吩咐长男："可疾去矣，慎毋留！即弟出，勿问所以然。"可惜长男却自作聪明，私自留在楚国，用自己私下带来的黄金贿赂楚国显贵掌权的人，在打听到楚王准备大赦天下之时竟然去找庄生索要黄金，取走黄金之后还自鸣得意。何等以小人之心度君子之腹！任何一个人对长男的这种背信弃义行为都会感到深恶痛绝，何况是以廉洁正直闻名于天下的庄生呢？《史记》记载"庄生羞为儿子所卖"。后来，庄生向楚怀王进言一句话，结果楚王大怒，下令诛杀朱公子（次男），第二天特赦天下。因此范蠡认为这种下场属于"事之理也，无足悲者"。

一、风险概述

随着现代经济社会的变化速度加快，我们也要适应性地改变对风险的态度。马克·扎克伯格（Mark Zuckerberg）说："在一个变化非常快的世界里，不承担风险是保证失败的唯一策略。"[1] 什么是风险呢？在古人看来，风险就是"险"。"险"在《周易》中先后出现 23 次。"辞有险易"（《易·系辞上》），"德行恒易以知险"（《易·系辞下》），这里"险"与"易"相对，可以把"险""易"分别理解为"成功概率很低的事情"和"成功概率很高的事情"。汉语中，这种"险易"成对出现的用法相当普遍，如"君子居易以俟命，小人行险以徼幸"（《中庸》）。"动乎险中"（《屯卦·彖辞》），这里，"动"指下卦震，"险"指上卦坎。其中，"坎"表示"险"，这是《周易》最惯常的寓意，类似例子包括："山下有险，险而止"（《蒙卦·彖辞》），"险在前也"（《需卦·彖辞》《蹇卦·彖辞》），"上刚下险，险而健"（《讼卦·彖辞》），"行险而顺"（《师卦·彖辞》），《坎卦》的 8 个"险"字。这说明在中国传统文化中，水是险的来源和象征，大禹治水是中国古代风险管理的经典案例。"见险而能止，知矣哉"（《蹇卦·彖辞》），意思是说，遇到险难即能停止，这才明智啊！这里提供了风险规避的应对策略（险而止）。"险以动，动而免乎险"（《解卦·彖辞》），意思是说，身陷险境而努力行动，行动而能脱离危险。这里提供了风险抑制的应对策略（险以动）。"险以说，困而不失其所；亨，其唯君子乎"（《困卦·彖辞》），意思是说，

---

[1] Hopkin, Paul and Christopher Thompson. *Fundamentals of Risk Management: Understanding, Evaluating and Implementing Effective Enterprise Risk Management*, 6th ed., Kogan Page Ltd, 2022, p.15.

处险难而心中愉悦，这样虽处困顿，却不失亨通之道，大概只有君子才能做到这一步吧。这里提供了风险自留的应对策略（险以悦）。"说以行险，当位以节，中正以通"（《节卦·象辞》），意思是说，以欣喜的态度穿行于险难中，居位妥当而能自我节制，居中守正因而能畅通无阻。这里提供了"节"和"通"的风险应对策略。

从另外一个角度看，在中国传统文化中，水通常也是财富和智慧的象征。《说卦》云："润万物者，莫润乎水。"意思是说，使万物受到滋润的，没有比水更湿润的了。《中庸》云："今夫水，一勺之多，及其不测，鼋、鼍、蛟、龙、鱼、鳖生焉，货财殖焉。"意思说，今天所说的水，是众多细流聚集起来的，以至于深不可测，鼋、鼍、蛟、龙、鱼、鳖在里面生长，财富在里面增殖。《道德经》云："上善若水。水善利万物而不争，处众人之所恶，故几于道。"《论语》曰："知者乐水，仁者乐山。""利涉大川"是《周易》卦爻辞中的常用语，它与水直接相关，它在《需》《同人》《蛊》《大畜》《益》《涣》《中孚》卦的卦辞与《颐》卦上九爻辞、《未济》卦六三爻辞中出现，共 9 处。"大川"指大河巨流，它横亘于大地，形成难以逾越的天堑，"利涉大川"蕴含着激励人们勇于排险克难、开拓进取、建功立业的积极意义。水既是险又是利，这在本质上刻画了风险的一个基本属性，即风险与收益经常纠缠在一起。

英国风险管理协会（The Institute of Risk Management, IRM）将风险定义为事件发生概率及其后果的组合，其范围包括积极后果与消极后果。每种风险都有其自身的特点，需要具体问题具体分析。根据美国精算师学会的说法，"风险"一词用于可能结果的概率已知或者可以以某种程度的准确性进行估计的情况，而不确定性则用于无法估计此类概率的情况。2013 年我国推出的《风险管理：术语》，将风险界定为"不确定性对目标的影响"，并解释道："影响是指偏离预期，可以是正面的和 / 或负面的；目标可以是不同方面（如财务、健康与安全、环境等）和层面（如战略、组织、项目、产品和过程等）的目标；通常用潜在事件、后果或者两者的组合来区分风险；通常用事件后果（包括情形的变化）和事件发生可能性的组合来表示风险；不确定性是指对事件及其后果或可能性的信息缺失或了解片面的状态。"[①]

二、风险衡量

风险发生的可能性与影响程度可以使用风险矩阵来描述。图 11-1 是一个简单的风险矩阵，其中，横轴表示可能性，是指事件发生的可能性高低；纵轴用于表示风险事件对主体目标的影响程度。该术语覆盖了合规风险、危害风险（纯粹风险）、控制风险和机会风险。图 11-1 风险矩阵运用影响程度与可能性两个指标对风险进行量化。在风险管理活动中，可能性高低与影响程度之间通常呈现反比关系。例如，在危险（纯粹风险）管理领域，存在海因里希法则（Heinrich's Law）。它是 1941 年美国安全工程师海因里希从许多灾害统计数据中得出的规律，即每 1 起严重事故的背后，必然有 29 次轻微事故和 300 起事故隐患。[②]海因里希统计了 55 万件机械事故，其中死亡、重伤事故 1666 件，轻伤 48334 件，其余则为无伤害事故，从而得出 1∶29∶300 的海因里奇法则。反过来说，每 1 起严重事故的背后，必然有 29 次轻微事故和 300 起事故隐患。海因里希法则带来的重要启示是：要防微杜渐，重大事故的发生是无数个轻微事故量变的结果；再完美的技术和制度，在实际操作层面都无法取代人自身的素质和责任心；任何事故都是可以预防、可以管理的；"自然"的耐心远大于人类，人类通常秉持"事不过三"的惩罚法则，而"自然"通常坚持"事不过三百"的惩罚法则。

---

①国家质量监督检验检疫总局、国家标准化管理委员会.风险管理：术语[S].北京：中国标准出版社，2013：1.(GB/T 23694-2013).

②Arai, Katsuki, et al.*Agent-Based Modeling Meets Gaming Simulation*.Springer, 2018, pp.61—62.

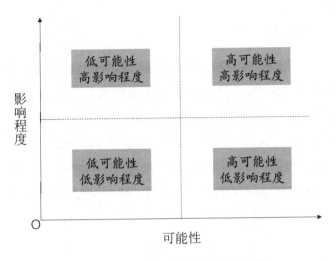

图11-1　风险的可能性和影响程度

　　风险是人类有目的实践活动的伴随物，它具有客观性、普遍性（无处不在、无时不在）、不确定性和发展性等显著特征。在实践中，投资主体既要管理基础活动又要管理基础活动蕴含的风险，并且两种管理活动需要同时进行。但是，从可能性高低与影响程度两个指标看，管理基础活动的侧重点与管理风险的侧重点往往不同。基础活动的效用总是默认为是正的，管理基础活动往往侧重于事情成功的可能性，侧重于大概率正效应事情的积累效应，因此有"君子居易以俟命"的教导。风险的效用通常默认为是负的，管理风险往往侧重于事件的不利影响程度，侧重于对潜在的、影响程度重大的灭顶之灾的化解或规避，因此有"君子不立危墙之下"的训诫。在风险管理中，风险偏好、风险容忍度与风险的影响程度密切相关。风险偏好是指主体寻求或保留风险的意愿，即在从事基础活动过程中愿意接受的绩效波动程度或损失程度。风险容忍是指主体为实现目标在风险应对之后承担风险的意愿，即主体在业务风险偏好定义的背景下实施的操作边界或参数。

三、风险厌恶

风险厌恶是指主体对风险反感的态度，该指标可以测算主体借助付费来转移风险的意愿，或者让其愿意承担风险必须索取的风险溢价。可以证明，只要行为主体的财富效用函数遵循边际效用递减规律，那么期望值相等的财富所带来的效用，在确定性条件下的必然大于在不确定性（风险）条件下的，在小不确定性（风险）条件下的必然大于在大不确定性（风险）条件下的。换句话说，风险给人们带来的效用是负的，风险在交易市场上是"负商品"，转移风险的一方非但不能向接受风险的对方收取风险转让费，而且还需要向对方支付风险转让费，即保险费或风险溢价。

风险厌恶定律适用于合规风险、危害风险、控制风险和机会风险等各种类型的风险。在投资领域，人们普遍是厌恶风险的，即投资者普遍不愿承担风险，除非对其所要承担的风险进行额外补偿。因此，对于具有相同收益率的不同投资项目，投资者首先选择风险小的。为了吸引人们投资风险较大的投资项目，必须保证投资项目有较高的预期收益，即支付给投资者额外的风险溢价。在投资者保持风险厌恶的条件下，投资预期收益与风险水平总是呈正比。风险溢价的高低取决于投资者对风险的厌恶程度。这里，我们把风险的效用溢价界定为风险投资的预期收益与确定性等值之差，它代表投资者为转移风险愿意付出的最高成本，或者接受风险而期望获得的最低风险补偿。在投资理论中，通常用风险溢价来解释投资的预期收益与风险之间的关系。

在投资实践中，风险厌恶程度往往因人而异，它是内生于投资者的一个变量，通常与投资者的经验阅历、教育背景和性格等因素有关。不难理解，一个人的财富效用函数中的边际效用递减的速度越快，则他的风险厌恶程度就越高。如果用 $U(w)$ 表示效用函数，$U(w)>0$，且二阶可导，那么边际效用为 $U'(w)$，$U'(w) \geq 0$，边际效用递减的速度为 $U''(w)$，$U''(w)<0$。在经济学中，通常用绝对风险厌恶系数（A）和相对风险厌恶系数（R）来测量一个人风险厌恶程度的高低。其中，$A=-U''(w)/U'(w)$，$R=[-U''(w)/U'(w)] \times w=Aw$。两者主要区别在于，绝对风险厌恶（A）不考虑个人的财富多少；相对风险厌

恶（R）则加入了财富（w），相对风险厌恶意味着人们的风险厌恶程度将随着财富的不同而变化。

风险厌恶带来的基本启示主要有：（1）风险本身是负商品，如果投资者有条件以低于效用溢价的代价把风险转移出去，那么这种交易显然能改善风险转出者的福利，这是人们广泛采用金融衍生品或保险进行套期保值的根本原因；（2）风险本身是负商品，如果投资者管理风险的成本低于风险的效用溢价，那么这种风险管理行为就能够提升实践主体的福利水平，这是人们越来越广泛地参与风险管理的主要原因；（3）在风险具有次可加性的前提下，风险管理主体在聚集足够数量的同质风险后，其实际风险管理成本往往会低于风险的效用溢价，这是保险公司或大型金融机构不断发展壮大的重要原因。

四、风险管理

主体的基础活动通常都伴随着风险，而风险给人们带来的效用又是负的，因此在人类历史上，风险管理活动与人类的基础实践活动一样古老。可以说，人类历史也是风险管理的发展历史。传统上，风险管理是指主体通过对风险的识别、衡量和分析，选择最有效的应对方式，主动地、有目的地管理风险的过程。风险管理在纯粹风险（危险）领域有着最悠久的历史和最早的起源。例如，公元前 3000 年中国长江流域的船帮组织，为避免同人货物载于同船上可能出现的全部损失，采取彼此互换分装的办法以分散危险，所谓"鸡蛋不要放在一个篮子里"，这已经具备了现代保险中多人分摊风险损失的思想。危险会破坏基础活动的目标，影响程度是衡量标准危险的重要指标。随着保险体系的发展和完善，纯粹风险通常可以向保险公司投保。

传统风险管理仅限于危害风险（纯粹风险），包括财产、责任和人员相关风险。20 世纪 90 年代出现了一个新趋势，许多企业开始扩大风险管理项目的范围，将投机性的金融风险也包括在内。一些大型组织更进一步，扩大了风险管理项目集，以考虑组织面临的所有风险以及这些风险的战略影响。这些处理组织的所有损失风险项目集被称为企业风险管理。企业风险管理是一门战略性业务学科，通过解决组织的所有风险并将这些风险的综合影响作为一个整体风险组合来管理，从而支持实现组织的业务目标。

与传统风险管理相比较，企业风险管理的显著特征包括：（1）涵盖组织面临的所有领域的风险，包括财务风险、运营风险、战略风险、危害风险和其他风险；（2）考虑投资组合方法而不是孤立地看待风险，对组织面临的风险进行优先排序和管理；（3）评估与内部和外部环境、利益相关者、系统和环境相关的风险组合；（4）认识到整个组织的风险是相互关联的，并且组合风险不同于单个风险的总和；（5）提供管理所有风险的结构化流程，无论风险是定性的还是定量的；（6）在整个组织中嵌入风险管理，使其成为组织所有重大决策的组成部分。

企业风险管理给组织带来的好处包括：（1）增加机会范围；（2）识别和管理整个实体的风险；（3）增加积极成果和优势，同时减少负面意外；（4）降低绩效的变异性；（5）改进资源部署；（6）增强恢复力。

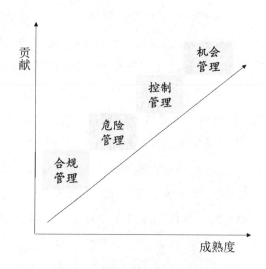

图11-2 风险管理的成熟度

资料来源：Hopkin, Paul and Christopher Thompson.*Fundamentals of Risk Management: Understanding, Evaluating and Implementing Effective Enterprise Risk Management*, 6th ed., Kogan Page Ltd, 2022, pp.50-52.

如图11-2所示，由左下方向右上方，四个风险管理成熟度级别代表了一种改进的风险管理方法。起初，一个组织可能不知道它所面临的法律和合同义务。在这种情况下，有必要将其与风险相关的义务告知组织。随着成熟程度的发展，组织将意识到遵守义务的必要性以及改进风险管理的更普遍的需要。一旦组织意识到其义务，就需要进行改革以应对危险。当组织应对风险时，它将寻求遵守适当的风险控制标准。在这一阶段之后，组织可能会意识到从风险中可以获得好处，从而有能力执行并将风险视为机会。道格拉斯·哈伯德（Douglas W.Hubbard，2020）在《风险管理的失败（第二版）》中将风险管理定义为"善于把握机会"[①]，一语道破了风险管理与价值创造之间的本质联系。

第二节　慎终如始

《尚书》云："若升高，必自下，若陟遐，必自迩。无轻民事，惟艰；无安厥位，惟危。慎终于始。"意思是说：如果升高，一定要从下面开始，如果行远，一定要从近处开始；不要轻视人民的事务，要想到它的难处；不要苟安君位，要想到它的危险；慎终要从开头做起。《道德经》云："民之从事，常于几成而败之，慎终如始，则无败事。"意思是说，人们做事经常在快要成功的时候失败，主要原因是不能在快要到终点的时候保持谨慎的态度。《说苑》有云："慎终如始，常以为戒；战战栗栗，日慎其事。"1949年3月5日，毛泽东在中国共产党第七届中央委员会第二次全体会议上号召："务必使同志们继续地保持谦虚、谨慎、不骄、不躁的作风，务必使同志们继续地保持艰苦奋斗的作风。"[②]电影《教父》有句经典台词："我用了一辈子，就学会了小心，女人和孩子可以粗心大意，但是男人不行。"从投资角度看，这个世界充满了风险和不确定性，几乎每前进一步都要穿行枪林弹雨，一旦不够小心谨慎和麻痹大意，失败必将接踵而至。

---

①Hubbard, Douglas W.*The Failure of Risk Management: Why It's Broken and How to Fix It.*Second Edition.John Wiley & Sons, Inc., 2020, pp.19—20.

② 毛泽东 . 毛泽东选集 . 第 4 卷 [M]. 北京 : 人民出版社 , 1991:1438—1439.

一、全程管理

《诗经》云："靡不有初，鲜克有终。"原意是说凡事都有个开始，但经常不了了之，没个结果。慎初而未能慎终，往往容易酿成人生之憾。这句话启示人们，要想避免功败垂成，重在全过程谨慎行事，任何时候都不能麻痹大意。2009 年 9 月 30 日我国发布的《风险管理：原则和实施指南》指出："风险管理适用于组织的全生命周期及其任何阶段。"[①]2017 年美国全国反虚假财务报告委员会下属的发起人委员会 (COSO) 新版的《企业风险管理框架》（COSO-ERM）提出贯穿风险管理价值创造全过程的五个要素和二十项原则。全程风险管理不仅仅是一种管理方法的变化，它也是一种思维方式的变革。从思维特征上看，全程管理实质上就是将全面质量管理（Quality Management，TQM）的思维方式应用于风险管理。TQM 的思维方式主要有"三全"思维方式、PDCA 循环思维方式、"关键的少数和非关键的多数"（80/20 原则）思维方式等，而全程风险管理模式正是基于这些思维方式而生的。全程风险管理不仅强调慎终如始的全过程，更注重风险的事先预防。成功的风险管理活动是相称的、一致的、全面的、嵌入的和动态的。

全程风险管理的默认逻辑是风险在时间过程维度上的连续性（风险无时不有）与人类注意力的间歇性之间的矛盾。《易经·乾卦》九三爻辞曰："君子终日乾乾，夕惕若厉，无咎。"意思是说，君子整天勤勉努力，直到夜静更深时还像遇到危险一样地保持着警惕性，这样就会免于灾祸。为什么是这样呢？孔子解释说："君子进德修业。忠信，所以进德也。修辞立其诚，所以居业也。知至至之，可与言几也。知终终之，可与存义也。是故居上位而不骄，在下位而不忧，故乾乾因其时而惕，虽危无咎矣。"（《文言传·乾文言》）孔子的意思是："君子要不断地增进自己的道德修养、发展事业。忠诚待人，言而有信，通过增进道德和修饰自己的言辞的方法树立诚实可靠的形象，这也是蓄积功

---

①国家质量监督检验检疫总局，国家标准化管理委员会.风险管理:原则与实施指南[S].北京:中国标准出版社,2009:1.

业的方法。知道自己在事业上所能达到的目标，就去努力去实现它，这样的人才是可以谈论事物发展的征兆的人；能预知自己将有某种结果，而去努力奋斗得到这种结果，这样的人就可以与他共同保持适宜的状况。因为这样的人们能身居上位而不骄傲，身处下位而不忧愁，所以能随着时间的不断流逝，而始终保持强健和警惕，即使是有危险也不会酿成灾祸。"

二、全面管理

全面风险管理的默认逻辑是风险的普遍性（无处不在）与各种风险相互之间的次可加性之间的矛盾。风险无处不在，意味着组织的每一层级、每一单元、每一活动、每一人员都必须进行风险管理。各类风险之间的次可加性，意味着从整个组织的角度管理风险的方式与逐个地管理风险的方式相比具有显著的规模经济和范围经济优势。2004 年 COSO 推出的《企业风险管理：整合框架》强调"应用于整个企业、每个级别和单位，包括采用实体级别的风险组合观"。[1]2017 年 COSO 推出修订的《企业风险管理：整合战略与绩效》，第17 条原则强调"管理层需要从组织整理角度考虑风险，将组织作为一个整体去和实现绩效目标所需要承受的风险进行对比，而不是将其视为一个个单独的、分散的风险"[2]。

与全面风险管理联系最密切的一个术语是明确环境。根据《风险管理：术语》（GB/T23694-2013），明确环境是指组织在管理风险，以及为风险管理方针确定范围和风险准则时，确定需要考虑的内外部参数的过程。环境包括外部环境和内部环境。外部环境是指组织追求其目标实现时所处的外部状况，包括：国际、国内、区域或地方的文化、社会、政治、法律、法规、金融、技术、经济、自然以及竞争环境；对组织目标产生影响的关键驱动因素和趋势；与外部利益相关者的关系以及他们的感知和价值观。内部环境是指组织追求其

---

[1]Committee of Sponsoring Organizations of the Treadway Commission.*Enterprise Risk Management: Integrated Framework*, 2004, p.19.

[2]Committee of Sponsoring Organizations of the Treadway Commission.*Enterprise Risk Management: Integrating with Strategy and Performance*, 2017.p.31.

目标实现时所处的内部状况，包括：治理、组织结构、职能和责任；方针、目标，以及实现它们的战略；从资源和知识角度所理解的能力（如资本、时间、人力、过程、系统和技术）；信息系统、信息流和决策过程（正式的和非正式的）；与内部利益相关者的关系，以及他们的感知和价值观；组织文化；组织采用的标准、指南和模型；合同关系的形式和范围。[①]

三、风险文化

文化是风险管理有效性的最重要方面之一，文化浸润着人类的一切思想和行为，发挥着"润物细无声"的作用。风险文化是指使风险管理成为"一种生活方式"的情况。如果这种文化得以贯彻落实，那么剩余的事情人们很有可能会自行解决。之所以会出现这种情况，是因为在嵌入风险文化之后，采取负责任的行动，并给予风险适当的考虑，将成为默认的生活模式。目前，有远见的投资者或组织已经将风险管理从"一个额外流程或程序"提升到"一种内生文化或能力"的高度。风险文化是主体在经营管理活动中逐步形成的风险管理理念、哲学和价值观，并通过主体的风险管理战略、风险管理制度以及广大员工的风险管理行为表现出来的一种企业文化。风险文化是个人和组织的价值观、态度、风险偏好、能力和行为的组合，它决定组织承诺和风险管理风格。

英国学者玛丽·道格拉斯是第一位研究风险问题的社会学家，1982 年她在和维尔达夫斯基合著的《风险与文化》一书中，解释了公众不断增强的风险意识和关注科技风险的新现象。风险文化理论认为：现代社会风险不是一种制度规制下的社会秩序，而是作为一种心理认知的结果，是人们主观意识的结果，社会风险凸显的是一种文化现象。传统社会的推动力可以用"我饿"来概括，而风险社会的集体性格则可以用"我怕"来概括。

中华优秀传统文化具备抑制风险的内在属性，特别集中体现在和谐文化

---

① 国家质量监督检验检疫总局，国家标准化管理委员会.风险管理：术语 [S].北京：中国标准出版社，2013: 2-3.(GB/T 23694-2013)。

与德行文化之中。中华优秀传统文化重视道德生活和人伦规范，根本上是在追求人与人、人与自然和谐相处的关系，在这方面它与西方文化强调征服自然、一味地向"物"用力的征服文化存在显著差异。中国传统文化注重"人对人"之间关系的处理，而西方文化传统强调"人对物"的征服和开发。梁漱溟认为："毁灭人类的并不是科学，而是只知相争不知相让之人生态度。此种以自我为中心，而不能尊重对方，一味向外用力，而决不肯向内用力之人生态度，从来便是人类祸根。"①《周易》云："天行健，君子以自强不息。地势坤，君子以厚德载物。"个人或组织通过在正道上修炼自身的素质（元亨利贞）和素养（道德仁艺），就可以厚植起化险为夷的风险文化。

四、能力开发

2017 年 COSO 推出修订的《企业风险管理：整合战略与绩效》，将企业风险管理定义为"组织在创造、保持和实现价值的过程中，结合战略制定和执行，赖以进行管理风险的文化、能力和实践"②，此定义将风险管理直接从 2004 年框架下的"一个流程或程序"直接升格到"一种文化、能力和实践"，撇清了风险管理与内部控制的模糊关系。能力是完成一项目标或者任务所体现出来的综合素质，是主体对自然探索、认知、改造水平的度量。能力总是和人完成一定的实践相联系在一起的，离开了具体实践既不能表现人的能力，也不能发展人的能力。能力通常表现为正确地识别场景、采取恰当的应对工具以达成特定目标的综合素质。根据加拿大控制基准委员会（The Canadian Criteria of Control Board，CoCo）所述，能力是指企业相对于给定任务的胜任程度，它涉及知识、技能和工具、信息及信息的传递、协调和控制活动。

加拿大控制基准委员会认为，在任何一个企业中，控制均包括目的、承诺、能力、监控和学习等四个最基本的要素。CoCo 对四要素模型的解释是："一个人在理解任务目的的指导并且得到能力支持的情况下才会执行任务。这个

---

① 梁漱溟. 中国文化的命运 [M]. 北京：中信出版社，2010:170.

②Committee of Sponsoring Organizations of the Treadway Commission.*Enterprise Risk Management: Integrating with Strategy and Performance*, 2017.

人需要一种责任感才能很好地完成任务。该人员监控自己的表现和外部环境，以学习如何更好地完成任务以及任何必要的更改。在任何人类组织中，控制的本质是上述四个组成部分。"[1] 其中，能力包括五个维度：(1) 企业员工应当拥有必要的知识和技能以帮助企业实现其目标，或在特定情况下利用外部服务来满足企业需求；(2) 信息沟通过程应能支持组织的价值观并能促其达成企业目标；(3) 企业应当充分、及时地识别并向企业员工传递相关的信息资讯，以便企业员工能够执行其职责；(4) 企业内部不同部门之间的决策和行动应当相互协调；(5) 控制作业的设计应为组织不可分割的一部分，并考虑到组织目标、达成这些目标所面临的风险以及控制元素之间的关联性。

---

[1] CICA. Guidance on Control. Toronto: Criteria of Control Board, Canadian Institute of Chartered Accountants, 1995.

第十二章 风险利用

现代风险管理理论认为，风险与绩效成正比，高绩效必然伴随着高风险，低风险对应于低绩效。这种认识与经典投资理论的观点相吻合。经典投资理论认为：风险与收益成正比，低风险往往意味着低收益，高收益往往意味着高风险。因此，投资者在某种场景下可以把风险资源化，通过承担风险来创造价值，这与保险公司通过明智地承保风险而创造价值的原理类似。例如，多数人认为股票投资风险大，其实这种认识并不适合于所有场景，在安全边际很高的情况下投资股票的风险其实并不大，此时不仅投资股票的风险不大而且收益率却很高，并且从总体和长期看，投资股票的收益高于其他类别的投资工具。类似地，当资本市场对某种投资场景中的机会产生系统性误判时，投资者就可以把风险资源化，通过承担自己有能力承受的风险来赚取隐藏在风险背后的丰厚收益。风险资源化是风险管理实践发展到一定阶段的必然结果。

第一节 风险与绩效

2017 年 COSO 发布《企业风险管理：整合战略与绩效》，提出作为风险管理决策工具的风险－绩效曲线概念。如图 12-1 所示，横轴表示主体的基础活动期望达成的绩效，纵轴表示基础活动所蕴含的总体风险。就像经典投资理论 CAPM 模型所揭示的风险－收益之间的平衡规律一样，在竞争性经济实践中，风险与绩效之间往往也呈现出正相关关系。风险－绩效曲线为决策者提供了与特定战略或业务目标相关的风险总体图景。

一、绘制风险曲线

在绘制风险曲线时，主体必须了解以下几个关键变量：战略或相关业务目标，绩效目标及可接受的绩效变异幅度，主体的风险偏好和风险能力，在实现战略和业务目标过程中的风险严重程度。风险曲线能够使主体评估风险与绩效之间的关系。值得注意的是，对应于既定战略或业务目标的风险量通常不是静态的，它经常会随着绩效水平的变化而变化；要明确战略或业务目标的风险评估基础假设；要确定出评估的信心水平以及未知风险的可能性；在制定战略、业务目标、绩效目标或风险应对时可能需要采取纠正措施。

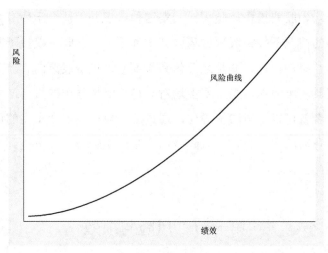

图12-1 风险-绩效曲线

资料来源：根据2017年COSO的《企业风险管理：整合战略与绩效》附件绘制。

为绘制风险－绩效曲线图，主体需要确定战略或业务目标的绩效水平与预期风险量之间的关系。在风险－绩效曲线图上，绩效沿横轴绘制，风险沿纵轴绘制，所得到的曲线通常称为"风险曲线"。通过考虑与实现业务目标或战略相对应的感知风险量来绘制每个数据点。随着绩效的变化，要考虑到风险的大小可能会如何变化。值得注意的是，风险可能会随着执行情况和业务环境的变化而变化。

在绘制数据点时，既可以采用定量方法也可以采用定性方法。如果主体有足够的战略或业务目标数据，那么就可以使用定量方法，如概率建模或回归分析。如果数据不可得或业务目标不是特别重要，那么可能更倾向于使用定性方法，例如进行访谈、召开研讨会或基准测试。注意，风险曲线是开放性的，在绘图时，应尽可能考虑到风险－绩效之间的各种组合，以便在接下来的决策中清楚地认识到基础活动所蕴含的风险大小。

二、风险中的绩效目标

1. 纳入风险偏好

借助风险曲线，可以勾勒出自己与拟定战略或业务目标相关的风险偏好。如图12-2所示，风险偏好绘制为与横轴（绩效）平行的一条水平线。该线的高度表示在给定时间点，风险偏好对于所有绩效水平保持不变。纵轴（风险）使用与主体风险偏好声明中提及的风险偏好相同的度量或表达方式。从交叉点（A点）开始向右上方的曲线高于风险偏好线，表明对应的绩效水平已经超过了主体的风险偏好，并且相应的风险会对主体造成损害。风险偏好应该成为设定绩效目标时的有效约束条件。

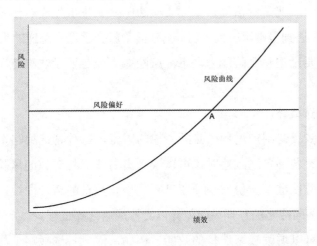

图12-2 纳入风险偏好的风险-绩效曲线

资料来源：根据 2017 年 COSO 的《企业风险管理：整合战略与绩效》附件绘制。

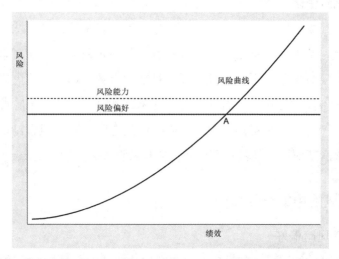

图12-3 纳入风险能力的风险-绩效曲线

资料来源：根据 2017 年 COSO 的《企业风险管理：整合战略与绩效》附件绘制。

有些主体还希望在风险偏好之上增加一条平行线，以表明风险能力。风险能力取决于主体承担风险的实力。如图 12-3 所示，风险能力位于风险偏好之上，为基础活动和风险管理活动提供相应的缓冲余地。风险能力与风险偏好之间的高度间隔就是价值投资中的安全边际。如果事先没有预留足够的安全边际，那么在遇到极端事件冲击时，基础活动就会遭遇不可逆的失败。因此，风险偏好一定要设定在风险能力之下，风险能力一定要设法维持在风险偏好之上。

2. 考察备选战略

风险是许多战略制定过程中必须考虑的因素，每种备选战略都有其自身的风险。在考察各种备选战略时，可以绘制出与战略相对应的风险曲线。对于每种战略，可以准备一份反映预期风险类型和数量的风险曲线。这些风险曲线通过突出不同战略的预期风险差异以支持战略选择过程。

风险曲线可以增强战略选择的效能。例如，假设备选战略 1 与备选战略 2 相比是一条更平坦的风险 - 收益曲线。对于备选战略 1，表明随着绩效的提高, 主体面临的增量风险更小。也就是说, 在风险偏好既定的情况下, 风险曲线和风险偏好的交叉点越向右延伸, 说明风险在超过主体的风险偏好之前, 绩效提高的机会就越大。在成熟、稳定的市场中运营的主体或预期风险较低的利益相关者可能会寻求类似备选战略 1 的方案。相反, 风险爱好者(如初创企业或风险资本家)可能会探索更典型的备选战略 2 的方案。在备选战略 2 的情况下, 主体会追求更具有进攻性的绩效, 以作为承担更大的风险的回报。

3. 设定业务或绩效目标

一旦选定了战略, 主体就可以通过类似的分析来确定各类业务目标。在对多种备选目标进行选择时, 需要设法弄清楚各类潜在业务目标在风险曲线上的形状和高度。首先, 需要为业务目标设定绩效目标。绩效目标需要根据风险偏好和所选战略来确定。在风险－绩效曲线图上, 目标展示了期望的绩效和相应的风险量。此外, 它还显示出可接受的风险量和风险偏好之间的距离。如图 12-4 所示, 主体越积极进取, 绩效目标与风险曲线的交叉点(A 点)与绩效目标和风险偏好的交叉点之间的距离越小(B 点)。

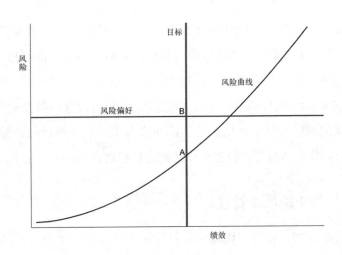

图12-4 纳入绩效目标的风险曲线

资料来源: 根据 2017 年 COSO 的《企业风险管理: 整合战略与绩效》附件绘制。

4. 设定可接受的绩效变化幅度

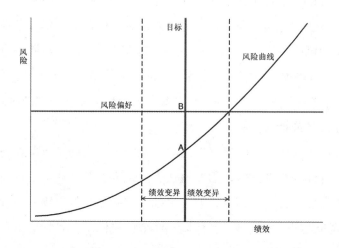

图12-5 纳入绩效变异的风险曲线

资料来源：根据 2017 年 COSO 的《企业风险管理：整合战略与绩效》附件绘制。

接下来，主体将确定绩效围绕既定目标可接受的变异（增减）幅度。如图 12-5 所示，用平行于绩效目标的两条虚线来表示可接受的绩效变异幅度。以目标为基准，设置左右变差来反映主体的风险偏好。实践中，没必要让左变异线和右变异线均与绩效目标保持等距。变异线设置得越接近绩效目标，意味着主体的风险偏好则越低。然而，在设置绩效变异指标时，需要在管理变异所需的额外资源与变异幅度大小之间进行权衡。

三、绩效中的风险管理

主体需要识别、评估和管理业务目标和所选战略中所蕴含的风险。在战略和绩效目标选择过程中所确定的任何潜在风险为识别和评估执行风险提供了一个起点。此过程为每个业务目标和总体战略的实际风险生成风险曲线图。由于多种原因，在战略和业务目标确定之后很可能会发现其他风险。主体可能在选择业务目标后完成更严谨的分析，或者可能获得更多信息，使其对风险状况的理解更有信心，或者可能已经确定由于业务环境的变化需要更新预期风险列表。风险识别过程的输出，即风险全域，构成了组织能够构建更可靠风险状况的基础。

1. 应用风险曲线评估风险

对风险曲线图中识别和包含的风险进行评估，以了解其对实现战略或业务目标的严重程度。对风险严重性的评估可侧重于风险曲线图的不同点，以达到不同的目的：确认绩效在可接受的绩效变化范围内；确认风险在风险偏好范围内；比较曲线上各点的风险严重程度；评估曲线中的中断点，在该中断点，风险量已超过主体的承受能力，并影响其绩效或战略或业务目标的实现。

在评估风险曲线与横轴的距离时，需要考虑已知（现有、新兴和新风险）和未知风险的总量。根据业务目标的类型、组织的经验和知识以及可用数据，可以用不同的置信度来估计未知风险的数量。未知风险的数目和数量越大，则风险曲线与横轴之间的距离通常也越大，以表明风险程度在增加。风险曲线到横轴的距离也表明多重风险如何影响同一业务目标。可以针对风险曲线的不同点选择使用不同的评估方法。当关注可接受的绩效变化时，风险数据分析可能是一种合适的方法。当观察曲线的极端部分时，情景分析研讨会可能会更有效地确定曲线的高度和形状。

2. 应用风险曲线确定风险优先级

主体如何确定风险的优先级将会影响战略或业务目标的风险－绩效曲线图。将优先标准纳入风险－绩效曲线图需要考虑应变力、复杂性、风险的速度、影响的持久性、恢复性，等等。应变力影响风险曲线的高度和形状，反映主体可以相对轻松地改变并沿着曲线移动。风险的复杂性通常会使风险曲线向上移动，以反映更大的风险。风险的速度可能会影响绩效可接受变化与目标之间的距离。当主体承认对绩效的持久影响时，持久性可能会反映在可接受的绩效变异范围内。恢复性，即恢复到可接受的绩效变化所需的时间，被视为持久性的一部分。实体恢复的方式将使风险曲线超出可接受的绩效变化和实体沿着曲线移动的相对容易程度。此外，很多风险管理主体选择使用严重性作为优先级标准。

3. 应用风险曲线考虑风险应对

一旦主体确定了风险－绩效曲线图，就可以决定是否需要额外的风险应对措施。采取风险应对措施目的是改变曲线的高度和形状，或曲线的适用部分，以使承受的风险保持在主体的风险偏好范围之内。风险曲线的高度和形状可能会受到所选择的风险应对的影响。可选择的风险应对措施主要包括：接受、规避、追求、降低、共担、审查业务目标、审查主体战略。

接受是指不需要采取进一步措施来影响风险的严重性，保持风险－绩效曲线图不变。当主体的绩效和对应的风险低于风险偏好线，并且当显示的绩效变异幅度在可接受的范围内时，选择此应对措施是恰当的。规避是指采取行动以消除风险。规避意味着主体无法找到将风险影响降低到可接受的严重程度。消除风险通常会使曲线向下或向左移动，目的是使目标绩效位于风险曲线和风险偏好交叉点的左侧。追求是指采取行动和接受更多风险以提高绩效。当选择利用风险时，主体需要了解在不超过目标剩余风险的情况下实现预期绩效所需的任何变更的性质和程度。这里，可能不会改变风险曲线，但目标可以定得更高。

降低是指采取措施降低风险的严重性。这里涉及将剩余风险降低到目标剩余风险－绩效曲线图和风险偏好之内的大量业务决策。有效降低风险将使该应对措施影响的路段的风险曲线变平。共担是指通过转移或以其他方式分担一部分风险来降低风险的严重性。常见的技术包括外包给专业服务提供商、购买保险产品和从事对冲交易。与降低应对措施一样，共担风险会根据风险偏好降低剩余风险。风险曲线的一部分可能会发生变化，尽管整个风险曲线可能与没采取共担风险措施前的曲线相似。

在已识别风险的严重性及可接受的绩效变异无法接受又无法管理时，主体会选择审查并可能修改业务目标。当其他类别的风险应对措施不代表主体期望的行动方案时，可能会发生这种情况。与审查业务目标类似，当其他类别的风险应对措施不代表主体所需的行动方案时，主体可能会修订战略或采用新战略。对战略的修订或采用新战略也需要制定新的风险－绩效曲线图。

4. 形成风险管理组合

在选择风险应对措施后，主体制定了剩余风险的综合观。此风险管理组合形成了主体所面临风险的整体风险管理组合图景。虽然风险管理组合代表了该级别的风险图景，但管理层可以选择通过各种角度来描述该图景。一个组织可以根据绩效的表达方式和所依赖的人员来选择如何描述风险管理组合。例如，首席财务官（CFO）可能专注于描述与财务绩效相关的风险严重程度的观点。首席运营官（COO）可以专注于描述与运营绩效相关的风险严重性的观点。首席人力资源官（CHRO）可能会专注于描述与文化和资源分配相关的风险严重性的观点。然而，这些观点中的每一种都基于对业务目标风险的共同理解。通过风险管理组合，组织可以识别严重的整体风险。在准备风险管理组合时，主体还可以选择开发一个风险－绩效图，为风险管理组合提供额外的分析场景。

5. 监控风险管理绩效

主体可以使用风险－绩效图来了解风险如何影响绩效。例如，管理层分析风险－绩效图，以确定与风险评估结果相比，当前绩效风险水平是否大于、小于或等于预期。此外，管理层还考虑绩效变化是否产生了影响曲线形状的新因素。根据这一分析，管理层可以采取纠正措施。

第二节 风险与收益

风险与收益及两者之间的关系一直是投资学研究的热点，也是投资学迄今仍未完全解决的难点。以 CAPM 为核心的经典金融理论揭示，风险与收益之间呈现正相关关系，即高收益必然伴随高风险，低风险意味着低收益。从资本市场的长期和总体情况看，CAPM 理论是正确的。令人啼笑皆非的是，由于赚快钱的欲望作祟，大量学者、证券从业者和投资者彻底抛弃了长期视野框架，妄想预测短期市场走势，可惜远水不解近渴，致使 CAPM 苍白无力。其实，投资者只要认识到资本市场是一个复杂系统，就不应该奢望有一种理论能够预测资本市场的短期走势。关于市场预测，考尔斯三世早在 1933 年就分析过

16家金融机构的7500份个股推荐意见，他的结论是：依据推荐意见得到的年投资收益率比市场平均收益率低1.4%；没有显著的统计证据表明预测者有能力战胜市场；那些失败的预测者的业绩比随机投资者的业绩还要差。[①] 经济学研究表明，人们确实倾向于短期满足，短期主义是人类的天性。

一、风险与收益历史统计

根据兹维·博迪（Zvi Bodie, 2022）的统计（见表12-1），在1927—2018年间美国资本市场主要大类资产的风险与收益率分布分别是：国库券的平均年收益率为3.38%，标准差为3.12%；长期国债的平均年收益率为5.83%，标准差为11.59%，风险溢价为2.45%；股票的平均年收益率为11.72%，标准差为20.05%，风险溢价为8.34%。如果计算夏普比率（Sharpe Ratio, SR）[②]，那么国库券的SR为0，长期国债的SR为0.21，股票的为0.42。从长期看，风险确实是平衡收益率的一个基本要素。根据夏普比率，股票是最值得长期投资的大类资产。

表12-1 1927—2018年美国主要资产类别投资的风险和回报（%）

资产类别	国库券	长期国债	股票
平均值	3.38	5.83	11.72
风险溢价	0	2.45	8.34
标准差	3.12	11.59	20.05
夏普比率	0	0.21	0.42
最大值	14.71	41.68	57.35
最小值	-0.02	-25.96	-44.04

资料来源：Bodie, Zvi, Kane, Alex, and Alan J. Marcus. Essentials of Investments, 12th ed., McGraw Hill LLC, 2022, p.129.

[①] Cowles 3rd, Alfred. "Can Stock Market Forecasters Forecast?" *Econometrica*, Vol.1, No.3, 1933, pp.309—324.

[②] 夏普比率=(预期收益率 - 无风险利率)/标准差，其目的是计算投资组合每承受一单位总风险，会产生多少的超额报酬。

表 12-1 使用了很长的样本期来估计风险和回报的平均水平。虽然平均值很可能是未来预期的有用指标，但需要注意的是，风险和预期回报都会随时间而波动不定。从年收益率的最大值和最小值的分布看，变化幅度最大的依次是股票、长期国债、国库券。即使用亏本的可能性来衡量风险，那么从一年的视角看，也是股票的风险最大，长期国债的风险居中，国库券的风险最小。

二、股权溢价之谜

Fisher 和 Lorie（1964）[1]发表《普通股的投资回报率》，是第一篇使用芝加哥大学证券价格研究中心（CRSP）的数据而公开发表的论文。数据覆盖了纽约股票交易所从 1926 年 1 月到 1960 年 12 月所有的月度收盘价。它描述了一只包含纽约交易所全部股票的投资组合（含红利）在不同期间已实现的持有期收益。许多人都惊叹这项收益与利率的比率是如此之高。这实际上就是20 年后发现的"股权溢价之谜"。

Mehra 与 Prescott（1985）[2]正式提出所谓的股权溢价之谜（Equity Premium Puzzle）。他们利用美国历史股票数据进行实证研究，发现美国从 1889 年到 1978 年的股票市场年平均收益率约为 6.89%，而同时期的美国无风险利率约为 0.8%。股票市场的收益率要远远高于债券市场的收益率，股票的超额收益为 6.18%。这个差额称之为股权溢价。Mehra 和 Prescott 在对英、法、德、日等比较发达国家的金融市场研究中也发现存在类似的溢价。Campbel（2003）研究了 12 个发达国家的股市后，发现大部分股市都存在股权溢价之谜。

Shlomo 和 Thaler（1995）[3]认为投资者是依据其投资组合价值的变化情况来度量效用的，也就是说效用来自投资收益，而不是消费者的资产整体水平。

---

[1]Fisher, Lawrence, and James H.Lorie."Rates of Return on Investments in Common Stocks." *The Journal of Business*, Vol.37, No.1, 1964, pp.1—21.

[2]Mehra, Rajnish, and Edward C.Prescott."The equity premium: a puzzle." *Journal of Monetary Economics*, Vol.15, No.2, 1985, pp.145-161.

[3]Benartzi, Shlomo, and Richard H.Thaler."Myopic loss aversion and the equity premium puzzle." *The Quarterly Journal of Economics*, Vol.110, 1995, pp.73—92.

当损失产生的伤害远高于获利所获得的快乐时，投资者会有厌恶损失的倾向。由于股票投资的时间相对债券来说可以很短，投资者在面对每天股市涨跌过程中，基于损失厌恶，就会减少股票投资或干脆不投资股票，所以如果股票无法提供相对于债券高出较多的收益就无法吸引投资者。这种现象被称为"短视的损失厌恶"。在认真观察投资者的行为心理特征或者审查股票市场的换手率之后，我们不难发现，用"短视的损失厌恶"来解释股票溢价之谜的观点，很有洞察力。人们对股票投资感知风险往往是大于其真实风险，从而导致系统性的股权溢价。

Barberis et al.（2001）[①]认为效用函数会受到金融财富变动的影响，财富增加与财富减少相比较之下，投资者对财富减少有更高的敏感度，也就是利用分析投资者之前的投资绩效，会影响投资人对风险的容忍度，使得股票收益更具波动性，进而产生更高的溢价。

三、追求低风险高收益

资本市场历史显示，股票收益率在大类资产中是最高的。从长期看，股票是投资者积累财富的必备工具。当然，如果用收益率的波动性来衡量风险，那么股票的风险在大类资产中也是最高的。然而，在实际的投资操作中，用亏本的可能性衡量风险则对投资操作更有现实意义指导。如果用亏本的可能性来衡量风险，那么股票市场经常会出现低风险、高收益的投资机会。根据本书第八章《见几而作》提出的股票指数动态安全边际指标，可以简单、直观、准确地计算出投资决策时刻的市场动态安全边际高低。注意，动态安全边际可以直接理解为相对于内在价值而言，市场报价打折或优惠的程度。动态安全边际越大，意味着市场报价优惠的程度越高，这意味着投资成本低且收益大，回报率越高且风险越小。动态安全边际越小（特别是为负值时），意味着市场报价中的泡沫越多，意味着投资成本越高且亏损越大，亏损率越高且风

①Barberis, Nicholas, Ming Huang, and Tiago Santos.Prospect Theory and Asset Prices[J]. *Quarterly Journal of Economics*, Vol.116, No.1, 2001, pp.1—53.

险越大。

对于被动投资者而言，只要在动态安全边际足够大（如大于 0.2）时直接购买股票指数基金或股票指数 ETF 即可。对于主动投资者而言，可以用股票市场动态安全边际作为参照指标，在股票指数成分公司中进行优中选优，即选择指数成分股中安全边际最大的少数几只股票构建积极股票投资组合，以期望在未来特定时期博取超过同期股票指数的收益率。实践证明，这种主动管理策略在动态安全边际足够高时不仅可行而且效果不错。由于整个股票市场的安全边际比较高，这两种投资策略所蕴含风险都比较低。

第三节　风险资源化

风险资源化是指借助积极风险管理技术去明智、主动地承担风险以追求蕴藏在风险中的不对称超额收益的投资策略。如图 12-6 所示，投资四要素是投资的风险性、收益性、流动性和期限性。任何投资都包含风险，进行投资决策时，必须充分考虑投资的风险，确保投资的本金安全。如果不注重风险管理，则会给投资者带来本金的损失。在积累财富的过程中，本金的损失是致命性的，因为简单的算术原理告诉我们：当本金损失 50% 时，需要 100% 的投资收益率才能够回到起点；当本金损失 80% 时，需要 500% 的收益率才能够回到起点；当本金损失 90% 时，需要 1000% 的收益率才能够回到起点。因此，卓越的风险管理是投资的基石。任何投资都是为了获取收益，因而进行投资决策时，必须重视投资的收益性。投资的流动性，是指投资形成的资产在市场公允价格下不遭受损失而转化为现金的难易程度。流动性是投资决策的基本变量，是投资仓位控制的基础。期限性指投入和回报之间有一段时间间隔。期限性也是投资决策的关键变量，是容纳和平衡其他投资要素的最重要的客观条件。投资的安全性、收益性、流动性和期限性是投资时要特别注重的问题，这四要素之间相互对立统一，任何成功的投资都是这四个要素协调一致的结果。投资的本质就是寻找错误定价的赌局，即低风险高收益的投资机会。投资者只有通过调节期限性和流动性才能够认识和捕获到低风险高收益的投资机会。

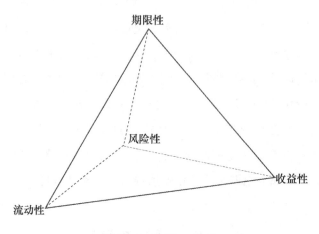

图12-6 投资四要素

一、用长期视野捕获低风险高收益

股票市场从长期看是称重机而短期看是投票机，换句话说股票市场从长期看是有效的而短期看则会出现风险与收益之间的严重错配。股票市场的这种特性反而为具有长期视野的投资者提供低买高卖的机会。这里需要特别强调的是，这种低价购买或高价抛售的机会不可能随时都有。要识别和把握这种机会，投资者必须秉持长期视野框架并且善于在正确的方向上忍耐。

投资者必须秉持长期视野框架。投资者甚至没有参与股票市场的大众经常提出一个问题：市场行为是否理性？在实践中，真实的正确答案是：这一切都取决于观察者的时间框架。从数十年的角度看，市场行为是非常确定的、可预测的。但是从一个周、一个月、一个季度或者一年的角度看，市场是随机的、不可知的，根本不具备可预测性。以标准普尔500指数为例，从长期来看它随着时间推移呈现确定无疑的上升趋势，中间的短暂波动与长期上升趋势相比，几乎可以忽略不计。根据巴菲特《2021年致股东信》，1965—2021年间，标准普尔500指数包含股息的年均复合收益率为10.5%，期间的总回报为30,209%。

然而不幸的是，由于许多原因，只有为数不多的人获得了这些回报。如果非要找出使投资者迷失正道的唯一原因，那就是市场波动。以1999年巴菲特在太阳谷演讲时提及的情况为例，他列举了一个事实："道琼斯工业平均指数：1964年12月31日874.12，1981年12月31日875.00，在这17年的时间里，美国经济规模增长了5倍，《财富》500强企业销售额的增长超过5倍。然而，在这17年里，股票市场完完全全落在了后面。在接下来的17年（1982—1998年），股票价格上涨超过十倍，道琼斯指数从875点升至9181.43点。"

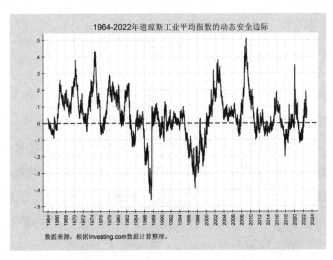

图12-7 1964—2022年美国道琼斯工业平均指数的动态安全边际

以巴菲特入主伯克希尔·哈撒韦公司之后美国股票市场状况为例。如果用道琼斯工业平均指数的动态安全边际来解释（见图12-7），1964—1981年之间的17年属于典型的低价购买时代。从动态安全边际的演变情况看，在此期间动态安全边际虽然穿越0线多次，但是在更多的时间内它在0线上方扎堆，这是一个股票市场低迷的时期。接下来的另外一个17年（2000年之前），则是股票市场奔腾咆哮的时代，道琼斯指数的动态安全边际虽然也在0线附近维持一段时间，但是总体上是以负值代表的泡沫为主。21世纪以来，股票市场总体上出现略谨慎的态势，即动态安全边际出现正值的机会较多，停留在负值区间的时间相对短暂。

统计显示（见表12-2），在1964—2022年之间的14853个交易日内，动

态安全边际小于 -0.34 的概率仅为 1%，小于 -0.20 的概率仅为 5%，小于 -0.11 的概率仅为 10%，这说明通过在股票市场高位博傻的操作方法成功概率非常低。但是，动态安全边际小于 -0.03 的概率为 25%，说明只要在动态安全边际很大时购买股票，那么在其由正转负时兑现盈利，这种机会出现的概率通常大于 25%。

表12-2 1964—2022年美国道琼斯工业平均指数的动态安全边际统计分布

P1	P5	P10	P25	P50	P75	P90	P95	P99
-0.34	-0.20	-0.11	-0.03	0.03	0.12	0.20	0.25	0.38

注：P 表示百分位数（Percentiles）。

尽管安全边际越高意味着风险越低且预期收益率越高，但是在设置动态安全边际的买入点时，也应考虑可能性。如表 12-2 所示，从操作成功的概率看，将动态安全边际设置在 0.38，成功的可能性仅为 1%；设置在 0.25 则成功的可能性仅为 5%；设置在 0.20 则成功的可能性为 10%；设置在 0.12 则成功的可能性提高至 25%。股票投资既是科学又是艺术。科学的方面体现在动态安全边际指示的买点和卖点的设置决定了投资者的潜在收益率高低，这点不容置疑，因为它是很简单的算术规律。艺术的方面体现在投资者要根据市场中的投资大众的系统性恐慌或贪婪来灵活地调整动态安全边际指标的门槛值以更准确地指导自己的投资操作，并且要设法避免大众情绪对自己的投资决策造成影响。

以上操作方法的本质可以概括为"用时间换空间"。只要决策时刻市场的动态安全边际足够高，那么投资者就可以购入并持有股票指数基金（被动投资）或指数成分股（主动投资），然后耐心等待，虽然这个等待期限事先并不知道有多久，但是市场价格最终会回归内在价值，投资者迟早会赚钱。这种操作方法是在动态安全边际的基础上，用不确定的时间去换取比较确定的市场价格上涨空间，因此人们称之为"用时间换空间"。按照这种方法进行操作，不论是等待动态安全边际足够高的机会买入，还是买入后等待安全边际消失（变为负值），都需要投资者秉持长期视野框架，否则根本就驾驭不了这种投资方法。

二、用流动性捕获低风险高收益

华尔街有句格言："市场保持非理性的时间，要长于你保持不破产的时间。"[1] 有人说：金融天才是那些在熊市结束时还持有大量现金的人。在投资实践中，持有足够现金是耐心熬过和最终战胜市场非理性的基本举措。从适当的期限（一个股票市场短周期，如 3-5 年）看，现金资产具有完全流动性和最小价值波动性。当投资者孤立地审视现金的这些性质时，倒看不出现金的神奇之处。一旦投资者将现金与其他资本工具（股票、债券）放在一起进行分析，特别是在投资实践中构建投资组合或者对投资组合进行再平衡时，必然会发现现金是不可替代的特殊资产。巴菲特（2013）说："查理和我相信，在经营过程中要有许多冗余的流动性，我们避免任何可能以实质方式耗尽我们现金的债务。这样在 100 年之中将有 99 年会减少我们的回报。但我们将在第 100 年幸存下来，而其他许多人注定会失败。在所有的 100 年之中我们都将睡得很香。"[2]

保持足够流动性（现金）的作用有二。第一，现金是捕捉股市或股票价格大幅下跌后绝佳买入机会的基本工具，现金储备与耐心等待是同一枚硬币的两面，没有现金储备的耐心等待对于低价买入而言毫无意义。第二，股票仓位控制和动态再平衡是资产配置的核心，即股票持仓比重随动态安全边际的降低而降低、现金储备比重随动态安全边际的降低而提高。

随时备足现金是捕获市场下跌所带来的买入机会的必要条件。但是不能想当然地认为在市场安全边际很高时准备好现金是很容易的事情。实践中，市场严重下跌的同时也意味着经济体系内的流动性枯竭。如果社会流动性充足、大家手头都有很多现金，那么股票市场就不会持续下跌了，社会流动性

---

① 这句格言是出自约翰·梅纳德·凯恩斯（John Maynard Keynes）抑或出自 A.加里·席林（A.Gary Schilling），大家对此有不同看法。参阅：https://quoteinvestigator.com/2011/08/09/remain-solvent/.

②Buffett, Warren and Max Olson.*Letters to Berkshire Shareholders*, 2012, Max Olson, p.886.

匮乏是股票市场持续暴跌的基本条件。因此，对于投资者而言，事先备足现金是很有挑战性的工作，但这项工作绝不是可有可无的。投资者最好把现金视为一种特殊的看跌期权，它是有内在价值的，不要误认为现金因收益率太低而不值得持有。现金对于投资者，就像佩剑对于剑客、猎枪对于猎人，是不可或缺、形影不离的武器。作为捕获市场机会的狙击手，如果投资者事先没有备足现金，那么他将坐失能够确定性赚大钱的最佳时机。

参考文献

[1] 丁山. 中国古代宗教与神话考 [M]. 北京：龙门联合书局, 1961.

[2] 雷锋. 雷锋日记：1959—1962[M]. 北京：解放军文艺出版社，1963.

[3] [宋] 张载. 张载集 [M]. 北京：中华书局, 1978.

[4] [美] 爱因斯坦. 爱因斯坦文集（第三卷）[M]. 许良英，赵中立，范宣三，编译. 北京：商务印书馆，1979.

[5] [美] 劳埃德•雷诺兹. 宏观经济学：分析和政策 [M]. 马宾，译. 北京：商务印书馆, 1983.

[6] [明] 吴廷翰. 吉斋漫录（卷下）[M]// 吴廷翰集. 北京：中华书局, 1984.

[7] [清] 薛福成. 庸庵文别集 [M]. 上海：上海古籍出版社，1985.

[8] [宋] 胡宏. 胡宏集 [M]. 北京：中华书局，1987.

[9] [清] 颜元. 颜元集 [M]. 北京：中华书局，1987.

[10] [汉] 许慎. 说文解字 [M]. 北京：中华书局，1988.

[11] [美] 西奥多•W. 舒尔次. 人力资本：教育和研究的作用 [M]. 蒋斌，张蘅，译. 北京：商务印书馆，1990.

[12] 毛泽东. 毛泽东选集. 第 4 卷 [M]. 北京：人民出版社，1991.

[13] [美] 保罗•A. 萨缪尔森，威廉•D. 诺德豪斯. 经济学（第 12 版）[M]. 杜月升，等译. 北京：中国发展出版社，1992.

[14] 中共中央马克思恩格斯列宁斯大林著作编译局. 马克思恩格斯全集：第 1 卷 [M]. 北京：人民出版社，1995.

[15] [法] 魁奈. 魁奈经济著作选集 [M]. 吴斐丹，张草纫，选译. 北京：商务印书馆，1997.

[16] 陈炽. 陈炽集 [M]. 北京：中华书局，1997.

[17] 中共中央马克思恩格斯列宁斯大林著作编译局. 马克思恩格斯全集：第 31 卷 [M]. 北京：人民出版社，1998.

[18] 中共中央马克思恩格斯列宁斯大林著作编译局编译. 马克思恩格斯全集（第 46 卷上）[M]. 北京：人民出版社，1998.

[19] 陈瑛. 中国伦理思想史 [M]. 长沙：湖南教育出版社，2004.

[20] 冯友兰. 中国哲学简史 [M]. 北京：新世界出版社，2004.

[21] 马克思. 资本论（第一卷）[M]. 中共中央马克思恩格斯列宁斯大林著作编译局，译. 北京：人民出版社，2004.

[22] 张岱年编. 中国哲学史 [M]. 南京：江苏教育出版社，2005.

[23] [南非] 西利亚斯. 复杂性与后现代主义：理解复杂系统 [M]. 曾国屏，译. 上海：上海科技教育出版社，2006.

[24] [美] 安德鲁·卡内基. 财富的福音 [M]. 杨会军，译. 北京：京华出版社，2006.

[25] 苏洵. 嘉祐集 [M]// 文津阁四库全书：第 1108 册. 北京：商务印书馆，2006.

[26] [美] 帕斯，洛斯，戴维斯. 科林斯经济学辞典：英汉双解 [M]. 罗汉，译. 上海：上海财经大学出版社，2008.

[27] [魏] 王弼，[东晋] 韩康伯，[唐] 孔颖达. 周易正义 [M]. 北京：中国致公出版社，2009.

[28] [美] 克里斯坦森，雷纳. 创新者的解答 [M]. 林伟，李瑜偲，郑欢，译. 北京：中信出版社，2010.

[29] 周其仁. 中国做对了什么：回望改革，面对未来 [M]. 北京：北京大学出版社，2010.

[30] 孙中山. 建国方略 [M]. 北京：中国长安出版社，2010.

[31] 梁漱溟. 中国文化的命运 [M]. 北京：中信出版社，2010.

[32] [美] 格雷厄姆 B. 聪明的投资者（原本第 4 版）[M]. 王中华，黄一义，译. 北京：人民邮电出版社，2011.

[33][美]柯林斯 J，汉森 M T. 选择卓越[M]. 陈召强，译. 北京：中信出版社,2012.

[34][宋]邵雍. 皇极经世书[M]. 北京：九州出版社,2012.

[35][美]夏普 W F，亚历山大 G J，贝利 J V. 投资学（第五版）[M]. 赵锡军，等译. 北京：中国人民大学出版社,2013.

[36][美]克里斯坦森 C，雷纳 M. 创新者的解答[M]. 林伟，李瑜偲，郑欢，译. 北京：中信出版社,2013.

[37]高善文. 经济运行的逻辑[M]. 北京：中国人民大学出版社,2013.

[38]吴晓求. 证券投资学[M]. 北京：中国人民大学出版社,2014.

[39][清]李光地. 周易折中[M]. 成都：巴蜀书社,2014.

[40][美]克里斯坦森 C. 创新者的窘境[M]. 胡建桥，译. 北京：中信出版社,2014.

[41][俄]托尔斯泰 L. 战争与和平[M]. 草婴，译. 北京：北京联合出版公司,2014.

[42][美]考恩 T. 大停滞？科技高原下的经济困境：美国的难题与中国的机遇[M]. 王颖，译. 上海：上海人民出版社,2015.

[43][美]格里芬 T. 查理·芒格的原则[M]. 黄延峰，译. 北京：中信出版社,2017.

[44]王利杰. 投资异类[M]. 北京：北京联合出版公司,2017.

[45]马克思，恩格斯. 德意德意志意识形态（节选本）[M]. 中共中央马克思恩格斯列宁斯大林著作编译局，编译. 北京：人民出版社,2018.

[46][美]爱因斯坦 A. 我的世界观[M]. 方在庆，译. 北京：中信出版社,2018.

[47][唐]韩愈. 韩昌黎文集校注[M]. 马其昶校注，马茂元整理. 上海：上海古籍出版社,2018.

[48][美]米哈里·契克森米哈赖. 发现心流：日常生活中的最优体验[M]. 陈秀娟，译. 北京：中信出版社,2018.

[49][宋]朱熹. 四书章句集注[M]. 北京：中华书局,2018.

[50][奥地利]薛定谔 E. 生命是什么（第一推动生命系列）[M]. 罗来鸥，罗辽复，译. 长沙：湖南科技出版社，2018.

[51]邱国鹭，邓晓峰，卓利伟，孙庆瑞，冯柳. 投资中不简单的事[M]. 成都：四川人民出版社，2018.

[52]厉以宁. 改革开放以来的中国经济1978—2018[M]. 北京：中国大百科全书出版社，2018.

[53]梁启超. 十种德性相反相成义[M]// 汤志钧，汤仁泽编. 梁启超全集：第二集. 北京：中国人民大学出版社，2018.

[54][美]格雷厄姆 B，多德 D. 证券分析[M]. 巴曙松，陈剑，译. 成都：四川人民出版社，2019.

[55][美]克拉克 D. 查理·芒格的投资思想[M]. 巴曙松，陈剑，译. 杭州：浙江人民出版社，2019.

[56]肖贵清等. 中国战略[M]. 沈阳：辽宁人民出版社，2019.

[57][英]马歇尔. 经济学原理[M]. 朱志泰，陈良璧，译. 北京：商务印书馆，2019.

[58][美]考夫曼 P. 穷查理宝典：查理·芒格智慧箴言录[M]. 李继宏，译. 北京：中信出版社，2019.

[59][瑞典]约翰松 F. 思维不设限 [M]. 刘昭远，译. 北京：东方出版中心，2020.

[60]李录. 文明、现代化、价值投资与中国[M]. 北京：中信出版社，2020.

[61][日]稻盛和夫. 付出不亚于任何人的努力：助力事业的"心"领导[M]. 周征文，译. 北京：东方出版社，2020.

[62][日]稻盛和夫. 心：稻盛和夫的一生嘱托[M]. 曹寓刚，曹岫云，译. 北京：人民邮电出版社，2020.

[63][美]斯塔夫里阿诺斯. 全球通史[M]. 吴象婴，梁赤民，译. 北京：北京大学出版社，2020.

[64]程颢，程颐. 二程遗书[M]. 上海：上海古籍出版社，2020.

[65]张磊. 价值：我对投资的思考[M]. 杭州：浙江教育出版社，2020.

[66][美]史蒂夫·安德森.贝佐斯致股东的信[M].汤文静,译.北京:北京联合出版公司,2021.

[67][美]施瓦布 C.投资:嘉信理财持续创新之道[M].高源,译.北京:中信出版社,2021.

[68]林毅夫.论中国经济:挑战、底气与后劲[M].北京:中信出版社,2021.

[69][美]安德森 S,安德森 K.贝佐斯致股东的信[M].汤文静,译.北京:北京联合出版公司,2021.

[70][美]施瓦布 C.投资:嘉信理财持续创新之道[M].高源,译.北京:中信出版社,2021.

[71][法]蒙田.蒙田随笔全集(上中下卷)[M].潘丽珍,王论跃,丁步洲,等,译.上海:译林出版社,2021.

[72][美]小弗雷德·施韦德.客户的游艇在哪里[M].孙建,姚洁,栗颖,译.北京:机械工业出版社,2022.

[73][美]埃里克·乔根森.纳瓦尔宝典:财富与幸福指南[M].赵灿,译.北京:中信出版社,2022.

[74][英]马拉比 S.风险投资史[M].田轩,译.杭州:浙江教育出版社,2022.

[75][英]威廉·配第.赋税论[M].陈冬野,马清槐,译.北京:商务印书馆,2022.

[76][美]罗杰斯 J.吉姆·罗杰斯的大预测:剧变时代的投资智慧[M].韩涛,译.北京:机械工业出版社,2022.

[77]吴军.软能力[M].北京:新星出版社,2022.

[78]杨天才.周易[M].北京:中华书局,2022.

[79][美]柯林斯 J,拉齐尔 B.卓越基因[M].陈劲,姜智勇,译.北京:中信出版集团,2022.

[80]李迎新.人心惟危,道心惟微:中国古代哲学思想的伟大智慧[J].丝绸之路,2019(02):32—35.

[81] 向国成，刘晶晶，罗曼怡. 劳动分工充分发展促进全体人民共同富裕：基于超边际分析 [J]. 湖南科技大学学报（社会科学版），2022, 25 (01):63—72.

[82] 李广晓. 孔颖达" 元亨利贞 "四德说研究 [D]. 福建师范大学，2020 (12).

[83] 本雅明·波戈相. 实现中国奇迹的关键驱动力 [N]. 人民日报，2022-07-03.

[84] 习近平. 高举中国特色社会主义伟大旗帜 为全面建设社会主义现代化国家而团结奋斗 [N]. 人民日报，2022-10-26 (001). DOI:10.28655/n.cnki.nrmrb.2022.011568.

[85] 国家质量监督检验检疫总局，国家标准化管理委员会. 风险管理：术语 [S]. 北京：中国标准出版社，2013: 1—3. (GB/T 23694-2013)

[86]Fuller, R.Buckminster.*Synergetics: Explorations in the Geometry of Thinking*[M].Scribner, 1975.

[87]CoCo.*Guidance on Control*[M].The Canadian Institute of Chartered Accountants, 1995.

[88]Simonton, Dean Keith.*Origins of Genius: Darwinian Perspectives on Creativity*[M].Oxford University Press, 1999.

[89]Sutton, Robert.*Weird Ideas That Work: 11 1/2 Practices for Promoting, Managing, and Sustaining Innovation*[M].Free Press, 2002.

[90]Paganetto, Luigi and Edmund S.Phelps.*Finance, Research, Education and Growth*[M].Palgrave Macmillan, 2003.

[91]Committee of Sponsoring Organizations of the Treadway Commission.*Enterprise Risk Management: Integrated Framework*[M].2004.

[92]Bernstein, William J.*The Birth of Plenty*[M].The McGraw — Hill Companies, Inc, 2004.

[93]Greenblatt, Joel.*The Little Book That Beats the Market*[M].John Wiley & Sons, Inc., 2006.

[94]Senge, Peter. *The Fifth Discipline: The Art and Practice of the Learning Organization*[M]. Random House, 2010.

[95]Dreman, David. *Contrarian Investment Strategies: The Psychological Edge*[M]. Simon and Schuster, 2012.

[96]Hardy, Darren. *The Compound Effect*[M]. Vanguard Press, 2012.

[97]Stout, Lynn. *The Shareholder Value Myth: How Putting Shareholders First Harms Investors, Corporations, and the Public*[M]. Berrett-Koehler Publishers, Inc., 2012.

[98]Buffett, Warren and Max Olson. *Letters to Berkshire Shareholders*[M]. Max Olson, 2012.

[99]Bogle, John. *Bogle on Mutual Funds: New Perspectives for the Intelligent Investor*[M]. John Wiley & Sons, 2015.

[100]Jones, Charles P. *Investments: Analysis and Management, 13th edition*[M]. John Wiley & Sons, Inc., 2016.

[101]Rose, Todd. *The End of Average: How We Succeed in a World That Values Sameness*[M]. Harper One, 2016.

[102]Cloud, Henry. *The Power of the Other: The Startling Effect Other People Have on You, from the Boardroom to the Bedroom and Beyond-And What to Do About It*[M]. HarperBusiness, 2016.

[103]Bodie, Zvi, Alex Kane, and Alan J. Marcus. *Essentials of Investments, 12th edition.* [M]. McGraw Hill, 2017.

[104]Kutz, Matthew. *Contextual Intelligence: How Thinking in 3D Can Help Resolve Complexity, Uncertainty and Ambiguity*[M]. Palgrave Macmillan, 2017.

[105]Dweck, Carol. *Mindset: Change the Way You Think to Fulfill Your Potential*[M]. Hachette UK, 2017.

[106]Committee of Sponsoring Organizations of the Treadway Commission. *Enterprise Risk Management: Integrating with Strategy and Performance*[M]. 2017.

[107]Pecaut, Daniel and Corey Wrenn.*University of Berkshire Hathaway: 30 Years of Lessons Learned from Warren Buffett & Charlie Munger at the Annual Shareholders Meeting*[M].Pecaut and Co, 2017.

[108]Clear, James.*Atomic Habits: An Easy & Proven Way to Build Good Habits & Break Bad Ones*[M].Penguin Random House, 2018.

[109]Arai, Katsuki, et al.*Agent-Based Modeling Meets Gaming Simulation*[M].Springer, 2018.

[110]Lee, Kai-Fu.*AI Superpowers: China, Silicon Valley and the New World Order*[M].Houghton Mifflin Harcourt, 2018.

[111]Bozesan, Mariana.*Integral Investing: From Profit to Prosperity*[M].Springer, 2020.

[112]Hubbard, Douglas W.*The Failure of Risk Management: Why It's Broken and How to Fix It. Second Edition.*[M].John Wiley & Sons, Inc., 2020.

[113]Knickerbocker, Christina.*The Parallel Parenting Solution: Eliminate Conflict With Your Ex, Create The Life You Want*[M].Independent Publishing, 2021.

[114]Hagstrom, Robert.*Warren Buffett: Inside the Ultimate Money Mind*[M].John Wiley & Sons, Inc., 2021.

[115]Polman, Paul, and Andrew S.Winston.*Net Positive: How Courageous Companies Thrive by Giving More than They Take*[M].Harvard Business Review Press, 2021.

[116]Schwab, Klaus.*Stakeholder Capitalism: A Global Economy that Works for Progress, People and Planet*[M].John Wiley & Sons, Inc., 2021.

[117]Bradley, Bill.*ESG Investing for Dummies*[M].John Wiley & Sons, Inc., 2021.

[118]Hopkin, Paul and Christopher Thompson. *Fundamentals of Risk Management: Understanding, Evaluating and Implementing Effective Enterprise Risk Management, 6th ed.* [M]. Kogan Page Ltd, 2022.

[119]Boag, Henry. Human Capital and the Cost of the War. [J]. *Journal of the Royal Statistical Society*, Vol. 79, No. 1, 1916. pp. 7—17.

[120]Cowles 3rd, Alfred. Can Stock Market Forecasters Forecast ? [J]. *Econometrica*, Vol. 1, No. 3, 1933. 309—324.

[121]Cowles 3rd, Alfred. Stock Market Forecasting. [J]. *Econometrica*, Vol. 12, No. 3/4, 1944. 206—214.

[122]Burrell, O. K. Possibility of an Experimental Approach to Investment Studies. [J]. *The Journal of Finance*, Vol. 6, No. 2, 1951. 57—61.

[123]Mincer, Jacob. Investment in Human Capital and Personal Income Distribution. [J]. *Journal of Political Economy*, Vol. 66, No. 4, 1958. 281—302.

[124]Arrow, Kenneth J. The Economic Implications of Learning by Doing. [J]. *Review of Economic Studies*, Vol. 29, No. 3, 1962. 155—173.

[125]Fisher, Lawrence, and James H. Lorie. Rates of Return on Investments in Common Stocks. [J]. *The Journal of Business*, Vol. 37, No. 1, 1964. 1—21.

[126]Uzawa, Hirofumi. Optimum Technical Change in an Aggregative Model of Economic Growth. [J]. *International Economic Review*, Vol. 6, No. 1, 1965, pp. 18—31.

[127]Denison, Edward F. The Contribution of Education to the Quality of Labor: Comment. [J]. *American Economic Review*, Vol. 59, No. 5, 1969, pp. 935—943.

[128]Stigler, George. *The Successes and Failures of Professor Smith.* [J]. Journal of Political Economy, Vol. 84, No. 6, 1976, pp. 1199—1213.

[129]Mirowski, Philip. Physics and the Marginalist Revolution. [J]. Cambridge Journal of Economics, Vol. 8, No. 4, 1984, pp. 361—379.

[130]Mehra, Rajnish, and Edward C. Prescott. The equity premium: a puzzle. [J]. *Journal of Monetary Economics*, Vol. 15, No. 2, 1985, pp. 145—161.

[131]Benartzi, Shlomo, and Richard H. Thaler. Myopic loss aversion and the equity premium puzzle. [J]. *The Quarterly Journal of Economics*, Vol. 110, 1995, pp. 73—92.

[132]Barberis, Nicholas, Ming Huang, and Tiago Santos. Prospect Theory and Asset Prices. [J]. *Quarterly Journal of Economics*, Vol. 116, No. 1, 2001, pp. 1—53.